国家安全生产法制教育丛书

安全生产检查与责任法规读本

“国家安全生产法制教育丛书”编委会

中国劳动社会保障出版社

图书在版编目(CIP)数据

安全生产检查与责任法规读本/“国家安全生产法制教育丛书”编委会编. —北京：中国劳动社会保障出版社，2009
国家安全生产法制教育丛书
ISBN 978-7-5045-7586-9

Ⅰ. 安…　Ⅱ. 国…　Ⅲ. 安全生产-法规-基本知识-中国
Ⅳ. D922. 54

中国版本图书馆 CIP 数据核字(2009)第 077902 号

中国劳动社会保障出版社出版发行
(北京市惠新东街 1 号　邮政编码：100029)
出 版 人：张梦欣

*

新华书店经销
国防工业出版社印刷厂印刷　　北京密云青云装订厂装订
850 毫米 ×1168 毫米　32 开本　16.25 印张　400 千字
2009 年 6 月第 1 版　　2009 年 6 月第 1 次印刷
定价：36.00 元

读者服务部电话：010 – 64929211
发行部电话：010 – 64927085
出版社网址：http://www.class.com.cn

内 容 提 要

本书由国家安全生产、劳动保护主管部门的有关领导及专家编写。全书以近年我国颁布施行的安全生产、劳动保护法律、法规、国务院文件及部门规章标准为准则，以安全生产监管部门、企事业单位在安全生产检查工作中遇到的并急需解决的共性问题为主线，选择国家与地方安全生产监管部门制定的有关标准，将安全检查与责任分别按行业以检查表的形式予以归纳，以方便各级安监部门与各地企、事业单位在安全检查工作中使用。

本书内容共分 8 部分：①我国法律、法规、国务院文件及部门规章有关安全检查与责任的主要规定；②通用类企业安全责任标准检查表；③危险化学品与烟花爆竹安全责任标准检查表；④煤矿与非煤矿山安全责任标准检查表；⑤建筑施工与建材企业安全责任标准检查表；⑥交通运输与装卸作业安全责任标准检查表；⑦冶金、电力与船舶修造企业安全责任标准检查表；⑧消防安全责任标准检查表。

本书为“国家安全生产法制教育丛书”之一。本书既可作为安监部门与企事业单位的安全生产法制教育培训教材；又可作为安监部门与企、事业单位安全检查工作中使用的工具书、参考书。

前　言

在市场经济不断深入发展，中国加入 WTO 的新形势下，为了增强全社会的安全生产法制观念，提高人们遵守安全管理法规的自觉性，针对当前一些地方、一些行业、一些单位及企业对安全生产管理有法不依、执法不严、违法不究的混乱现象，以及重大伤亡事故不断发生的严峻形势，根据党中央、国务院领导同志关于要抓好安全法制教育的重要指示，我们特别组织了国家安全生产监督管理总局、人力资源和社会保障部、公安部、国家质量监督检验检疫总局、卫生部、教育部、全国总工会及有关产业总公司的专家于 2001—2002 年编写与审定出版了“国家安全生产、劳动保护法制教育丛书”（简称“丛书”，共 18 册），以利于扩大和增强安全生产宣传教育的广度和力度，促进各行各业乃至全民安全意识的提高。

“丛书”第一版出版后，受到全国各地广大读者的欢迎和好评。现根据我国近年安全生产、劳动保护法制建设的进一步发展，我们对“丛书”进行了修订。“丛书”的修订版删去了一些已废止的法规文件，补充了许多新的法规文件，以保持本“丛书”的权威性、针对性、实用性和适用性。

“丛书”既全面反映了国务院安全生产委员会每年开展的“全国安全生产月”的宣传教育主题，可作为每年安全生产月活动的安全生产法制教育宣讲资料；也反映了国家安全生产主管部门以及国务院各有关部门关于安全工作的基本要求，可作为各地政府有关部门、有关行业、企业、学校及单位日常安全法制教育用书。

“国家安全生产法制教育丛书”编委会

目　录

一、我国法律、法规、国务院文件及部门规章有关安全检查与责任的主要规定

（一）我国安全生产、劳动保护基本法律有关安全检查与责任的主要规定

1 中华人民共和国安全生产法（节选）

（2002 年 6 月 29 日第九届全国人民代表大会常务委员会第二十八次会议通过，自 2002 年 11 月 1 日起施行）

第一章 总 则

第三条 安全生产管理，坚持安全第一、预防为主的方针。

第四条 生产经营单位必须遵守本法和其他有关安全生产的法律、法规，加强安全生产管理，建立、健全安全生产责任制度，完善安全生产条件，确保安全生产。

第五条 生产经营单位的主要负责人对本单位的安全生产工作全面负责。

第九条 国务院负责安全生产监督管理的部门依照本法，对全国安全生产工作实施综合监督管理；县级以上地方各级人民政府负责安全生产监督管理的部门依照本法，对本行政区域内安全生产工作实施综合监督管理。

国务院有关部门依照本法和其他有关法律、行政法规的规定，在各自的职责范围内对有关的安全生产工作实施监督管理；县级以上地方各级人民政府有关部门依照本法和其他有关法律、法规的规定，在各自的职责范围内对有关的安全生产工作实施监督管理。

第十三条 国家实行生产安全事故责任追究制度，依照本法和有关法律、法规的规定，追究生产安全事故责任人员的法律责任。

第二章 生产经营单位的安全生产保障

第三十八条 生产经营单位的安全生产管理人员应当根据本单位的生产经营特点，对安全生产状况进行经常性检查；对检查中发现的安全问题，应当立即处理；不能处理的，应当及时报告本单位有关负责人。检查及处理情况应当记录在案。

第四章 安全生产的监督管理

第五十三条 县级以上地方各级人民政府应当根据本行政区域内的安全生产状况，组织有关部门按照职责分工，对本行政区域内容易发生重大生产安全事故的生产经营单位进行严格检查；发现事故隐患，应当及时处理。

第五十六条 负有安全生产监督管理职责的部门依法对生产经营单位执行有关安全生产的法律、法规和国家标准或者行业标准的情况进行监督检查，行使以下职权：

（一）进入生产经营单位进行检查，调阅有关资料，向有关单位和人员了解情况。

（二）对检查中发现的安全生产违法行为，当场予以纠正或者要求限期改正；对依法应当给予行政处罚的行为，依照本法和其他有关法律、行政法规的规定作出行政处罚决定。

（三）对检查中发现的事故隐患，应当责令立即排除；重大事故隐患排除前或者排除过程中无法保证安全的，应当责令从危险区域内撤出作业人员，责令暂时停产停业或者停止使用；重大事故隐患排除后，经审查同意，方可恢复生产经营和使用。

（四）对有根据认为不符合保障安全生产的国家标准或者行业标准的设施、设备、器材予以查封或者扣押，并应当在 15 日内依法作出处理决定。

监督检查不得影响被检查单位的正常生产经营活动。

第五十七条 生产经营单位对负有安全生产监督管理职责的部门的监督检查人员（以下统称安全生产监督检查人员）依法履行监督检查职责，应当予以配合，不得拒绝、阻挠。

第五十八条 安全生产监督检查人员应当忠于职守，坚持原则，秉公执法。

安全生产监督检查人员执行监督检查任务时，必须出示有效的监督执法证件；对涉及被检查单位的技术秘密和业务秘密，应当为其保密。

第五十九条 安全生产监督检查人员应当将检查的时间、地点、内容、发现的问题及其处理情况，作出书面记录，并由检查人员和被检查单位的负责人签字；被检查单位的负责人拒绝签字的，检查人员应当将情况记录在案，并向负有安全生产监督管理职责的部门报告。

第六十条 负有安全生产监督管理职责的部门在监督检查中，应当互相配合，实行联合检查；确需分别进行检查的，应当互通情况，发现存在的安全问题应当由其他有关部门进行处理的，应当及时移送其他有关部门并形成记录备查，接受移送的部门应当及时进行处理。

2 中华人民共和国职业病防治法（节选）

（2001年10月27日第九届全国人民代表大会常务委员会第二十四次会议通过，自2002年5月1日起施行）

第二章 前期预防

第十三条 产生职业病危害的用人单位的设立除应当符合法律、行政法规规定的设立条件外，其工作场所还应当符合下列职业卫生要求：

（一）职业病危害因素的强度或者浓度符合国家职业卫生标准；

（二）有与职业病危害防护相适应的设施；

（三）生产布局合理，符合有害与无害作业分开的原则；

（四）有配套的更衣间、洗浴间、孕妇休息间等卫生设施；

（五）设备、工具、用具等设施符合保护劳动者生理、心理健康的要求；

（六）法律、行政法规和国务院卫生行政部门关于保护劳动者健康的其他要求。

第三章 劳动过程中的防护与管理

第十九条 用人单位应当采取下列职业病防治管理措施：

（一）设置或者指定职业卫生管理机构或者组织，配备专职或者兼职的职业卫生专业人员，负责本单位的职业病防治工作；

（二）制定职业病防治计划和实施方案；

（三）建立、健全职业卫生管理制度和操作规程；

（四）建立、健全职业卫生档案和劳动者健康监护档案；

（五）建立、健全工作场所职业病危害因素监测及评价制度；

（六）建立、健全职业病危害事故应急救援预案。

第二十条 用人单位必须采用有效的职业病防护设施，并为劳动者提供个人使用的职业病防护用品。

用人单位为劳动者个人提供的职业病防护用品必须符合防治职业病的要求；不符合要求的，不得使用。

第二十四条 用人单位应当实施由专人负责的职业病危害因素日常监测，并确保监测系统处于正常运行状态。

用人单位应当按照国务院卫生行政部门的规定，定期对工作场所进行职业病危害因素检测、评价。检测、评价结果存入用人单位职业卫生档案，定期向所在地卫生行政部门报告并向劳动者公布。

职业病危害因素检测、评价由依法设立的取得省级以上人民政府卫生行政部门资质认证的职业卫生技术服务机构进行。职业卫生技术服务机构所作检测、评价应当客观、真实。

发现工作场所职业病危害因素不符合国家职业卫生标准和卫生要求时，用人单位应当立即采取相应治理措施，仍然达不到国家职业卫生标准和卫生要求的，必须停止存在职业病危害因素的作业；职业病危害因素经治理后，符合国家职业卫生标准和卫生要求的，方可重新作业。

第三十二条 对从事接触职业病危害的作业的劳动者，用人单位应当按照国务院卫生行政部门的规定组织上岗前、在岗期间和离岗时的职业健康检查，并将检查结果如实告知劳动者。职业健康检查费用由用人单位承担。

用人单位不得安排未经上岗前职业健康检查的劳动者从事接触职业病危害的作业；不得安排有职业禁忌的劳动者从事其所禁忌的作业；对在职业健康检查中发现有与所从事的职业相关的健康损害的劳动者，应当调离原工作岗位，并妥善安置；对未进行离岗前职业健康检查的劳动者不得解除或者终止与其订立的劳动合同。

职业健康检查应当由省级以上人民政府卫生行政部门批准的医疗卫生机构承担。

第三十五条 用人单位不得安排未成年工从事接触职业病危害的作业；不得安排孕期、哺乳期的女职工从事对本人和胎儿、婴儿有危害的作业。

第五章 监督检查

第五十五条 县级以上人民政府卫生行政部门依照职业病防治法律、法规、国家职业卫生标准和卫生要求，依据职责划分，对职业病防治工作及职业病危害检测、评价活动进行监督检查。

第五十六条 卫生行政部门履行监督检查职责时，有权采取下列措施：

（一）进入被检查单位和职业病危害现场，了解情况，调查取证；

（二）查阅或者复制与违反职业病防治法律、法规的行为有关的资料和采集样品；

（三）责令违反职业病防治法律、法规的单位和个人停止违法行为。

第五十七条 发生职业病危害事故或者有证据证明危害状态可能导致职业病危害事故发生时，卫生行政部门可以采取下列临时控制措施：

（一）责令暂停导致职业病危害事故的作业；

（二）封存造成职业病危害事故或者可能导致职业病危害事故发生的材料和设备；

（三）组织控制职业病危害事故现场。

在职业病危害事故或者危害状态得到有效控制后，卫生行政部门应当及时解除控制措施。

第五十八条 职业卫生监督执法人员依法执行职务时，应当出示监督执法证件。

职业卫生监督执法人员应当忠于职守，秉公执法，严格遵守执法规范；涉及用人单位的秘密的，应当为其保密。

第五十九条 职业卫生监督执法人员依法执行职务时，被检查单位应当接受检查并予以支持配合，不得拒绝和阻碍。

第六十条 卫生行政部门及其职业卫生监督执法人员履行职责时，不得有下列行为：

（一）对不符合法定条件的，发给建设项目有关证明文件、资质证明文件或者予以批准；

（二）对已经取得有关证明文件的，不履行监督检查职责；

（三）发现用人单位存在职业病危害的，可能造成职业病危害事故，不及时依法采取控制措施；

（四）其他违反本法的行为。

3 中华人民共和国消防法（节选）

（2008年10月28日中华人民共和国主席令第六号公布，自2009年5月1日起施行）

第一章 总 则

第二条 消防工作贯彻预防为主、防消结合的方针，按照政府统一领导、部门依法监管、单位全面负责、公民积极参与的原则，实行消防安全责任制，建立健全社会化的消防工作网络。

第五条 任何单位和个人都有维护消防安全、保护消防设施、预防火灾、报告火警的义务。任何单位和成年人都有参加有组织的灭火工作的义务。

第二章 火灾预防

第十六条 机关、团体、企业、事业等单位应当履行下列消防安全职责：

（一）落实消防安全责任制，制定本单位的消防安全制度、消防安全操作规程，制定灭火和应急疏散预案；

（二）按照国家标准、行业标准配置消防设施、器材，设置消防安全标识，并定期组织检验、维修，确保完好有效；

（三）对建筑消防设施每年至少进行一次全面检测，确保完好有效，检测记录应当完整准确，存档备查；

（四）保障疏散通道、安全出口、消防车通道畅通，保证防火防烟分区、防火间距符合消防技术标准；

（五）组织防火检查，及时消除火灾隐患；

（六）组织进行有针对性的消防演练；

（七）法律、法规规定的其他消防安全职责。

单位的主要负责人是本单位的消防安全责任人。

第十七条 县级以上地方人民政府公安机关消防机构应当将发生火灾可能性较大以及发生火灾可能造成重大的人身伤亡或者财产损失的单位，确定为本行政区域内的消防安全重点单位，并由公安机关报本级人民政府备案。

消防安全重点单位除应当履行本法第十六条规定的职责外，还应当履行下列消防安全职责：

（一）确定消防安全管理人，组织实施本单位的消防安全管理工作；

（二）建立消防档案，确定消防安全重点部位，设置防火标识，实行严格管理；

（三）实行每日防火巡查，并建立巡查记录；

（四）对职工进行岗前消防安全培训，定期组织消防安全培训和消防演练。

第十八条 同一建筑物由两个以上单位管理或者使用的，应当明确各方的消防安全责任，并确定责任人对共用的疏散通道、安全出口、建筑消防设施和消防车通道进行统一管理。

住宅区的物业服务企业应当对管理区域内的共用消防设施进行维护管理，提供消防安全防范服务。

第十九条 生产、储存、经营易燃易爆危险品的场所不得与居住场所设置在同一建筑物内，并应当与居住场所保持安全距离。

生产、储存、经营其他物品的场所与居住场所设置在同一建筑物内的，应当符合国家工程建设消防技术标准。

第二十条 举办大型群众性活动，承办人应当依法向公安机关申请安全许可，制定灭火和应急疏散预案并组织演练，明确消防安全责任分工，确定消防安全管理人员，保持消防设施和消防器材配置齐全、完好有效，保证疏散通道、安全出口、疏散指示标识、应急照明和消防车通道符合消防技术标准和管理规定。

第二十一条 禁止在具有火灾、爆炸危险的场所吸烟、使用明火。因施工等特殊情况需要使用明火作业的，应当按照规定事先办理审批手续，采取相应的消防安全措施；作业人员应当遵守消防安全规定。

进行电焊、气焊等具有火灾危险作业的人员和自动消防系统的操作人员，必须持证上岗，并遵守消防安全操作规程。

第二十二条 生产、储存、装卸易燃易爆危险品的工厂、仓库和专用车站、码头的设置，应当符合消防技术标准。易燃易爆气体和液体的充装站、供应站、调压站，应当设置在符合消防安全要求的位置，并符合防火防爆要求。

已经设置的生产、储存、装卸易燃易爆危险品的工厂、仓库和专用车站、码头，易燃易爆气体和液体的充装站、供应站、调压站，不再符合前款规定的，地方人民政府应当组织、协调有关部门、单位限期解决，消除安全隐患。

第二十三条 生产、储存、运输、销售、使用、销毁易燃易爆危险品，必须执行消防技术标准和管理规定。

进入生产、储存易燃易爆危险品的场所，必须执行消防安全规定。禁止非法携带易燃易爆危险品进入公共场所或者乘坐公共交通工具。

储存可燃物资仓库的管理，必须执行消防技术标准和管理规定。

第二十六条 建筑构件、建筑材料和室内装修、装饰材料的防火性能必须符合国家标准；没有国家标准的，必须符合行业标准。

人员密集场所室内装修、装饰，应当按照消防技术标准的要求，使用不燃、难燃材料。

第二十七条 电器产品、燃气用具的产品标准，应当符合消防安全的要求。

电器产品、燃气用具的安装、使用及其线路、管路的设计、敷设、维护保养、检测，必须符合消防技术标准和管理规定。

第二十八条 任何单位、个人不得损坏、挪用或者擅自拆除、停用消防设施、器材，不得埋压、圈占、遮挡消火栓或者占用防火间距，不得占用、堵塞、封闭疏散通道、安全出口、消防车通道。人员密集场所的门窗不得设置影响逃生和灭火救援的障碍物。

第三章 消防组织

第三十九条 下列单位应当建立单位专职消防队，承担本单位的火灾扑救工作：

（一）大型核设施单位、大型发电厂、民用机场、主要港口；

（二）生产、储存易燃易爆危险品的大型企业；

（三）储备可燃的重要物资的大型仓库、基地；

（四）第一项、第二项、第三项规定以外的火灾危险性较大、距离公安消防队较远的其他大型企业；

（五）距离公安消防队较远、被列为全国重点文物保护单位的古建筑群的管理单位。

第四十一条 机关、团体、企业、事业等单位以及村民委员会、居民委员会根据需要，建立志愿消防队等多种形式的消防组织，开展群众性自防自救工作。

第五章 监督检查

第五十二条 地方各级人民政府应当落实消防工作责任制，对本级人民政府有关部门履行消防安全职责的情况进行监督检查。

县级以上地方人民政府有关部门应当根据本系统的特点，有针对性地开展消防安全检查，及时督促整改火灾隐患。

第五十三条 公安机关消防机构应当对机关、团体、企业、事业等单位遵守消防法律、法规的情况依法进行监督检查。公安派出所可以负责日常消防监督检查、开展消防宣传教育，具体办法由国务院公安部门规定。

公安机关消防机构、公安派出所的工作人员进行消防监督检查，应当出示证件。

第五十四条 公安机关消防机构在消防监督检查中发现火灾隐患的，应当通知有关单位或者个人立即采取措施消除隐患；不及时消除隐患可能严重威胁公共安全的，公安机关消防机构应当依照规定对危险部位或者场所采取临时查封措施。

第五十五条 公安机关消防机构在消防监督检查中发现城乡消防安全布局、公共消防设施不符合消防安全要求，或者发现本地区存在影响公共安全的重大火灾隐患的，应当由公安机关书面报告本级人民政府。

接到报告的人民政府应当及时核实情况，组织或者责成有关部门、单位采取措施，予以整改。

第五十六条 公安机关消防机构及其工作人员应当按照法定的职权和程序进行消防设计审核、消防验收和消防安全检查，做到公正、严格、文明、高效。

公安机关消防机构及其工作人员进行消防设计审核、消防验收和消防安全检查等，不得收取费用，不得利用消防设计审核、消防验收和消防安全检查谋取利益。公安机关消防机构及其工作人员不得利用职务为用户、建设单位指定或者变相指定消防产品的品牌、销售单位或者消防技术服务机构、消防设施施工单位。

第五十七条 公安机关消防机构及其工作人员执行职务，应当自觉接受社会和公民的监督。

任何单位和个人都有权对公安机关消防机构及其工作人员在执法中的违法行为进行检举、控告。收到检举、控告的机关，应当按照职责及时查处。

4 中华人民共和国突发事件应对法（节选）

（2007 年 8 月 30 日第十届全国人民代表大会常务委员会第二十九次会议通过，自 2007 年 11 月 1 日起施行）

第六章 法律责任

第六十三条 地方各级人民政府和县级以上各级人民政府有关部门违反本法规定，不履行法定职责的，由其上级行政机关或者监察机关责令改正；有下列情形之一的，根据情节对直接负责的主管人员和其他直接责任人员依法给予处分：

（一）未按规定采取预防措施，导致发生突发事件，或者未采取必要的防范措施，导致发生次生、衍生事件的；

（二）迟报、谎报、瞒报、漏报有关突发事件的信息，或者通报、报送、公布虚假信息，造成后果的；

（三）未按规定及时发布突发事件警报、采取预警期的措施，导致损害发生的；

（四）未按规定及时采取措施处置突发事件或者处置不当，造成后果的；

（五）不服从上级人民政府对突发事件应急处置工作的统一领导、指挥和协调的；

（六）未及时组织开展生产自救、恢复重建等善后工作的；

（七）截留、挪用、私分或者变相私分应急救援资金、物资的；

（八）不及时归还征用的单位和个人的财产，或者对被征用财产的单位和个人不按规定给予补偿的。

第六十四条 有关单位有下列情形之一的，由所在地履行统一领导职责的人民政府责令停产停业，暂扣或者吊销许可证或者营业执照，并处5万元以上20万元以下的罚款；构成违反治安管理行为的，由公安机关依法给予处罚：

（一）未按规定采取预防措施，导致发生严重突发事件的；

（二）未及时消除已发现的可能引发突发事件的隐患，导致发生严重突发事件的；

（三）未做好应急设备、设施日常维护、检测工作，导致发生严重突发事件或者突发事件危害扩大的；

（四）突发事件发生后，不及时组织开展应急救援工作，造成严重后果的。

前款规定的行为，其他法律、行政法规规定由人民政府有关部门依法决定处罚的，从其规定。

第六十五条 违反本法规定，编造并传播有关突发事件事态发展或者应急处置工作的虚假信息，或者明知是有关突发事件事态发展或者应急处置工作的虚假信息而进行传播的，责令改正，给予警告；造成严重后果的，依法暂停其业务活动或者吊销其执业许可证；负有直接责任的人员是国家工作人员的，还应当对其依法给予处分；构成违反治安管理行为的，由公安机关依法给予处罚。

第六十六条　单位或者个人违反本法规定，不服从所在地人民政府及其有关部门发布的决定、命令或者不配合其依法采取的措施，构成违反治安管理行为的，由公安机关依法给予处罚。

第六十七条　单位或者个人违反本法规定，导致突发事件发生或者危害扩大，给他人人身、财产造成损害的，应当依法承担民事责任。

第六十八条　违反本法规定，构成犯罪的，依法追究刑事责任。

5　中华人民共和国矿山安全法（节选）

（1992年11月7日第七届全国人民代表大会常务委员会第二十八次会议通过，自1993年5月1日起施行）

第一章　总　　则

第三条　矿山企业必须具有保障安全生产的设施，建立、健全安全管理制度，采取有效措施改善职工劳动条件，加强矿山安全管理工作，保证安全生产。

第二章　矿山建设的安全保障

第九条　矿山设计下列项目必须符合矿山安全规程和行业技术规范：

（一）矿井的通风系统和供风量、风质、风速；

（二）露天矿的边坡角和台阶的宽度、高度；

（三）供电系统；

（四）提升、运输系统；

（五）防水、排水系统和防火、灭火系统；

（六）防瓦斯系统和防尘系统；

（七）有关矿山安全的其他项目。

第十条 每个矿井必须有两个以上能行人的安全出口，出口之间的直线水平距离必须符合矿山安全规程和行业技术规范。

第十一条 矿山必须有与外界相通的、符合安全要求的运输和通讯设施。

第十二条 矿山建设工程必须按照管理矿山企业的主管部门批准的设计文件施工。

矿山建设工程安全设施竣工后，由管理矿山企业的主管部门验收，并须有劳动行政主管部门参加；不符合矿山安全规程和行业技术规范的，不得验收，不得投入生产。

第三章 矿山开采的安全保障

第十三条 矿山开采必须具备保障安全生产的条件，执行开采不同矿种的矿山安全规程和行业技术规范。

第十四条 矿山设计规定保留的矿柱、岩柱，在规定的期限内，应当予以保护，不得开采或者毁坏。

第十五条 矿山使用的有特殊安全要求的设备、器材、防护用品和安全检测仪器，必须符合国家安全标准或者行业安全标准；不符合国家安全标准或者行业安全标准的，不得使用。

第十六条 矿山企业必须对机电设备及其防护装置、安全检测仪器，定期检查、维修，保证使用安全。

第十七条 矿山企业必须对作业场所中的有毒有害物质和井下空气含氧量进行检测，保证符合安全要求。

第十八条 矿山企业必须对下列危害安全的事故隐患采取预防措施：

（一）冒顶、片帮、边坡滑落和地表塌陷；

（二）瓦斯爆炸、煤尘爆炸；

（三）冲击地压、瓦斯突出、井喷；

（四）地面和井下的火灾、水害；

（五）爆破器材和爆破作业发生的危害；

（六）粉尘、有毒有害气体、放射性物质和其他有害物质引起的危害；

（七）其他危害。

第十九条 矿山企业对使用机械、电气设备，排土场、矸石山、尾矿库和矿山闭坑后可能引起的危害，应当采取预防措施。

第四章 矿山企业的安全管理

第二十条 矿山企业必须建立、健全安全生产责任制。

矿长对本企业的安全生产工作负责。

第二十一条 矿长应当定期向职工代表大会或者职工大会报告安全生产工作，发挥职工代表大会的监督作用。

第二十二条 矿山企业职工必须遵守有关矿山安全的法律、法规和企业规章制度。

矿山企业职工有权对危害安全的行为，提出批评、检举和控告。

第二十三条 矿山企业工会依法维护职工生产安全的合法权益，组织职工对矿山安全工作进行监督。

6 中华人民共和国煤炭法（节选）

（1996年8月29日第八届全国人民代表大会常务委员会第二十一次会议通过，自1996年12月1日起施行）

第一章 总 则

第七条 煤矿企业必须坚持安全第一、预防为主的安全生产方针，建立健全安全生产的责任制度和群防群治制度。

第八条　各级人民政府及其有关部门和煤矿企业必须采取措施加强劳动保护，保障煤矿职工的安全和健康。国家对煤矿井下作业的职工采取特殊保护措施。

第三章　煤炭生产与煤矿安全

第二十二条　煤矿投入生产前，煤矿企业应当依照本法规定向煤炭管理部门申请领取煤炭生产许可证，由煤炭管理部门对其实际生产条件和安全条件进行审查，符合本法规定条件的，发给煤炭生产许可证。

未取得煤炭生产许可证的，不得从事煤炭生产。

第二十三条　取得煤炭生产许可证，应当具备下列条件：

（一）有依法取得的采矿许可证；

（二）矿井生产系统符合国家规定的煤矿安全规程；

（三）矿长经依法培训合格，取得矿长资格证书；

（四）特种作业人员经依法培训合格，取得操作资格证书；

（五）井上、井下、矿内、矿外调度通讯畅通；

（六）有实测的井上、井下工程对照图、采掘工程平面图、通风系统图；

（七）有竣工验收合格的保障煤矿生产安全的设施和环境保护设施；

（八）法律、行政法规规定的其他条件。

第三十八条　煤矿企业的安全生产管理，实行矿务局长、矿长负责制。

第三十九条　矿务局长、矿长及煤矿企业的其他主要负责人必须遵守有关矿山安全的法律、法规和煤炭行业安全规章、规程，加强对煤矿安全生产工作的管理，执行安全生产责任制度，采取有效措施，防止伤亡和其他安全生产事故的发生。

第四十条　煤矿企业应当对职工进行安全生产教育、培训；未经安全生产教育、培训的，不得上岗作业。

煤矿企业职工必须遵守有关安全生产的法律、法规、煤炭行业规章、规程和企业规章制度。

第四十一条 在煤矿井下作业中，出现危及职工生命安全并无法排除的紧急情况时，作业现场负责人或者安全管理人员应当立即组织职工撤离危险现场，并及时报告有关方面负责人。

第四十二条 煤矿企业工会发现企业行政方面违章指挥、强令职工冒险作业或者生产过程中发现明显重大事故隐患，可能危及职工生命安全的情况，有权提出解决问题的建议，煤矿企业行政方面必须及时作出处理决定。企业行政方面拒不处理的，工会有权提出批评、检举和控告。

第四十三条 煤矿企业必须为职工提供保障安全生产所需的劳动保护用品。

第四十四条 煤矿企业必须为煤矿井下作业职工办理意外伤害保险，支付保险费。

第四十五条 煤矿企业使用的设备、器材、火工产品和安全仪器，必须符合国家标准或者行业标准。

7 中华人民共和国建筑法（节选）

（中华人民共和国主席令第 91 号，第八届全国人民代表大会常务委员会第二十八次会议于 1997 年 11 月 1 日通过，现予公布，自 1998 年 3 月 1 日起施行）

第五章 建筑安全生产管理

第三十六条 建筑工程安全生产管理必须坚持安全第一、预防为主的方针，建立健全安全生产的责任制度和群防群治制度。

第三十七条 建筑工程设计应当符合按照国家规定制定的建筑安全规程和技术规范，保证工程的安全性能。

第三十八条 建筑施工企业在编制施工组织设计时，应当根据建筑工程的特点制定相应的安全技术措施；对专业性较强的工程项目，应当编制专项安全施工组织设计，并采取安全技术措施。

第三十九条 建筑施工企业应当在施工现场采取维护安全、防范危险、预防火灾等措施；有条件的，应当对施工现场实行封闭管理。

施工现场对毗邻的建筑物、构筑物和特殊作业环境可能造成损害的，建筑施工企业应当采取安全防护措施。

第四十条 建设单位应当向建筑施工企业提供与施工现场相关的地下管线资料，建筑施工企业应当采取措施加以保护。

第四十一条 建筑施工企业应当遵守有关环境保护和安全生产的法律、法规的规定，采取控制和处理施工现场的各种粉尘、废气、废水、固体废物以及噪声、振动对环境的污染和危害的措施。

第四十二条 有下列情形之一的，建设单位应当按照国家有关规定办理申请批准手续：

（一）需要临时占用规划批准范围以外场地的；

（二）可能损坏道路、管线、电力、邮电通讯等公共设施的；

（三）需要临时停水、停电、中断道路交通的；

（四）需要进行爆破作业的；

（五）法律、法规规定需要办理报批手续的其他情形。

第四十三条 建设行政主管部门负责建筑安全生产的管理，并依法接受劳动行政主管部门对建筑安全生产的指导和监督。

第四十四条 建筑施工企业必须依法加强对建筑安全生产的管理，执行安全生产责任制度，采取有效措施，防止伤亡和其他安全生产事故的发生。

建筑施工企业的法定代表人对本企业的安全生产负责。

第四十五条 施工现场安全由建筑施工企业负责。实行施工总承包的，由总承包单位负责。分包单位向总承包单位负责，服从总承包单位对施工现场的安全生产管理。

第四十六条 建筑施工企业应当建立健全劳动安全生产教育培训制度，加强对职工安全生产的教育培训；未经安全生产教育培训的人员，不得上岗作业。

第四十七条 建筑施工企业和作业人员在施工过程中，应当遵守有关安全生产的法律、法规和建筑行业安全规章、规程，不得违章指挥或者违章作业。作业人员有权对影响人身健康的作业程序和作业条件提出改进意见，有权获得安全生产所需的防护用品。作业人员对危及生命安全和人身健康的行为有权提出批评、检举和控告。

第四十八条 建筑施工企业必须为从事危险作业的职工办理意外伤害保险，支付保险费。

第四十九条 涉及建筑主体和承重结构变动的装修工程，建设单位应当在施工前委托原设计单位或者具有相应资质条件的设计单位提出设计方案；没有设计方案的，不得施工。

第五十条 房屋拆除应当由具备保证安全条件的建筑施工单位承担，由建筑施工单位负责人对安全负责。

第五十一条 施工中发生事故时，建筑施工企业应当采取紧急措施减少人员伤亡和事故损失，并按照国家有关规定及时向有关部门报告。

第六章 建筑工程质量管理

第五十二条 建筑工程勘察、设计、施工的质量必须符合国家有关建筑工程安全标准的要求，具体管理办法由国务院规定。

有关建筑工程安全的国家标准不能适应确保建筑安全的要求时，应当及时修订。

第五十三条 国家对从事建筑活动的单位推行质量体系认证制度。从事建筑活动的单位根据自愿原则可以向国务院产品质量监督管理部门或者国务院产品质量监督管理部门授权的部门认可的认证机构申请质量体系认证。经认证合格的，由认证机构颁发质量体系认证证书。

第五十四条 建设单位不得以任何理由，要求建筑设计单位或者建筑施工企业在工程设计或者施工作业中，违反法律、行政法规和建筑工程质量、安全标准，降低工程质量。

建筑设计单位和建筑施工企业对建设单位违反前款规定提出的降低工程质量的要求，应当予以拒绝。

第五十五条 建筑工程实行总承包的，工程质量由工程总承包单位负责，总承包单位将建筑工程分包给其他单位的，应当对分包工程的质量与分包单位承担连带责任。分包单位应当接受总承包单位的质量管理。

第五十八条 建筑施工企业对工程的施工质量负责。

建筑施工企业必须按照工程设计图纸和施工技术标准施工，不得偷工减料。工程设计的修改由原设计单位负责，建筑施工企业不得擅自修改工程设计。

第五十九条 建筑施工企业必须按照工程设计要求、施工技术标准和合同的约定，对建筑材料、建筑构配件和设备进行检验，不合格的不得使用。

第六十三条 任何单位和个人对建筑工程的质量事故、质量缺陷都有权向建设行政主管部门或者其他有关部门进行检举、控告、投诉。

第七章 法律责任

第六十四条 违反本法规定，未取得施工许可证或者开工报告未经批准擅自施工的，责令改正，对不符合开工条件的责令停止施工，可以处以罚款。

第七十条 违反本法规定，涉及建筑主体或者承重结构变动的装修工程擅自施工的，责令改正，处以罚款；造成损失的，承担赔偿责任；构成犯罪的，依法追究刑事责任。

第七十一条 建筑施工企业违反本法规定，对建筑安全事故隐患不采取措施予以消除的，责令改正，可以处以罚款；情节严重的，责令停业整顿，降低资质等级或者吊销资质证书；构成犯罪的，依法追究刑事责任。

建筑施工企业的管理人员违章指挥、强令职工冒险作业，因而发生重大伤亡事故或者造成其他严重后果的，依法追究刑事责任。

第七十二条 建设单位违反本法规定，要求建筑设计单位或者建筑施工企业违反建筑工程质量、安全标准，降低工程质量的，责令改正，可以处以罚款；构成犯罪的，依法追究刑事责任。

第七十三条 建筑设计单位不按照建筑工程质量、安全标准进行设计的，责令改正，处以罚款；造成工程质量事故的，责令停业整顿，降低资质等级或者吊销资质证书，没收违法所得，并处罚款；造成损失的，承担赔偿责任；构成犯罪的，依法追究刑事责任。

第七十四条 建筑施工企业在施工中偷工减料的，使用不合格的建筑材料、建筑构配件和设备的，或者有其他不按照工程设计图纸或者施工技术标准施工的行为的，责令改正，处以罚款；情节严重的，责令停业整顿，降低资质等级或者吊销资质证书；造成建筑工程质量不符合规定的质量标准的，负责返工、修理，并赔偿因此造成的损失；构成犯罪的，依法追究刑事责任。

第七十九条 负责颁发建筑工程施工许可证的部门及其工作人员对不符合施工条件的建筑工程颁发施工许可证的，负责工程质量监督检查或者竣工验收的部门及其工作人员对不合格的建筑工程出具质量合格文件或者按合格工程验收的，由上级机关责令改正，对责任人员给予行政处分；构成犯罪的，依法追究刑事责任；造成损失的，由该部门承担相应的赔偿责任。

8 中华人民共和国道路交通安全法（节选）

（2007 年 12 月 29 日第十届全国人民代表大会常务委员会第三十一次会议通过，自 2008 年 5 月 1 日起施行）

第四章 道路通行规定

第四十二条 机动车上道路行驶，不得超过限速标识标明的最高时速。在没有限速标识的路段，应当保持安全车速。

夜间行驶或者在容易发生危险的路段行驶，以及遇有沙尘、冰雹、雨、雪、雾、结冰等气象条件时，应当降低行驶速度。

第四十三条 同车道行驶的机动车，后车应当与前车保持足以采取紧急制动措施的安全距离。有下列情形之一的，不得超车：

（一）前车正在左转弯、掉头、超车的；

（二）与对面来车有会车可能的；

（三）前车为执行紧急任务的警车、消防车、救护车、工程救险车的；

（四）行经铁路道口、交叉路口、窄桥、弯道、陡坡、隧道、人行横道、市区交通流量大的路段等没有超车条件的。

第四十四条 机动车通过交叉路口，应当按照交通信号灯、交通标识、交通标线或者交通警察的指挥通过；通过没有交通信号灯、交通标识、交通标线或者交通警察指挥的交叉路口时，应当减速慢行，并让行人和优先通行的车辆先行。

第四十五条 机动车遇有前方车辆停车排队等候或者缓慢行驶时，不得借道超车或者占用对面车道，不得穿插等候的车辆。

在车道减少的路段、路口，或者在没有交通信号灯、交通标识、交通标线或者交通警察指挥的交叉路口遇到停车排队等候或者缓慢行驶时，机动车应当依次交替通行。

第四十六条 机动车通过铁路道口时，应当按照交通信号或者管理人员的指挥通行；没有交通信号或者管理人员的，应当减速或者停车，在确认安全后通过。

第四十七条 机动车行经人行横道时，应当减速行驶；遇行人正在通过人行横道，应当停车让行。

机动车行经没有交通信号的道路时，遇行人横过道路，应当避让。

第四十八条 机动车载物应当符合核定的载质量，严禁超载；载物的长、宽、高不得违反装载要求，不得遗洒、飘散载运物。

机动车运载超限的不可解体的物品，影响交通安全的，应当按照公安机关交通管理部门指定的时间、路线、速度行驶，悬挂明显标识。在公路上运载超限的不可解体的物品，并应当依照公路法的规定执行。

机动车载运爆炸物品、易燃易爆化学物品以及剧毒、放射性等危险物品，应当经公安机关批准后，按指定的时间、路线、速度行驶，悬挂警示标识并采取必要的安全措施。

第四十九条 机动车载人不得超过核定的人数，客运机动车不得违反规定载货。

第五十条 禁止货运机动车载客。

货运机动车需要附载作业人员的，应当设置保护作业人员的安全措施。

第五十一条　机动车行驶时，驾驶人、乘坐人员应当按规定使用安全带，摩托车驾驶人及乘坐人员应当按规定戴安全头盔。

第五十二条　机动车在道路上发生故障，需要停车排除故障时，驾驶人应当立即开启危险报警闪光灯，将机动车移至不妨碍交通的地方停放；难以移动的，应当持续开启危险报警闪光灯，并在来车方向设置警告标识等措施扩大示警距离，必要时迅速报警。

第五十三条　警车、消防车、救护车、工程救险车执行紧急任务时，可以使用警报器、标识灯具；在确保安全的前提下，不受行驶路线、行驶方向、行驶速度和信号灯的限制，其他车辆和行人应当让行。

警车、消防车、救护车、工程救险车非执行紧急任务时，不得使用警报器、标识灯具，不享有前款规定的道路优先通行权。

第五十四条　道路养护车辆、工程作业车进行作业时，在不影响过往车辆通行的前提下，其行驶路线和方向不受交通标识、标线限制，过往车辆和人员应当注意避让。

洒水车、清扫车等机动车应当按照安全作业标准作业；在不影响其他车辆通行的情况下，可以不受车辆分道行驶的限制，但是不得逆向行驶。

第五十五条　高速公路、大中城市中心城区内的道路，禁止拖拉机通行。其他禁止拖拉机通行的道路，由省、自治区、直辖市人民政府根据当地实际情况规定。

在允许拖拉机通行的道路上，拖拉机可以从事货运，但是不得用于载人。

第五十六条　机动车应当在规定地点停放。禁止在人行道上停放机动车；但是，依照本法第三十三条规定施划的停车泊位除外。

在道路上临时停车的，不得妨碍其他车辆和行人通行。

9 中华人民共和国劳动法（节选）

（1994年7月5日第八届全国人民代表大会常务委员会第八次会议通过，自1995年1月1日起施行）

第六章 劳动安全卫生

第五十二条 用人单位必须建立、健全劳动安全卫生制度，严格执行国家劳动安全卫生规程和标准，对劳动者进行劳动安全卫生教育，防止劳动过程中的事故，减少职业危害。

第五十三条 劳动安全卫生设施必须符合国家规定的标准。

新建、改建、扩建工程的劳动安全卫生设施必须与主体工程同时设计、同时施工、同时投入生产和使用。

第五十四条 用人单位必须为劳动者提供符合国家规定的劳动安全卫生条件和必要的劳动防护用品，对从事有职业危害作业的劳动者应当定期进行健康检查。

第五十五条 从事特种作业的劳动者必须经过专门培训并取得特种作业资格。

第五十六条 劳动者在劳动过程中必须严格遵守安全操作规程。劳动者对用人单位管理人员违章指挥、强令冒险作业，有权拒绝执行；对危害生命安全和身体健康的行为，有权提出批评、检举和控告。

第七章 女职工和未成年工特殊保护

第五十八条 国家对女职工和未成年工实行特殊劳动保护。未成年工是指年满16周岁未满18周岁的劳动者。

第五十九条 禁止安排女职工从事矿山井下、国家规定的第四级体力劳动强度的劳动和其他禁忌从事的劳动。

第六十条 不得安排女职工在经期从事高处、低温、冷水作业和国家规定的第三级体力劳动强度的劳动。

第六十一条 不得安排女职工在怀孕期间从事国家规定的第三级体力劳动强度的劳动和孕期禁忌从事的劳动。对怀孕7个月以上的女职工，不得安排其延长工作时间和夜班劳动。

第六十二条 女职工生育享受不少于九十天的产假。

第六十三条 不得安排女职工在哺乳未满1周岁的婴儿期间从事国家规定的第三级体力劳动强度的劳动和哺乳期禁忌从事的其他劳动，不得安排其延长工作时间和夜班劳动。

第六十四条 不得安排未成年工从事矿山井下、有毒有害、国家规定的第四级体力劳动强度的劳动和其他禁忌从事的劳动。

第六十五条 用人单位应当对未成年工定期进行健康检查。

第九章 社会保险和福利

第七十条 国家发展社会保险事业，建立社会保险制度，设立社会保险基金，使劳动者在年老、患病、工伤、失业、生育等情况下获得帮助和补偿。

10 中华人民共和国工会法（节选）

（1992年4月3日第七届全国人民代表大会第五次会议通过，根据2001年10月27日第九届全国人民代表大会常务委员会第二十四次会议《关于修改〈中华人民共和国工会法〉的决定》修正）

第三章 工会的权利和义务

第二十三条 工会依照国家规定对新建、扩建企业和技术改造工程中的劳动条件和安全卫生设施与主体工程同时设计、同时施工、同时投产使用进行监督。对工会提出的意见，企业或者主管部门应当认真处理，并将处理结果书面通知工会。

第二十四条 工会发现企业违章指挥、强令工人冒险作业，或者生产过程中发现明显重大事故隐患和职业危险，有权提出解决的建议，企业应当及时研究答复；发现危及职工生命安全的情况时，工会有权向企业建议组织职工撤离危险现场，企业必须及时作出处理决定。

第二十五条 工会有权对企业、事业单位侵犯职工合法权益的问题进行调查，有关单位应当予以协助。

第二十六条 职工因工伤亡事故和其他严重危害职工健康问题的调查处理，必须有工会参加。工会应当向有关处理部门提出处理意见，并有权要求追究直接负责的主管人员和有关责任人员的责任。对工会提出的意见，应当及时研究，给予答复。

第四章 基层工会组织

第三十八条 企业、事业单位研究经营管理和发展的重大问题应当听取工会的意见；召开讨论有关工资、福利、劳动安全卫生、社会保险等涉及职工切身利益的会议，必须有工会代表参加。

企业、事业单位应当支持工会依法开展活动，工会应当支持企业、事业单位依法行使经营管理权。

（二）我国基本法规有关安全检查与责任的主要规定

11 安全生产许可证条例（节选）

（2004 年 1 月 13 日国务院令第 397 号发布，自公布之日起施行）

第二条 国家对矿山企业、建筑施工企业和危险化学品、烟花爆竹、民用爆破器材生产企业（以下统称企业）实行安全生产许可制度。

企业未取得安全生产许可证的，不得从事生产活动。

第三条 国务院安全生产监督管理部门负责中央管理的非煤矿矿山企业和危险化学品、烟花爆竹生产企业安全生产许可证的颁发和管理。

省、自治区、直辖市人民政府安全生产监督管理部门负责前款规定以外的非煤矿矿山企业和危险化学品、烟花爆竹生产企业安全生产许可证的颁发和管理，并接受国务院安全生产监督管理部门的指导和监督。

国家煤矿安全监察机构负责中央管理的煤矿企业安全生产许可证的颁发和管理。

在省、自治区、直辖市设立的煤矿安全监察机构负责前款规定以外的其他煤矿企业安全生产许可证的颁发和管理，并接受国家煤矿安全监察机构的指导和监督。

第四条 国务院建设主管部门负责中央管理的建筑施工企业安全生产许可证的颁发和管理。

省、自治区、直辖市人民政府建设主管部门负责前款规定以外的建筑施工企业安全生产许可证的颁发和管理，并接受国务院建设主管部门的指导和监督。

第五条 国务院国防科技工业主管部门负责民用爆破器材生产企业安全生产许可证的颁发和管理。

第六条 企业取得安全生产许可证，应当具备下列安全生产条件：

（一）建立、健全安全生产责任制，制定完备的安全生产规章制度和操作规程；

（二）安全投入符合安全生产要求；

（三）设置安全生产管理机构，配备专职安全生产管理人员；

（四）主要负责人和安全生产管理人员经考核合格；

（五）特种作业人员经有关业务主管部门考核合格，取得特种作业操作资格证书；

（六）从业人员经安全生产教育和培训合格；

（七）依法参加工伤保险，为从业人员缴纳保险费；

（八）厂房、作业场所和安全设施、设备、工艺符合有关安全生产法律、法规、标准和规程的要求；

（九）有职业危害防治措施，并为从业人员配备符合国家标准或者行业标准的劳动防护用品；

（十）依法进行安全评价；

（十一）有重大危险源检测、评估、监控措施和应急预案；

（十二）有生产安全事故应急救援预案、应急救援组织或者应急救援人员，配备必要的应急救援器材、设备；

（十三）法律、法规规定的其他条件。

12 生产安全事故报告和调查处理条例（节选）

（2007年4月9日国务院令第493号公布，自2007年6月1日起施行）

第一章　总　　则

第四条　事故报告应当及时、准确、完整，任何单位和个人对事故不得迟报、漏报、谎报或者瞒报。

事故调查处理应当坚持实事求是、尊重科学的原则，及时、准确地查清事故经过、事故原因和事故损失，查明事故性质，认定事故责任，总结事故教训，提出整改措施，并对事故责任者依法追究责任。

第五章　法律责任

第三十五条　事故发生单位主要负责人有下列行为之一的，处上一年年收入 40％至 80％的罚款；属于国家工作人员的，并依法给予处分；构成犯罪的，依法追究刑事责任：

（一）不立即组织事故抢救的；

（二）迟报或者漏报事故的；

（三）在事故调查处理期间擅离职守的。

第三十六条　事故发生单位及其有关人员有下列行为之一的，对事故发生单位处 100 万元以上 500 万元以下的罚款；对主要负责人、直接负责的主管人员和其他直接责任人员处上一年年收入 60％至 100％的罚款；属于国家工作人员的，并依法给予处分；构成违反治安管理行为的，由公安机关依法给予治安管理处罚；构成犯罪的，依法追究刑事责任：

（一）谎报或者瞒报事故的；

（二）伪造或者故意破坏事故现场的；

（三）转移、隐匿资金、财产，或者销毁有关证据、资料的；

（四）拒绝接受调查或者拒绝提供有关情况和资料的；

（五）在事故调查中作伪证或者指使他人作伪证的；

（六）事故发生后逃匿的。

13　使用有毒物品作业场所劳动保护条例（节选）

（2002 年 5 月 12 日国务院令第 352 号公布，自公布之日起施行）

第二章　作业场所的预防措施

第十一条　用人单位的设立，应当符合有关法律、行政法规规定的设立条件，并依法办理有关手续，取得营业执照。用人单位的使用有毒物品作业场所，除应当符合职业病防治法规定的职业卫生要求外，还必须符合下列要求：

（一）作业场所与生活场所分开，作业场所不得住人；

（二）有害作业与无害作业分开，高毒作业场所与其他作业场所隔离；

（三）设置有效的通风装置；可能突然泄漏大量有毒物品或者易造成急性中毒的作业场所，设置自动报警装置和事故通风设施；

（四）高毒作业场所设置应急撤离通道和必要的泄险区。

用人单位及其作业场所符合前两款规定的，由卫生行政部门发给职业卫生安全许可证，方可从事使用有毒物品的作业。

第十二条 使用有毒物品作业场所应当设置黄色区域警示线、警示标识和中文警示说明。警示说明应当载明产生职业中毒危害的种类、后果、预防以及应急救治措施等内容。

高毒作业场所应当设置红色区域警示线、警示标识和中文警示说明，并设置通讯报警设备。

第十三条 新建、扩建、改建的建设项目和技术改造、技术引进项目（以下统称建设项目），可能产生职业中毒危害的，应当依照职业病防治法的规定进行职业中毒危害预评价，并经卫生行政部门审核同意；可能产生职业中毒危害的建设项目的职业中毒危害防护设施应当与主体工程同时设计，同时施工，同时投入生产和使用；建设项目竣工，应当进行职业中毒危害控制效果评价，并经卫生行政部门验收合格。

存在高毒作业的建设项目的职业中毒危害防护设施设计，应当经卫生行政部门进行卫生审查；经审查，符合国家职业卫生标准和卫生要求的，方可施工。

第十四条 用人单位应当按照国务院卫生行政部门的规定，向卫生行政部门及时、如实申报存在职业中毒危害项目。

从事使用高毒物品作业的用人单位，在申报使用高毒物品作业项目时，应当向卫生行政部门提交下列有关资料：

（一）职业中毒危害控制效果评价报告；

（二）职业卫生管理制度和操作规程等材料；

（三）职业中毒事故应急救援预案。

从事使用高毒物品作业的用人单位变更所使用的高毒物品品种的，应当依照前款规定向原受理申报的卫生行政部门重新申报。

第十五条 用人单位变更名称、法定代表人或者负责人的，应当向原受理申报的卫生行政部门备案。

第十六条 从事使用高毒物品作业的用人单位，应当配备应急救援人员和必要的应急救援器材、设备，制定事故应急救援预案，并根据实际情况变化对应急救援预案适时进行修订，定期组织演练。事故应急救援预案和演练记录应当报当地卫生行政部门、安全生产监督管理部门和公安部门备案。

第三章 劳动过程的防护

第十七条 用人单位应当依照职业病防治法的有关规定，采取有效的职业卫生防护管理措施，加强劳动过程中的防护与管理。

从事使用高毒物品作业的用人单位，应当配备专职的或者兼职的职业卫生医师和护士；不具备配备专职的或者兼职的职业卫生医师和护士条件的，应当与依法取得资质认证的职业卫生技术服务机构签订合同，由其提供职业卫生服务。

第十八条 用人单位应当与劳动者订立劳动合同，将工作过程中可能产生的职业中毒危害及其后果、职业中毒危害防护措施和待遇等如实告知劳动者，并在劳动合同中写明，不得隐瞒或者欺骗。

劳动者在已订立劳动合同期间因工作岗位或者工作内容变

更，从事劳动合同中未告知的存在职业中毒危害的作业时，用人单位应当依照前款规定，如实告知劳动者，并协商变更原劳动合同有关条款。

用人单位违反前两款规定的，劳动者有权拒绝从事存在职业中毒危害的作业，用人单位不得因此单方面解除或者终止与劳动者所订立的劳动合同。

第十九条 用人单位有关管理人员应当熟悉有关职业病防治的法律、法规以及确保劳动者安全使用有毒物品作业的知识。

用人单位应当对劳动者进行上岗前的职业卫生培训和在岗期间的定期职业卫生培训，普及有关职业卫生知识，督促劳动者遵守有关法律、法规和操作规程，指导劳动者正确使用职业中毒危害防护设备和个人使用的职业中毒危害防护用品。

劳动者经培训考核合格，方可上岗作业。

第二十条 用人单位应当确保职业中毒危害防护设备、应急救援设施、通讯报警装置处于正常适用状态，不得擅自拆除或者停止运行。

用人单位应当对前款所列设施进行经常性的维护、检修，定期检测其性能和效果，确保其处于良好运行状态。

职业中毒危害防护设备、应急救援设施和通讯报警装置处于不正常状态时，用人单位应当立即停止使用有毒物品作业；恢复正常状态后，方可重新作业。

第二十一条 用人单位应当为从事使用有毒物品作业的劳动者提供符合国家职业卫生标准的防护用品，并确保劳动者正确使用。

第二十二条 有毒物品必须附具说明书，如实载明产品特性、主要成分、存在的职业中毒危害因素、可能产生的危害后果、安全使用注意事项、职业中毒危害防护以及应急救治措施等内容；没有说明书或者说明书不符合要求的，不得向用人单位销售。用人单位有权向生产、经营有毒物品的单位索取说明书。

第二十三条　有毒物品的包装应当符合国家标准，并以易于劳动者理解的方式加贴或者拴挂有毒物品安全标签。有毒物品的包装必须有醒目的警示标识和中文警示说明。

经营、使用有毒物品的单位，不得经营、使用没有安全标签、警示标识和中文警示说明的有毒物品。

第二十四条　用人单位维护、检修存在高毒物品的生产装置，必须事先制订维护、检修方案，明确职业中毒危害防护措施，确保维护、检修人员的生命安全和身体健康。

维护、检修存在高毒物品的生产装置，必须严格按照维护、检修方案和操作规程进行。维护、检修现场应当有专人监护，并设置警示标识。

第二十五条　需要进入存在高毒物品的设备、容器或者狭窄封闭场所作业时，用人单位应当事先采取下列措施：

（一）保持作业场所良好的通风状态，确保作业场所职业中毒危害因素浓度符合国家职业卫生标准；

（二）为劳动者配备符合国家职业卫生标准的防护用品；

（三）设置现场监护人员和现场救援设备。

未采取前款规定措施或者采取的措施不符合要求的，用人单位不得安排劳动者进入存在高毒物品的设备、容器或者狭窄封闭场所作业。

第二十六条　用人单位应当按照国务院卫生行政部门的规定，定期对使用有毒物品作业场所职业中毒危害因素进行检测、评价。检测、评价结果存入用人单位职业卫生档案，定期向所在地卫生行政部门报告并向劳动者公布。

从事使用高毒物品作业的用人单位应当至少每一个月对高毒作业场所进行一次职业中毒危害因素检测；至少每半年进行一次职业中毒危害控制效果评价。

高毒作业场所职业中毒危害因素不符合国家职业卫生标准和卫生要求时，用人单位必须立即停止高毒作业，并采取相应的治理措施；经治理，职业中毒危害因素符合国家职业卫生标准和卫生要求的，方可重新作业。

第二十七条 从事使用高毒物品作业的用人单位应当设置淋浴间和更衣室，并设置清洗、存放或者处理从事使用高毒物品作业劳动者的工作服、工作鞋帽等物品的专用间。

劳动者结束作业时，其使用的工作服、工作鞋帽等物品必须存放在高毒作业区域内，不得穿戴到非高毒作业区域。

第二十八条 用人单位应当按照规定对从事使用高毒物品作业的劳动者进行岗位轮换。用人单位应当为从事使用高毒物品作业的劳动者提供岗位津贴。

第二十九条 用人单位转产、停产、停业或者解散、破产的，应当采取有效措施，妥善处理留存或者残留有毒物品的设备、包装物和容器。

第三十条 用人单位应当对本单位执行本条例规定的情况进行经常性的监督检查；发现问题，应当及时依照本条例规定的要求进行处理。

第六章 监督管理

第五十三条 卫生行政部门履行监督检查职责时，有权采取下列措施：

（一）进入用人单位和使用有毒物品作业场所现场，了解情况，调查取证，进行抽样检查、检测、检验，进行实地检查；

（二）查阅或者复制与违反本条例行为有关的资料，采集样品；

（三）责令违反本条例规定的单位和个人停止违法行为。

第五十四条 发生职业中毒事故或者有证据证明职业中毒危害状态可能导致事故发生时，卫生行政部门有权采取下列临时控制措施：

（一）责令暂停导致职业中毒事故的作业；

（二）封存造成职业中毒事故或者可能导致事故发生的物品；

（三）组织控制职业中毒事故现场。

在职业中毒事故或者危害状态得到有效控制后，卫生行政部门应当及时解除控制措施。

第五十五条 卫生行政部门执法人员依法执行职务时，被检查单位应当接受检查并予以支持、配合，不得拒绝和阻碍。

14 特种设备安全监察条例（节选）

（2003年国务院令第373号公布，根据2009年1月24日《国务院关于修改〈特种设备安全监察条例〉的决定》修订，2009年国务院令第549号公布）

第三章 特种设备的使用

第二十三条 特种设备使用单位，应当严格执行本条例和有关安全生产的法律、行政法规的规定，保证特种设备的安全使用。

第二十四条 特种设备使用单位应当使用符合安全技术规范要求的特种设备。特种设备投入使用前，使用单位应当核对其是否附有本条例第十五条规定的相关文件。

第二十五条 特种设备在投入使用前或者投入使用后30日内，特种设备使用单位应当向直辖市或者设区的市的特种设备安全监督管理部门登记。登记标识应当置于或者附着于该特种设备的显著位置。

第二十六条 特种设备使用单位应当建立特种设备安全技术档案。安全技术档案应当包括以下内容：

（一）特种设备的设计文件、制造单位、产品质量合格证明、使用维护说明等文件以及安装技术文件和资料；

（二）特种设备的定期检验和定期自行检查的记录；

（三）特种设备的日常使用状况记录；

（四）特种设备及其安全附件、安全保护装置、测量调控装置及有关附属仪器仪表的日常维护保养记录；

（五）特种设备运行故障和事故记录；

（六）高耗能特种设备的能效测试报告、能耗状况记录以及节能改造技术资料。

第二十七条 特种设备使用单位应当对在用特种设备进行经常性日常维护保养，并定期自行检查。

特种设备使用单位对在用特种设备应当至少每月进行一次自行检查，并作出记录。特种设备使用单位在对在用特种设备进行自行检查和日常维护保养时发现异常情况的，应当及时处理。

特种设备使用单位应当对在用特种设备的安全附件、安全保护装置、测量调控装置及有关附属仪器仪表进行定期校验、检修，并作出记录。

锅炉使用单位应当按照安全技术规范的要求进行锅炉水（介）质处理，并接受特种设备检验检测机构实施的水（介）质处理定期检验。

从事锅炉清洗的单位，应当按照安全技术规范的要求进行锅炉清洗，并接受特种设备检验检测机构实施的锅炉清洗过程监督检验。

第二十八条 特种设备使用单位应当按照安全技术规范的定期检验要求，在安全检验合格有效期届满前1个月向特种设备检验检测机构提出定期检验要求。

检验检测机构接到定期检验要求后，应当按照安全技术规范的要求及时进行安全性能检验和能效测试。

未经定期检验或者检验不合格的特种设备，不得继续使用。

第二十九条 特种设备出现故障或者发生异常情况，使用单位应当对其进行全面检查，消除事故隐患后，方可重新投入使用。

特种设备不符合能效指标的，特种设备使用单位应当采取相应措施进行整改。

第三十条　特种设备存在严重事故隐患，无改造、维修价值，或者超过安全技术规范规定使用年限，特种设备使用单位应当及时予以报废，并应当向原登记的特种设备安全监督管理部门办理注销。

第三十一条　电梯的日常维护保养必须由依照本条例取得许可的安装、改造、维修单位或者电梯制造单位进行。

电梯应当至少每15日进行一次清洁、润滑、调整和检查。

第三十二条　电梯的日常维护保养单位应当在维护保养中严格执行国家安全技术规范的要求，保证其维护保养的电梯的安全技术性能，并负责落实现场安全防护措施，保证施工安全。

电梯的日常维护保养单位，应当对其维护保养的电梯的安全性能负责。接到故障通知后，应当立即赶赴现场，并采取必要的应急救援措施。

第三十三条　电梯、客运索道、大型游乐设施等为公众提供服务的特种设备运营使用单位，应当设置特种设备安全管理机构或者配备专职的安全管理人员；其他特种设备使用单位，应当根据情况设置特种设备安全管理机构或者配备专职、兼职的安全管理人员。

特种设备的安全管理人员应当对特种设备使用状况进行经常性检查，发现问题的应当立即处理；情况紧急时，可以决定停止使用特种设备并及时报告本单位有关负责人。

第三十四条　客运索道、大型游乐设施的运营使用单位在客运索道、大型游乐设施每日投入使用前，应当进行试运行和例行安全检查，并对安全装置进行检查确认。

电梯、客运索道、大型游乐设施的运营使用单位应当将电梯、客运索道、大型游乐设施的安全注意事项和警示标识置于易于为乘客注意的显著位置。

第三十五条 客运索道、大型游乐设施的运营使用单位的主要负责人应当熟悉客运索道、大型游乐设施的相关安全知识，并全面负责客运索道、大型游乐设施的安全使用。

客运索道、大型游乐设施的运营使用单位的主要负责人至少应当每月召开一次会议，督促、检查客运索道、大型游乐设施的安全使用工作。

客运索道、大型游乐设施的运营使用单位，应当结合本单位的实际情况，配备相应数量的营救装备和急救物品。

第三十六条 电梯、客运索道、大型游乐设施的乘客应当遵守使用安全注意事项的要求，服从有关工作人员的指挥。

第三十七条 电梯投入使用后，电梯制造单位应当对其制造的电梯的安全运行情况进行跟踪调查和了解，对电梯的日常维护保养单位或者电梯的使用单位在安全运行方面存在的问题，提出改进建议，并提供必要的技术帮助。发现电梯存在严重事故隐患的，应当及时向特种设备安全监督管理部门报告。电梯制造单位对调查和了解的情况，应当作出记录。

第三十八条 锅炉、压力容器、电梯、起重机械、客运索道、大型游乐设施、场（厂）内专用机动车辆的作业人员及其相关管理人员（以下统称特种设备作业人员），应当按照国家有关规定经特种设备安全监督管理部门考核合格，取得国家统一格式的特种作业人员证书，方可从事相应的作业或者管理工作。

第三十九条 特种设备使用单位应当对特种设备作业人员进行特种设备安全、节能教育和培训，保证特种设备作业人员具备必要的特种设备安全、节能知识。

特种设备作业人员在作业中应当严格执行特种设备的操作规程和有关的安全规章制度。

第四十条 特种设备作业人员在作业过程中发现事故隐患或者其他不安全因素，应当立即向现场安全管理人员和单位有关负责人报告。

第五章　监督检查

第五十条　特种设备安全监督管理部门依照本条例规定，对特种设备生产、使用单位和检验检测机构实施安全监察。

对学校、幼儿园以及车站、客运码头、商场、体育场馆、展览馆、公园等公众聚集场所的特种设备，特种设备安全监督管理部门应当实施重点安全监察。

第五十一条　特种设备安全监督管理部门根据举报或者取得的涉嫌违法证据，对涉嫌违反本条例规定的行为进行查处时，可以行使下列职权：

（一）向特种设备生产、使用单位和检验检测机构的法定代表人、主要负责人和其他有关人员调查、了解与涉嫌从事违反本条例的生产、使用、检验检测有关的情况；

（二）查阅、复制特种设备生产、使用单位和检验检测机构的有关合同、发票、账簿以及其他有关资料；

（三）对有证据表明不符合安全技术规范要求的或者有其他严重事故隐患、能耗严重超标的特种设备，予以查封或者扣押。

第五十二条　依照本条例规定实施许可、核准、登记的特种设备安全监督管理部门，应当严格依照本条例规定条件和安全技术规范要求对有关事项进行审查；不符合本条例规定条件和安全技术规范要求的，不得许可、核准、登记；在申请办理许可、核准期间，特种设备安全监督管理部门发现申请人未经许可从事特种设备相应活动或者伪造许可、核准证书的，不予受理或者不予许可、核准，并在1年内不再受理其新的许可、核准申请。

未依法取得许可、核准、登记的单位擅自从事特种设备的生产、使用或者检验检测活动的，特种设备安全监督管理部门应当依法予以处理。

违反本条例规定，被依法撤销许可的，自撤销许可之日起 3 年内，特种设备安全监督管理部门不予受理其新的许可申请。

第五十三条 特种设备安全监督管理部门在办理本条例规定的有关行政审批事项时，其受理、审查、许可、核准的程序必须公开，并应当自受理申请之日起 30 日内，作出许可、核准或者不予许可、核准的决定；不予许可、核准的，应当书面向申请人说明理由。

第五十四条 地方各级特种设备安全监督管理部门不得以任何形式进行地方保护和地区封锁，不得对已经依照本条例规定在其他地方取得许可的特种设备生产单位重复进行许可，也不得要求对依照本条例规定在其他地方检验检测合格的特种设备，重复进行检验检测。

第五十五条 特种设备安全监督管理部门的安全监察人员（以下简称特种设备安全监察人员）应当熟悉相关法律、法规、规章和安全技术规范，具有相应的专业知识和工作经验，并经国务院特种设备安全监督管理部门考核，取得特种设备安全监察人员证书。

特种设备安全监察人员应当忠于职守、坚持原则、秉公执法。

第五十六条 特种设备安全监督管理部门对特种设备生产、使用单位和检验检测机构实施安全监察时，应当有两名以上特种设备安全监察人员参加，并出示有效的特种设备安全监察人员证件。

第五十七条 特种设备安全监督管理部门对特种设备生产、使用单位和检验检测机构实施安全监察，应当对每次安全监察的内容、发现的问题及处理情况，作出记录，并由参加安全监察的特种设备安全监察人员和被检查单位的有关负责人签字后归档。被检查单位的有关负责人拒绝签字的，特种设备安全监察人员应当将情况记录在案。

第五十八条 特种设备安全监督管理部门对特种设备生产、使用单位和检验检测机构进行安全监察时，发现有违反本条例规定和安全技术规范要求的行为或者在用的特种设备存在事故隐患、不符合能效指标的，应当以书面形式发出特种设备安全监察指令，责令有关单位及时采取措施，予以改正或者消除事故隐患。紧急情况下需要采取紧急处置措施的，应当随后补发书面通知。

第五十九条 特种设备安全监督管理部门对特种设备生产、使用单位和检验检测机构进行安全监察，发现重大违法行为或者严重事故隐患时，应当在采取必要措施的同时，及时向上级特种设备安全监督管理部门报告。接到报告的特种设备安全监督管理部门应当采取必要措施，及时予以处理。

对违法行为、严重事故隐患或者不符合能效指标的处理需要当地人民政府和有关部门的支持、配合时，特种设备安全监督管理部门应当报告当地人民政府，并通知其他有关部门。当地人民政府和其他有关部门应当采取必要措施，及时予以处理。

第六十条 国务院特种设备安全监督管理部门和省、自治区、直辖市特种设备安全监督管理部门应当定期向社会公布特种设备安全以及能效状况。

公布特种设备安全以及能效状况，应当包括下列内容：

（一）特种设备质量安全状况；

（二）特种设备事故的情况、特点、原因分析、防范对策；

（三）特种设备能效状况；

（四）其他需要公布的情况。

（三）国务院文件及部门规章有关安全检查与责任的主要规定

15 国务院关于特大安全事故行政责任追究的规定（节选）

（2001 年 4 月 21 日国务院令第 302 号发布）

第二条 地方人民政府主要领导人和政府有关部门正职负责人对下列特大安全事故的防范、发生，依照法律、行政法规和本规定的规定有失职、渎职情形或者负有领导责任的，依照本规定给予行政处分；构成玩忽职守罪或者其他罪的，依法追究刑事责任：

（一）特大火灾事故；

（二）特大交通安全事故；

（三）特大建筑质量安全事故；

（四）民用爆炸物品和化学危险品特大安全事故；

（五）煤矿和其他矿山特大安全事故；

（六）锅炉、压力容器、压力管道和特种设备特大安全事故；

（七）其他特大安全事故。

地方人民政府和政府有关部门对特大安全事故的防范、发生直接负责的主管人员和其他直接责任人员，比照本规定给予行政处分；构成玩忽职守罪或者其他罪的，依法追究刑事责任。

特大安全事故肇事单位和个人的刑事处罚、行政处罚和民事责任，依照有关法律、法规和规章的规定执行。

第四条 地方各级人民政府及政府有关部门应当依照有关法

律、法规和规章的规定，采取行政措施，对本地区实施安全监督管理，保障本地区人民群众生命、财产安全，对本地区或者职责范围内防范特大安全事故的发生、特大安全事故发生后的迅速和妥善处理负责。

第五条 地方各级人民政府应当每个季度至少召开一次防范特大安全事故工作会议，由政府主要领导人或者政府主要领导人委托政府分管领导人召集有关部门正职负责人参加，分析、布置、督促、检查本地区防范特大安全事故的工作。会议应当作出决定并形成纪要，会议确定的各项防范措施必须严格实施。

第六条 市（地、州）、县（市、区）人民政府应当组织有关部门按照职责分工对本地区容易发生特大安全事故的单位、设施和场所安全事故的防范明确责任、采取措施，并组织有关部门对上述单位、设施和场所进行严格检查。

第七条 市（地、州）、县（市、区）人民政府必须制定本地区特大安全事故应急处理预案。本地区特大安全事故应急处理预案经政府主要领导人签署后，报上一级人民政府备案。

第八条 市（地、州）、县（市、区）人民政府应当组织有关部门对本规定第二条所列各类特大安全事故的隐患进行查处；发现特大安全事故隐患的，责令立即排除；特大安全事故隐患排除前或者排除过程中，无法保证安全的，责令暂时停产、停业或者停止使用。法律、行政法规对查处机关另有规定的，依照其规定。

第九条 市（地、州）、县（市、区）人民政府及其有关部门对本地区存在的特大安全事故隐患，超出其管辖或者职责范围的，应当立即向有管辖权或者负有职责的上级人民政府或者政府有关部门报告；情况紧急的，可以立即采取包括责令暂时停产、停业在内的紧急措施，同时报告；有关上级人民政府或者政府有关部门接到报告后，应当立即组织查处。

第十条 中小学校对学生进行劳动技能教育以及组织学生参

加公益劳动等社会实践活动，必须确保学生安全。严禁以任何形式、名义组织学生从事接触易燃、易爆、有毒、有害等危险品的劳动或者其他危险性劳动。严禁将学校场地出租作为从事易燃、易爆、有毒、有害等危险品的生产、经营场所。

中小学校违反前款规定的，按照学校隶属关系，对县（市、区）、乡（镇）人民政府主要领导人和县（市、区）人民政府教育行政部门正职负责人，根据情节轻重，给予记过、降级直至撤职的行政处分；构成玩忽职守罪或者其他罪的，依法追究刑事责任。

中小学校违反本条第一款规定的，对校长给予撤职的行政处分，对直接组织者给予开除公职的行政处分；构成非法制造爆炸物罪或者其他罪的，依法追究刑事责任。

第十一条 依法对涉及安全生产事项负责行政审批（包括批准、核准、许可、注册、认证、颁发证照、竣工验收等，下同）的政府部门或者机构，必须严格依照法律、法规和规章规定的安全条件和程序进行审查；不符合法律、法规和规章规定的安全条件的，不得批准；不符合法律、法规和规章规定的安全条件，弄虚作假，骗取批准或者勾结串通行政审批工作人员取得批准的，负责行政审批的政府部门或者机构除必须立即撤销原批准外，应当对弄虚作假骗取批准或者勾结串通行政审批工作人员的当事人依法给予行政处罚；构成行贿罪或者其他罪的，依法追究刑事责任。

负责行政审批的政府部门或者机构违反前款规定，对不符合法律、法规和规章规定的安全条件予以批准的，对部门或者机构的正职负责人，根据情节轻重，给予降级、撤职直至开除公职的行政处分；与当事人勾结串通的，应当开除公职；构成受贿罪、玩忽职守罪或者其他罪的，依法追究刑事责任。

第十二条 对依照本规定第十一条第一款的规定取得批准的单位和个人，负责行政审批的政府部门或者机构必须对其实施严格监督检查；发现其不再具备安全条件的，必须立即撤销原批准。

负责行政审批的政府部门或者机构违反前款规定，不对取得批准的单位和个人实施严格监督检查，或者发现其不再具备安全条件而不立即撤销原批准的，对部门或者机构的正职负责人，根据情节轻重，给予降级或者撤职的行政处分；构成受贿罪、玩忽职守罪或者其他罪的，依法追究刑事责任。

第十六条 特大安全事故发生后，有关县（市、区）、市（地、州）和省、自治区、直辖市人民政府及政府有关部门应当按照国家规定的程序和时限立即上报，不得隐瞒不报、谎报或者拖延报告，并应当配合、协助事故调查，不得以任何方式阻碍、干涉事故调查。

特大安全事故发生后，有关地方人民政府及政府有关部门违反前款规定的，对政府主要领导人和政府部门正职负责人给予降级的行政处分。

16 国务院关于进一步加强安全生产工作的决定（节选）

（国发［2004］2号，2004年1月9日）

三、强化管理，落实生产经营单位安全生产主体责任

10. 依法加强和改进生产经营单位安全管理。强化生产经营单位安全生产主体地位，进一步明确安全生产责任，全面落实安全保障的各项法律法规。生产经营单位要根据《安全生产法》等有关法律规定，设置安全生产管理机构或者配备专职（或兼职）安全生产管理人员。保证安全生产的必要投入，积极采用安全性能可靠的新技术、新工艺、新设备和新材料，不断改善安全生产条件。改进生产经营单位安全管理，积极采用职业安全健康管理体系认证、风险评估、安全评价等方法，落实各项安全防范措施，提高安全生产管理水平。

11. 开展安全质量标准化活动。制定和颁布重点行业、领域安全生产技术规范和安全生产质量工作标准，在全国所有工矿、商贸、交通运输、建筑施工等企业普遍开展安全质量标准化活动。企业生产流程的各环节、各岗位要建立严格的安全生产质量责任制。生产经营活动和行为，必须符合安全生产有关法律法规和安全生产技术规范的要求，做到规范化和标准化。

12. 搞好安全生产技术培训。加强安全生产培训工作，整合培训资源，完善培训网络，加大培训力度，提高培训质量。生产经营单位必须对所有从业人员进行必要的安全生产技术培训，其主要负责人及有关经营管理人员、重要工种人员必须按照有关法律、法规的规定，接受规范的安全生产培训，经考试合格，持证上岗。完善注册安全工程师考试、任职、考核制度。

13. 建立企业提取安全费用制度。为保证安全生产所需资金投入，形成企业安全生产投入的长效机制，借鉴煤矿提取安全费用的经验，在条件成熟后，逐步建立对高危行业生产企业提取安全费用制度。企业安全费用的提取，要根据地区和行业的特点，分别确定提取标准，由企业自行提取，专户储存，专项用于安全生产。

14. 依法加大生产经营单位对伤亡事故的经济赔偿。生产经营单位必须认真执行工伤保险制度，依法参加工伤保险，及时为从业人员缴纳保险费。同时，向受到生产安全事故伤害的员工或家属支付赔偿金。进一步提高企业生产安全事故伤亡赔偿标准，建立企业负责人自觉保障安全投入，努力减少事故的机制。

四、完善制度，加强安全生产监督管理

15. 加强地方各级安全生产监管机构和执法队伍建设。县级以上各级地方人民政府要依照《安全生产法》的规定，建立健全安全生产监管机构，充实必要人员，加强安全生产监管队伍建设，提高安全生产监管工作的权威，切实履行安全生产监管职能。完善煤矿安全生产监察体制，进一步加强煤矿安全生产监察队伍建设和监察执法工作。

16. 建立安全生产控制指标体系。要制定全国安全生产中长期发展计划，明确年度安全生产控制指标，建立全国和分省（区、市）的控制指标体系，对安全生产情况实行定量控制和考核。从 2004 年起，国家向各省（区、市）人民政府下达年度安全生产各项控制指标，并进行跟踪检查和监督考核。对各省（区、市）安全生产控制指标完成情况，国家安全生产监督管理部门将通过新闻发布会、政府公告、简报等形式，每季度公布一次。

17. 建立安全生产行政许可制度。把安全生产纳入国家行政许可的范围，在各行业的行政许可制度中，把安全生产作为一项重要内容，从源头上制止不具备安全生产条件的企业进入市场。开办企业必须具备法律规定的安全生产条件，依法向政府有关部门申请、办理安全生产许可证，持证生产经营。新建、改建、扩建项目的安全设施必须同时设计、同时施工、同时投产和使用（简称“三同时”），对未通过“三同时”审查的建设项目，有关部门不予办理行政许可手续，企业不准开工投产。

18. 建立企业安全生产风险抵押金制度。为强化生产经营单位的安全生产责任，各地区可结合实际，依法对矿山、道路交通运输、建筑施工、危险化学品、烟花爆竹等领域从事生产经营活动的企业，收取一定数额的安全生产风险抵押金，企业生产经营期间发生生产安全事故的，转作事故抢险救灾和善后处理所需资金。具体办法由国家安全生产监督管理部门会同财政部门研究制定。

19. 强化安全生产监管监察行政执法。各级安全生产监管监察机构要增强执法意识，做到严格、公正、文明执法。依法对生产经营单位安全生产情况进行监督检查，指导督促生产经营单位建立健全安全生产责任制，落实各项防范措施。组织开展好企业安全评估，搞好分类指导和重点监管。对严重忽视安全生产的企业及其负责人或企业主，要依法加大行政执法和经济处罚的力度。认真查处各类事故，坚持事故原因未查清不放过，责任人员未处理不放过，整改措施未落实不放过，有关人员未受到教育不放过的“四不放过”原则，不仅要追究事故直接责任人的责任，同时要追究有关负责人的领导责任。

20. 加强对小企业的安全生产监管。小企业是安全生产管理的薄弱环节，各地要高度重视小企业的安全生产工作，切实加强监督管理。从组织领导、工作机制和安全投入等方面入手，逐步探索出一套行之有效的监管办法。坚持寓监督管理于服务之中，积极为中小企业提供安全技术、人才、政策咨询等方面的服务，加强检查指导，督促帮助小企业搞好安全生产。要重视解决小煤矿安全生产投入问题，对乡镇及个体煤矿，要严格监督其按照规定提取安全费用。

17 安全生产事故隐患排查治理暂行规定（节选）

（2007 年 12 月 28 日国家安全生产监督管理总局
第 16 号令公布，自 2008 年 2 月 1 日起施行）

第二章 生产经营单位的职责

第七条 生产经营单位应当依照法律、法规、规章、标准和规程的要求从事生产经营活动。严禁非法从事生产经营活动。

第八条 生产经营单位是事故隐患排查、治理和防控的责任主体。

生产经营单位应当建立健全事故隐患排查治理和建档监控等制度，逐级建立并落实从主要负责人到每个从业人员的隐患排查治理和监控责任制。

第九条 生产经营单位应当保证事故隐患排查治理所需的资金，建立资金使用专项制度。

第十条 生产经营单位应当定期组织安全生产管理人员、工程技术人员和其他相关人员排查本单位的事故隐患。对排查出的事故隐患，应当按照事故隐患的等级进行登记，建立事故隐患信息档案，并按照职责分工实施监控治理。

第十一条 生产经营单位应当建立事故隐患报告和举报奖励制度，鼓励、发动职工发现和排除事故隐患，鼓励社会公众举报。对发现、排除和举报事故隐患的有功人员，应当给予物质奖励和表彰。

第十二条 生产经营单位将生产经营项目、场所、设备发包、出租的，应当与承包、承租单位签订安全生产管理协议，并在协议中明确各方对事故隐患排查、治理和防控的管理职责。生产经营单位对承包、承租单位的事故隐患排查治理负有统一协调和监督管理的职责。

第十三条 安全监管监察部门和有关部门的监督检查人员依法履行事故隐患监督检查职责时，生产经营单位应当积极配合，不得拒绝和阻挠。

第十四条 生产经营单位应当每季、每年对本单位事故隐患排查治理情况进行统计分析，并分别于下一季度 15 日前和下一年 1 月 31 日前向安全监管监察部门和有关部门报送书面统计分析表。统计分析表应当由生产经营单位主要负责人签字。

对于重大事故隐患，生产经营单位除依照前款规定报送外，应当及时向安全监管监察部门和有关部门报告。重大事故隐患报告内容应当包括：

（一）隐患的现状及其产生原因；

（二）隐患的危害程度和整改难易程度分析；

（三）隐患的治理方案。

第十五条 对于一般事故隐患，由生产经营单位（车间、分厂、区队等）负责人或者有关人员立即组织整改。

对于重大事故隐患，由生产经营单位主要负责人组织制定并实施事故隐患治理方案。重大事故隐患治理方案应当包括以下内容：

（一）治理的目标和任务；

（二）采取的方法和措施；

（三）经费和物资的落实；

（四）负责治理的机构和人员；

（五）治理的时限和要求；

（六）安全措施和应急预案。

第十六条 生产经营单位在事故隐患治理过程中，应当采取相应的安全防范措施，防止事故发生。事故隐患排除前或者排除过程中无法保证安全的，应当从危险区域内撤出作业人员，并疏散可能危及的其他人员，设置警戒标识，暂时停产停业或者停止使用；对暂时难以停产或者停止使用的相关生产储存装置、设施、设备，应当加强维护和保养，防止事故发生。

第十七条 生产经营单位应当加强对自然灾害的预防。对于因自然灾害可能导致事故灾难的隐患，应当按照有关法律、法规、标准和本规定的要求排查治理，采取可靠的预防措施，制定应急预案。在接到有关自然灾害预报时，应当及时向下属单位发出预警通知；发生自然灾害可能危及生产经营单位和人员安全的情况时，应当采取撤离人员、停止作业、加强监测等安全措施，并及时向当地人民政府及其有关部门报告。

第十八条 地方人民政府或者安全监管监察部门及有关部门挂牌督办并责令全部或者局部停产停业治理的重大事故隐患，治理工作结束后，有条件的生产经营单位应当组织本单位的技术人员和专家对重大事故隐患的治理情况进行评估；其他生产经营单位应当委托具备相应资质的安全评价机构对重大事故隐患的治理情况进行评估。

经治理后符合安全生产条件的，生产经营单位应当向安全监管监察部门和有关部门提出恢复生产的书面申请，经安全监管监察部门和有关部门审查同意后，方可恢复生产经营。申请报告应当包括治理方案的内容、项目和安全评价机构出具的评价报告等。

二、通用类企业安全责任标准检查表

（一）机械制造企业安全责任标准检查表

1 中小机械制造企业安全生产标准化达标标准办法

（节选自广东省安监局制定的《广东省中小机械制造企业安全生产标准化达标标准办法》）

一、为贯彻落实国务院《关于进一步加强安全生产工作的决定》（国发［2004］号）和《广东省中小机械制造企业安全生产标准化达标标准》，指导广东省中小机械制造企业安全生产标准化达标工作，切实加强企业安全生产管理的基础工作，促进企业建立自我约束、持续改进的安全生产长效机制，参照国家安全生产监督管理总局《机械制造企业安全质量标准化考核评级标准》制定本办法。

二、本办法适用于我省的中小机械制造企业。

三、我省的中小机械制造企业安全生产标准化达标企业考评，应当按照《广东省中小机械制造企业安全生产标准化达标标准》逐项考评。企业自评时，应对企业的所有单位和全部设备设施、作业环境进行考评。复评机构复评时，采用资料核对、抽查考核和现场查证的方法进行。抽查考核采取随机抽样的方法进行，抽样的原则为：对人员抽查考核的数量应不少于在册人数的10%；对设备设施抽查考核的数量应符合下列比例要求：设备设施的拥有量≤10，则抽查100%；10<设备设施的拥有量≤100，则抽查10台；100<设备设施的拥有量<500，则抽查10%。所有扣分只扣除该项目的分值，扣完为止，不计负分。若抽查考核的数量未达到上述要求已将该项目的分值扣完，对该项目则可以不再抽查。

四、我省的中小机械制造企业安全生产标准化达标标准以1000分为满分。我省的中小机械制造企业安全生产标准化达标企业的考评总得分率应不少于0.75。

被考评企业的得分计算方法：

1. 若《广东省中小机械制造企业安全生产标准化达标标准》全部适合被考评企业情况，每一标准项目都已评分的，则：

各章得分率：

第一章得分率＝［200分（标准分）－该章被扣分］÷200×100%；

第二章得分率＝［700分（标准分）－该章被扣分］÷700×100%；

第三章得分率＝［100分（标准分）－该章被扣分］÷100×100%；

被考评企业总得分率＝第一章得分率×0.2＋第二章得分率×0.7＋第三章得分率×0.1。

2. 若被考评企业缺少《广东省中小机械制造企业安全生产标准化达标标准》中某标准项目内容的，以该章标准分减去缺项的标准分作为考评该章的标准分计算该章的得分率，即：

第一章得分率＝［200分（标准分）－缺项的标准分－该章被扣分］÷［200分（标准分）－缺项的标准分］×100%；

第二章得分率＝［700分（标准分）－缺项的标准分－该章被扣分］÷［700分（标准分）－缺项的标准分］×100%；

第三章得分率＝［100分（标准分）－缺项的标准分－该章被扣分］÷［100分（标准分）－缺项的标准分］×100%；

被考评企业总得分率计算方法同前款。

3. 基础管理中的表1—2、表1—4为否决项，若其中有一项或一处不得分，则被考评企业不能通过我省的中小机械制造企业安全生产标准化达标企业考评。

五、考评的程序：

1. 企业成立由主要负责人任组长、各相关管理部门参加的自评小组，按照《广东省中小机械制造企业安全生产标准化达标标准》的要求进行自评。

2. 若企业自评总得分率不少于0.75，则可向承担广东省中小机械制造企业安全生产标准化达标复评任务的机构（以下简称复评机构）提出复评申请。

3. 复评机构应于申请复评的企业自评合格3个整月后，按照《广东省中小机械制造企业安全生产标准化达标标准》的要求，对申请复评的企业自评合格后3个整月的安全生产状况进行复评，并向被复评企业提交复评报告，若被复评企业总得分率少于0.75，则由被复评企业按照复评报告的要求进行整改；若被复评企业总得分率不少于0.75，则由复评机构向所在地的地级以上市安全生产监督管理局提交复评报告，由其核准。

4. 各市安全生产监督管理局核准后，向该企业颁发广东省中小机械制造企业安全生产标准化达标企业证书和牌匾，并在有关媒体上予以公布，对达标“不合格”的企业通报批评，并按有关条例进行处罚。广东省中小机械制造企业安全生产标准化达标证书和牌匾样式由省局统一规定。

六、有效期为3年。在有效期内，该企业发生生产安全事故，造成一次死亡1人以上（含1人）由各市安全生产监督管理局撤销其广东省中小机械制造企业安全生产标准化达标企业称号。

七、各复评机构应严格按照《广东省中小机械制造企业安全生产标准化达标标准》的要求进行复评，确保广东省中小机械制造企业安全生产标准化达标达标企业考评工作的质量。

2 中小机械制造企业安全生产责任标准检查表选

（节选自广东省安监局制定的《广东省中小机械制造企业安全生产标准化达标标准办法》）

表1　中小机械制造企业安全生产标准化达标标准表

序号	标准项目	标准内容要求
1	安全生产目标管理	应确定本企业的安全生产目标，制定为实现安全生产目标而采取的具体管理措施并组织实施
2	安全生产责任制	主要负责人应签署文件颁布本企业的安全生产责任制，明确全员的安全生产职责，任命安全责任人、防火安全责任人，层层签订安全、防火责任书
3	安全生产规章制度	应建立健全如下制度和规程：①安全生产责任制度；②安全生产教育制度；③安全生产检查制度；④事故管理制度；⑤安全生产奖惩制度；⑥各生产岗位的安全操作规程；⑦劳防用品发放、使用和管理制度；⑧特种作业人员培训、管理制度；⑨防火安全管理制度；⑩使用危险化学品企业建立危险化学品管理制度
4	安全生产管理机构及人员	①主要负责人必须经安全生产培训考核合格，持有《广东省生产经营单位主要负责人安全资格证》或当地市级以上安全生产监督管理部门认可的安全资格证书 ②必须按《广东省注册安全主任管理规定》配备安全人员：300人以下的企业聘任不少于1名专职或兼职注册安全主任；300～500人的企业聘任不少于1名专职注册安全主任；500～1 000人的企业聘任不少于2名专职注册安全主任；超过1 000人的企业按2‰的比例聘任安全主任

续表

序号	标准项目	标准内容要求
5	安全教育	①应对新进厂员工进行三级安全教育，培训时间不得少于24学时；②应按规定对特种作业人员进行专门培训和定期复审，做到持证上岗；③应每年至少一次对全员进行安全教育
6	安全生产“三同时”	新建、改建、扩建工程项目的安全设施必须与主体工程同时设计、同时施工、同时投入生产和使用
7	发包和出租管理	不得将生产经营项目、场所、设备发包或者出租给不具备安全生产条件或者相应资质的单位或者个人，不得将存在安全隐患的设备、设施或场所进行发包或出租。若生产经营项目、场所有多个承包单位、承租单位的，应与承包单位、承租单位签订专门的安全生产管理协议，或者在承包合同、租赁合同中规定各自的安全生产管理职责；发包单位应对承包单位、承租单位的安全生产工作统一协调、管理
8	安全生产检查	应按规定进行安全生产检查，发现安全隐患必须采取相应整改措施，落实整改责任人和整改时间，有整改复查意见，并留存检查、整改记录
9	危险源和事故应急预案管理	应进行危险源辨识和风险评价；对已确定的重大危险源，应登记建档，定期检测、评估、监控，并制定事故应急预案，配备有效的应急救援器材、设备，定期组织员工培训和演练
10	事故管理	凡发生事故，均要按规定进行报告、登记、调查、分析、处理和结案，做到“四不放过”
11	安全生产档案	应当建立下列档案：①安全生产教育档案；②企业职工伤亡事故档案；③特种设备和特种作业人员档案；④安全生产现场监管档案；⑤安全生产综合管理档案；⑥对使用危险化学品的企业，应建立危险化学品管理档案

续表

序号	标准项目	标准内容要求
12	危险化学品库	危险化学品应按其危险特性进行分类、分区、分库储存，严禁性质相抵的化学品混存；废弃危险化学品按规定进行回收处理 库房的耐火等级、与周边建筑物的安全距离等要符合相关安全标准，存放危险化学品要符合《常用危险化学品储存通则》（GB 15603—1995）的要求，消防设施齐全，通道畅通；库内有隔热、降温、通风等措施；电气设施采用相应等级的防爆型电气设施
13	厂内机动车、起重机械、电梯、锅炉、压力容器、工业气瓶	应执行相关的特种设备管理条例、安全监察规程、安全检验规程和安全操作规程
14	空压机	机身、曲轴箱等无缺陷，所有紧固件必须牢靠并有防松措施；压力表、温度表、安全阀、液位计等安全装置（附件）应完整、灵敏可靠，且在检测合格周期内使用；外露的联轴器、皮带传动装置等部位必须设置防护罩或护栏，螺杆式空压机保护盖必须关闭；配套的压缩空气管道无腐蚀，管内无积存杂物，管道漆色符合要求，并标有流向箭头，支架牢固可靠；空压机与墙、柱以及设备之间留有足够的空间距离，其区域内无灰尘、化学品、金属屑、油漆漆雾等
15	工业管道	漆色标记应明显，流向清晰；管网平面布置图标记完整，位置准确；管道完好，无严重腐蚀、无泄漏，防静电措施可靠；埋地管道敷层完整，架空管道支架牢固合理
16	涂装作业场所	电气设施达到防爆要求；作业场所通风良好，密闭或狭小空间涂装作业要按规定进行气体检测，设置气体检测报警仪，作业场所涂料存量符合要求；消防设施完备、安全标识醒目；作业场所有隔离措施，防火间距及消防通道、地面符合要求；涂装区域严格实施动火审批制度；从业人员的劳保用品齐全、可靠

续表

序号	标准项目	标准内容要求
17	锻造机械	上下砧不松动，销、楔坚固；锤头无裂纹，缓冲装置、操纵机构灵敏、可靠；紧固部件无松动；安全装置齐全、可靠；操纵机、夹钳、剁刀等辅助工具无裂纹；储气罐等辅机安全状态良好；设备电气系统符合电气安全标准规定的直接接触防护和间接接触防护的要求；保护接地电路符合安全规定，接地连接可靠
18	铸造机械	所有管路密封良好，无泄漏；安全防护装置齐全，可靠；控制系统齐全完好，控制功能准确有效，机器的操控位置设有急停开关；防尘、防毒设备设施完好无损，且运行正常；PE管正确可靠；压铸机：压铸型区应有防护装置，且与压射程序连锁；制芯机：芯盒加热棒长短适中，线头连接整洁，安全可靠；混砂机：防护罩有足够的强度，检修门电气连锁，取样门大小合理；抛（喷）丸设备：设备密封良好，门（孔）电气连锁；设备电气系统符合电气安全标准规定的直接接触防护和间接接触防护的要求；保护接地电路符合安全规定，接地连接可靠
19	铸造熔炼炉	炉体完整，附属设施安全；升降及起吊装置必须符合规定；浇包及其装置完好；炉坑应有护栏或盖板；外露传动部位必须有防护装置；控制系统齐全有效；除尘装置完好，车间地面无积水或渗水；设备电气系统符合电气安全标准规定的直接接触防护和间接接触防护的要求；保护接地电路符合安全规定，接地连接可靠

续表

序号	标准项目	标准内容要求
20	酸碱油槽	槽体坚固，不得渗漏；镀槽与电解槽上导电装置与槽体应有绝缘措施；导电部位应保持干净，导电良好，“正”“负”极不得短路；地下槽体必须在地面上设置防护围栏；电加热器的保护接地电路符合安全规定，接地连接可靠；石英玻璃加热管应有保护措施
21	厂房与工业梯台	厂房耐火等级的评定要符合相关的规定，没有使用危房 直梯梯宽、梯级间隔尺寸符合标准；梯段高度超过 3 m 时应设护笼，尺寸符合标准规定；直梯与平台相连的扶手高应大于 1 050 mm；结构件不得有松脱、裂纹、扭曲、腐蚀、凹陷或凸出等严重变形 斜梯梯宽、扶手立柱高度、间距尺寸均符合标准规定；除扶手外，必须设一根横杆 活动轻金属梯梯长应小于 8 m，梯宽不小于 300 mm；梯脚防滑措施完好，无开裂、破损；轻金属直梯具备伸缩加长的直梯，其止回挡块完好无变形、开裂；人字梯的铰链完好无变形，两梯之间梁柱中部限制拉线、撑锁固定装置牢固、轮式移动平台、操作平台、护栏完好、无破损，尺寸符合标准规定；斜撑无变形、铰链连接可靠；防滑措施齐全、完好；轮子的限位、防移动装置完好有效 走台、平台扶手高度、立柱间距、横杆间距、走台或平台净空高度等尺寸应符合标准规定；走台或平台的设计负荷大于规定值（或实际使用负荷）；台面板周围的踢脚挡板高度不小于 100 mm

续表

序号	标准项目	标准内容要求
22	工业炉窑	炉门升降机构必须完好，钢丝绳断丝不准超过规定值，重锤配置适当，外露传动部分应设防护罩；炉车钢丝绳滑轮应完整无损；炉体的炉墙、炉衬应严密，无泄漏。设备电气系统符合电气安全标准规定的直接接触防护和间接接触防护的要求；保护接地电路符合安全规定，接地连接可靠。锻造加热炉：炉门循环冷却水应保持正常流通。退火炉、烘模炉：炉门必须安装保险装置。煤气炉：气阀应完好，无松动、无泄漏现象；重油炉：油管、风管及加热管应无裂纹、无泄漏现象。盐浴炉：测温仪表、仪器应灵敏可靠、电气设备接地应完好。箱式电阻炉：设备防护罩完好无损，测温仪表灵敏可靠、电阻丝应完好；燃油反射炉：风管、油管应保持畅通，油温、风压及测温仪表应保持正常。气体渗碳炉：炉盖升降机构应保持正常，风扇转动平稳，冷却水管应无堵塞，输油管道应畅通，无渗漏，排气管，漏油器必须畅通。气体氮化炉：氨气管道、炉盖应无泄漏，氨气瓶严禁靠近热源、电源或强日光曝晒。涂层烘干炉：装载量及溶剂应符合要求；烘干室内应设置安全通风装置；可燃气体浓度报警、超温报警、燃烧器保护控制、火焰监测、泄压等装置有效、可靠
23	输送机械	机械传动部位防护装置齐全可靠；操作岗位每隔20 m左右应设置相应的紧急开关，且灵敏可靠；各种安全保险装置齐全可靠；通道、梯台、护网（栏）符合要求；所有启动和停止装置应有明显标识，并有预警信号；设备电气系统符合电气安全标准规定的直接接触防护和间接接触防护的要求；保护接地电路符合安全规定，接地连接可靠

续表

序号	标准项目	标准内容要求
24	变配电系统	与其他建筑物间有足够的安全消防通道；与爆炸危险场所、有腐蚀性场所有足够的间距；防止雨后积水；变配电间门应向外开，相邻配电室门应双向开；多层建筑装置可燃油电气设备变配电所应在底层；变压器、发电机：油标油位指示清晰，油色透明无杂质，不漏油；油温指示清晰，温度低于85℃，冷却设备完好，发电机工作温度符合要求；绝缘和接地故障保护完好可靠；瓷瓶、套管清洁，无裂纹或放电痕迹；变压器、发电机运行过程中内部无异常响声或放电声；应有符合规定的警示标识和遮拦；高、低压配电间、电容器间控制装置：所有的瓷瓶、套管、绝缘子应清洁无裂纹；所有的母线应整齐清洁，接点接触良好，相序标识明显，连接可靠；各类电缆头外表面清洁无漏油，接地可靠；断路器油开关油位正常，油色透明无杂质，无漏油，渗油现象；操纵机构操纵灵活，联锁可靠，脱扣保护合理。所有空气开关灭弧罩应完整，触头平整；电容器外壳无膨胀，温升符合要求，无漏油现象；接地故障防护系统有效
25	低压电气线路	固定线路的安全距离符合要求；线路的保护装置齐全可靠；线路绝缘、屏护良好，无发热和渗漏油现象；电杆直立、拉线、横担瓷瓶及金属构架等符合安全要求；线路相序、相色正确、标识齐全、清晰；线路排列整齐、无影响线路安全的障碍物 搭设使用临时线路要有完备的审批手续，不超期使用；严禁在有爆炸和火灾危险场所敷设临时线路；敷设临时线路符合安全要求，应使用绝缘良好、与负荷相匹配的护套软管，安装总控制开关和漏电保护装置，每一分路应装设与负荷匹配的熔断器；临时用电设备的保护接地电路符合安全规定，接地连接可靠

续表

序号	标准项目	标准内容要求
26	动力（照明）配电箱（柜、板）	箱（柜、板）内外整洁、完好，有足够的操作空间，符合安全规程要求；箱（柜、板）体PE可靠；各种电气元件及线路接触良好，连接可靠，无严重发热烧损现象；箱（柜、板）内插座接线正确，并配有漏电保护器；保护装置齐全，与负载匹配合理；编号、识别标记齐全
27	电网接地系统	电源系统接地制式的运行应满足其结构的整体性、独立性的安全要求；各接地装置的电阻检测合格，如：TN系统工作接地低于4 Ω；重复接地低于10 Ω；TT系统工作接地低于4 Ω；TN系统重复接地布设合理；接地装置编号、标识明晰，定期检测报告有效，资料完整。防雷装置完好
28	电焊机	电源线、焊接电缆与焊机连接处有可靠屏护；焊机外壳PE线接线正确，连接可靠；焊机一次侧电源线长度不超过3 m，且不得拖地或跨越通道使用；焊机二次线连接良好，接头不超过3个；焊钳夹紧力好，绝缘可靠，隔热层完好；焊机使用场所清洁，无严重粉尘，周围无易燃易爆物
29	手持电动工具	使用Ⅰ类手持电动工具应配有漏电保护装置，PE线连接可靠。绝缘电阻符合要求，有定期测量记录：Ⅰ类电动工具不小于2 MΩ；Ⅱ类电动工具不小于7 MΩ；Ⅲ类电动工具不小于1 MΩ。电源线必须用护套软线，长度不得超过6 m，无接头或破损。电动工具的防护罩、盖及手柄应完好。电动工具的开关应灵敏、无破损、规格与负载匹配
30	金属切削机床	防护罩、盖、栏应完备可靠；防止夹具、卡具松动或脱落的装置完好；各种限位、联锁、操作手柄要求灵敏可靠；设备电气系统符合电气安全标准规定的直接接触防护和间接接触防护的要求；保护接地电路符合安全规定，接地连接可靠；机床照明符合要求；机床电器箱、柜与线路符合要求；备有清除切屑的专用工具；磨床：砂轮合格，旋转时无明显跳动和摆动；车床：加工

续表

序号	标准项目	标准内容要求
30	金属切削机床	超长料应有防弯装置；插床：应设置防止运动停止后滑枕自动下落的配重装置；电火花加工机床：可燃性工作液的闪点应在70℃以上，需采用浸入式加工；锯床：锯条及锯片外露部分应采用防护罩或安全距离隔离
31	冲、剪、压机械	离合器动作灵敏、可靠，无连冲；制动器与离合器相互协调联锁。紧急停止按钮灵敏、醒目，在规定位置安装有效；传动外露部分的防护装置齐全可靠；脚踏开关应有完备的防护罩且防滑；安全防护装置可靠有效，使用专用工具符合安全要求；剪板机等压料脚应平整，危险部位有可靠的防护；设备电气系统符合电气安全标准规定的直接接触防护和间接接触防护的要求；保护接地电路符合安全规定，接地连接可靠
32	木工机械	限位及联锁装置灵敏可靠；旋转部位的防护装置完好有效；夹紧或锁紧装置完整可靠；锯条、锯片和砂轮符合规定；PE连接可靠，控制电气符合规定；跑车带锯机应设置有效的护栏；安全防护装置齐全有效；设备电气系统符合电气安全标准规定的直接接触防护和间接接触防护的要求；保护接地电路符合安全规定，接地连接可靠
33	砂轮机	砂轮机安装位置能保证安全使用，砂轮无裂纹无破损；托架安装牢固；法兰盘与软垫应符合安全要求；砂轮机运行平稳可靠，砂轮片与砂轮机尺寸型号相匹配，砂轮磨损量不超标，在有效期内使用；设备电气系统符合电气安全标准规定的直接接触防护和间接接触防护的要求；保护接地电路符合安全规定，接地连接可靠

续表

序号	标准项目	标准内容要求
34	注塑机	防护罩、盖、栏的安装应牢固，无明显的锈蚀或变形，且与电气联锁；操作平台结构合理，不得有严重脱焊、变形、腐蚀和断开、裂纹等缺陷；液压管路连接可靠，油箱及管路无漏油，控制系统开关齐全，动作可靠；模具各紧固螺栓齐全，无松动、变形、裂纹；自动取料装置标识清楚、动作灵敏，所控制的工作部件动作准确，机械手的活动区域应有护栏；设备电气系统符合电气安全标准规定的直接接触防护和间接接触防护的要求；保护接地电路符合安全规定，接地连接可靠
35	危险化学品使用管理	作业现场应与明火区、高温区保持足够距离；设有安全告示牌，标明危险化学品的特性及灭火方法、安全操作要点、应急措施等；凡产生毒物的作业现场应设有急救用水源，且备有公用的防毒面具和防毒服；作业现场应有安全警示标识；危险化学品需二级以上耐火等级转库存放；消防设施完好、有效；氯气使用点有可靠的应急措施；危险化学品的管理，使用人员应经县级以上安全生产监督管理部门发证，并经本企业进行相应的安全技能教育培训考核合格
36	厂区、车间作业环境	厂区门口、主干道、危险路段需设置限速标牌和警示标牌；照明灯布局合理，厂区主干道和安全通道的照度不低于 30 lx 车间的工位器具、料箱摆放整齐、平稳，高度合适，沿人行通道两边不得有突出或锐边物品；危险部位应设置安全标识；安全通道宽度符合标准，通道线明显清晰；作业区域地面平整，无积水、积油、垃圾杂物、障碍物和绊脚物；脚踏板（地台板）应完好、牢固且防滑；地面坑、壕、池应设置盖板或护栏。车间内的消防器材按规定配足且灵敏可靠，标识明显并保持通道畅通；设备设施之间应留有足够的安全距离；设备与该设备的电源开关应保持通道畅通，不得阻塞

表 2　中小机械制造企业安全生产标准化达标自评、复评汇总表

序号	考评内容	应得分	拥有总数量	抽查数量	抽查不合格数	抽查不合格率	实得分	备注
一、基础管理考评（合计应得分 200 分，实得分　分）								
1	安全生产目标管理	10						
2	安全生产责任制	15						
3	安全生产规章制度	20						
4	安全生产管理机构及人员	15						
5	安全教育	45						
6	安全生产“三同时”	15						
7	发包和出租管理	10						
8	安全生产检查	15						
9	危险源和事故应急预案管理	20						
10	事故管理	20						
11	安全生产档案	15						
二、设备设施安全管理考评（合计应得分 700 分，实得分　分）								
1	危险化学品库	16						
2	特种设备安全管理	195						
	厂内机动车辆	25						
	起重机械	50						
	电　梯	25						
	锅　炉	40						

续表

序号	考评内容	应得分	拥有总数量	抽查数量	抽查不合格数	抽查不合格率	实得分	备注
2	压力容器	25						
	工业气瓶	30						
3	空压机	25						
4	工业管道	12.5						
5	涂装作业场所	23						
6	锻造机械	20						
7	铸造机械	28						
8	铸造熔炼炉	20						
9	酸碱油槽	8						
10	厂房与工业梯台	30						
11	工业炉窑	20						
12	输送机械	20						
13	变配电系统	60						
14	低压电气线路（固定线路）	8						
15	低压电气线路（临时线路）	8						
16	动力（照明）配电箱（柜、板）	30						
17	电网接地系统	23						

续表

序号	考评内容	应得分	拥有总数量	抽查数量	抽查不合格数	抽查不合格率	实得分	备注
18	电焊机	12.5						
19	手持电动工具	20						
20	金属切削机床	40						
21	冲、剪、压机械	40						
22	木工机械	16						
23	砂轮机	12.5						
24	注塑机	12.5						
三、作业环境安全管理考评（合计应得分 100 分，实得分　分）								
1	危险化学品使用管理	40						
2	厂区、车间作业环境	60						

表 3　中小机械制造企业安全生产标准化达标考评检查表

（1）基础管理考评检查表

表 3—1　　　安全生产目标管理考评检查表

序号	考评内容	考评说明	应得分	实得分	备注
1	应确定本企业的安全生产目标，制定为实现安全生产目标而采取的具体管理措施并组织实施	无实施安全生产目标管理扣 10 分，每一条具体管理措施未落实扣 2 分	10		
合　计			10		

表 3—2　　安全生产责任制考评检查表

序号	考评内容	考评说明	应得分	实得分	备注
1	主要负责人应签署文件颁布本企业的安全生产责任制，明确全员的安全生产职责，任命安全责任人、防火安全责任人，层层签订安全、防火责任书	没有建立安全生产责任制扣 15 分，1 处不符合扣 2 分	15		
合　计			15		

表 3—3　　安全生产规章制度考评检查表

序号	考评内容	考评说明	应得分	实得分	备注
1	企业应建立健全如下制度和规程： 1）安全生产责任制度； 2）安全生产教育制度； 3）安全生产检查制度； 4）事故管理制度； 5）安全生产奖惩制度； 6）各生产岗位的安全操作规程； 7）劳防用品发放、使用和管理制度； 8）特种作业人员培训、管理制度； 9）防火安全管理制度； 10）使用危险化学品企业建立危险化学品管理制度	每缺 1 个制度或每缺 1 个岗位的操作规程扣 2 分，每一处不符合扣 1 分	20		
合　计			20		

表 3—4　　安全生产管理机构及人员考评检查表

序号	考评内容	考评说明	应得分	实得分	备注
1	1）主要负责人必须经安全生产培训考核合格，持有《生产经营单位主要负责人安全资格证》或当地市级以上安全生产监督管理部门认可的安全资格证书 2）必须按《注册安全主任管理规定》配备安全人员：300 人以下的企业聘任不少于 1 名专职或兼职注册安全主任；300～500 人的企业聘任不少于 1 名专职注册安全主任；500～1 000 人的企业聘任不少于 2 名专职注册安全主任；超过 1 000 人的企业按 2‰的比例聘任安全主任	一处不符合，扣 15 分	15		
合　计			15		

表 3—5　　安全教育考评检查表

序号	考评内容	考评说明	应得分	实得分	备注
1	1）应对新进厂员工进行三级安全教育，培训时间不得少于 24 学时	目标值 100%，少 1 人扣全部分	15		
	2）应按规定对特种作业人员进行专门培训和定期复审，做到持证上岗	目标值 100%，查人事部门台账和教育台账，少 1 人扣全分	20		
	3）应每年至少 1 次对全员进行安全教育	目标值 80%，少 5%扣 2 分	10		
合　计			45		

表 3—6　　安全生产“三同时”考评检查表

序号	考评内容	考评说明	应得分	实得分	备注
1	新建、改建、扩建工程项目的安全设施必须与主体工程同时设计、同时施工、同时投入生产和使用	每一处不符合扣 15 分	15		
合　计			15		

表 3—7　　发包和出租管理考评检查表

序号	考评内容	考评说明	应得分	实得分	备注
1	不得将生产经营项目、场所、设备发包或者出租给不具备安全生产条件或者相应资质的单位或者个人，不得将存在安全隐患的设备、设施或场所进行发包或出租。若生产经营项目、场所有多个承包单位、承租单位的，应与承包单位、承租单位签订专门的安全生产管理协议，或者在承包合同、租赁合同中规定各自的安全生产管理职责；发包单位应对承包单位、承租单位的安全生产工作统一协调、管理。	将生产经营项目、场所、设备发包或者出租给不具备安全生产条件或者相应资质的单位或者个人扣 10 分，其余每一处不符合扣 2 分	10		
合　计			10		

表3—8　安全生产检查考评检查表

序号	考评内容	考评说明	应得分	实得分	备注
1	应按规定进行安全生产检查，发现安全隐患必须采取相应整改措施，落实整改责任人和整改时间，有整改复查意见，并留存检查、整改记录	每一处不符合扣2分	15		
合计			15		

表3—9　危险源和事故应急预案管理考评检查表

序号	考评内容	考评说明	应得分	实得分	备注
1	1）应进行危险源辨识和风险评价 2）对已确定的重大危险源，应登记建档，定期检测、评估、监控，并制定事故应急预案，配备有效的应急救援器材、设备，定期组织员工培训和演练	没有制定事故应急救援预案扣10分，其余每一处不符合扣2分	20		
合计			20		

表3—10　事故管理考评检查表

序号	考评内容	考评说明	应得分	实得分	备注
1	凡发生事故，均要按规定进行报告、登记、调查、分析、处理和结案，做到“四不放过”	每一处不符合扣2分	20		
合计			20		

表 3—11　　　　　　安全生产档案考评检查表

序号	考评内容	考评说明	应得分	实得分	备注
1	应当建立下列档案： 1）安全生产教育档案 2）企业职工伤亡事故档案 3）特种设备和特种作业人员档案 4）安全生产现场监管档案 5）安全生产综合管理档案 6）对使用危险化学品的企业，应建立危险化学品管理档案	每缺一种档案扣 5 分，每一处不符合扣 1 分	15		
合　计			15		

（2）设备设施安全管理考评检查表

表 4—1　　　　　　危险化学品库考评检查表

序号	考评内容	考评说明	应得分	实得分	备注
1	危险化学品应按其危险特性进行分类、分区、分库储存，严禁性质相抵的化学品混存	一处不合格扣 2 分	4		
2	废弃危险化学品按规定进行回收处理	一处不合格扣 1.5 分	3		
3	库房的耐火等级、与周边建筑物的安全距离等要符合相关安全标准，存放危险化学品要符合《常用危险化学品储存通则》（GB 15603—1995）的要求，消防设施齐全，通道畅通	一处不合格扣 1.5 分	3		

续表

序号	考评内容	考评说明	应得分	实得分	备注
4	库内有隔热、降温、通风等措施	一处不合格扣1分	2		
5	电气设施采用相应等级的防爆型电气设施	一处不合格扣2分	4		
	合　计		16		

表4—2　　特种设备安全管理考评检查表

序号	考评项目	考评内容	考评说明	应得分	实得分	备注
1	厂内机动车	应执行相关的特种设备管理条例、安全监察规程、安全检验规程和安全操作规程	一处不符合规定，扣该项目应得分	25		
2	起重机械		一处不符合规定，扣该项目应得分	50		
3	电梯		一处不符合规定，扣该项目应得分	25		
4	锅炉		一处不符合规定，扣该项目应得分	40		
5	压力容器		一处不符合规定，扣该项目应得分	25		
6	工业气瓶		一处不符合规定，扣该项目应得分	30		
	合　计			195		

表4—3　　空压机考评检查表

序号	考评内容	考评说明	应得分	实得分	备注
1	机身、曲轴箱等无缺陷，所有紧固件必须牢靠并有防松措施	一处不合格扣0.8分	4		

续表

序号	考评内容	考评说明	应得分	实得分	备注
2	压力表、温度表、安全阀、液位计等安全装置（附件）应完整、灵敏可靠，且在检测合格周期内使用	一处不合格扣1.2分	6		
3	外露的联轴器、皮带传动装置等部位必须设置防护罩或护栏，螺杆式空压机保护盖必须关闭	一处不合格扣0.8分	4		
4	配套的压缩空气管道无腐蚀，管内无积存杂物，管道漆色符合要求，并标有流向箭头，支架牢固可靠	一处不合格扣1.2分	6		
5	空压机与墙、柱以及设备之间留有足够的空间距离，其区域内无灰尘、化学品、金属屑、油漆漆雾等	一处不合格扣1分	5		
合　计			25		

表4—4　　　　工业管道考评检查表

序号	考评内容	考评说明	应得分	实得分	备注
1	漆色标记应明显，流向清晰	一处不合格扣0.6分	3		
2	管网平面布置图标记完整，位置准确	一处不合格扣0.7分	3.5		
3	管道完好，无严重腐蚀、无泄漏，防静电措施可靠	一处不合格扣0.6分	3		
4	埋地管道敷层完整，架空管道支架牢固合理	一处不合格扣0.6分	3		
合计			12.5		

表 4—5　　涂装作业场所考评检查表

序号	考评内容	考评说明	应得分	实得分	备注
1	电器设施达到防爆要求	一处不合格扣 2 分	4		
2	作业场所通风良好，密闭或狭小空间涂装作业要按规定进行气体检测，设置气体检测报警仪，作业场所涂料存量符合要求	一处不合格扣 3 分	6		
3	消防设施完备、安全标识醒目	一处不合格扣 1.5 分	3		
4	作业场所有隔离措施，防火间距及消防通道、地面符合要求	一处不合格扣 1.5 分	3		
5	涂装区域严格实施动火审批制度	一处不合格扣 2 分	4		
6	从业人员的劳保用品齐全、可靠	一处不合格扣 1.5 分	3		
合　计			23		

表 4—6　　锻造机械考评检查表

序号	考评内容	考评说明	应得分	实得分	备注
1	上下砧不松动，销、楔坚固	一处不合格扣 0.5 分	1		
2	锤头无裂纹，缓冲装置、操纵机构灵敏、可靠	一处不合格扣 1 分	2		
3	紧固部件无松动	一处不合格扣 0.5 分	1		
4	安全装置齐全、可靠	一处不合格扣 2 分	4		
5	操纵机、夹钳、剁刀等辅助工具无裂纹	一处不合格扣 1 分	2		
6	储气罐等辅机安全状态良好	一处不合格扣 1 分	2		

续表

序号	考评内容	考评说明	应得分	实得分	备注
7	设备电气系统符合电气安全标准规定的直接接触防护和间接接触防护的要求	一处不合格扣 2 分	4		
8	保护接地电路符合安全规定，接地连接可靠	一处不合格扣 2 分	4		
合　计			20		

表 4—7　　铸造机械考评检查表

序号	考评内容	考评说明	应得分	实得分	备注
1	所有管路密封良好，无泄漏	一处不合格扣 1 分	2		
2	安全防护装置齐全，可靠	一处不合格扣 2 分	4		
3	控制系统齐全完好，控制功能准确有效，机器的操控位置设有急停开关	一处不合格扣 1.5 分	3		
4	防尘、防毒设备设施完好无损，且运行正常	一处不合格扣 1.5 分	3		
5	压铸机：压铸型区应有防护装置，且与压射程序连锁	一处不合格扣 2 分	6		
	制芯机：芯盒加热棒长短适中，线头连接整洁，安全可靠				
	混砂机：防护罩有足够的强度，检修门电气连锁，取样门大小合理				
	抛（喷）丸设备：设备密封良好，门（孔）电气连锁				
6	设备电气系统符合电气安全标准规定的直接接触防护和间接接触防护的要求	一处不合格扣 3 分	6		

续表

序号	考评内容	考评说明	应得分	实得分	备注
7	保护接地电路符合安全规定，接地连接可靠	一处不合格扣2分	4		
	合　计		28		

表4—8　　铸造熔炼炉考评检查表

序号	考评内容	考评说明	应得分	实得分	备注
1	炉体完整，附属设施安全	一处不合格扣1分	2		
2	升降及起吊装置必须符合规定	一处不合格扣1分	2		
3	浇包及其装置完好	一处不合格扣1分	1		
4	炉坑应有护栏或盖板	一处不合格扣1分	1		
5	外露传动部位必须有防护装置	一处不合格扣1分	2		
6	控制系统齐全有效	一处不合格扣1分	2		
7	除尘装置完好，车间地面无积水或渗水	一处不合格扣1分	2		
8	设备电气系统符合电气安全标准规定的直接接触防护和间接接触防护的要求	一处不合格扣2分	4		
9	保护接地电路符合安全规定，接地连接可靠	一处不合格扣1分	4		
	合　计		20		

表4—9　　酸碱油槽考评检查表

序号	考评内容	考评说明	应得分	实得分	备注
1	槽体坚固，不得渗漏	一处不合格扣0.5分	1		
2	镀槽与电解槽上导电装置与槽体应有绝缘措施	一处不合格扣1分	2		

续表

序号	考评内容	考评说明	应得分	实得分	备注
3	导电部位应保持干净，导电良好，“正”“负”极不得短路	一处不合格扣 0.5 分	1		
4	地下槽体必须在地面上设置防护围栏	一处不合格扣 0.5 分	1		
5	电加热器的保护接地电路符合安全规定，接地连接可靠	一处不合格扣 1 分	2		
6	石英玻璃加热管应有保护措施	一处不合格扣 0.5 分	1		
合计			8		

表 4—10　　厂房与工业梯台考评检查表

序号	考评内容	考评说明	应得分	实得分	备注
1	厂房耐火等级的评定要符合相关的规定，没有使用危房	不按相关规定进行厂房耐火等级的评定，全扣；使用危房全扣	4		
2	直梯梯宽、梯级间隔尺寸符合标准	一处不合格扣 0.3 分	1.5		
	梯段高度超过 3 m 时应设护笼，尺寸符合标准规定	一处不合格扣 0.3 分	1.5		
	直梯与平台相连的扶手高应大于 1 050 mm	一处不合格扣 0.3 分	1.5		
	结构件不得有松脱、裂纹、扭曲、腐蚀、凹陷或凸出等严重变形。	一处不合格扣 0.3 分	1.5		
3	斜梯梯宽、扶手立柱高度、间距尺寸均符合标准规定	一处不合格扣 0.4 分	2		
	除扶手外，必须设一根横杆	一处不合格扣 0.4 分	2		

续表

序号	考评内容	考评说明	应得分	实得分	备注
4	活动轻金属梯梯长应小于8 m，梯宽不小于300 mm	一处不合格扣0.3分	1.5		
	梯脚防滑措施完好，无开裂、破损	一处不合格扣0.3分	1.5		
	轻金属直梯具备伸缩加长的直梯，其止回挡块完好无变形、开裂	一处不合格扣0.3分	1.5		
	人字梯的铰链完好无变形，两梯之间梁柱中部限制拉线、撑锁固定装置牢固	一处不合格扣0.3分	1.5		
5	轮式移动平台操作平台、护栏完好、无破损，尺寸符合标准规定	一处不合格扣0.4分	2		
	斜撑无变形、铰链连接可靠	一处不合格扣0.4分	1		
	防滑措施齐全、完好	一处不合格扣0.2分	1		
	轮子的限位、防移动装置完好有效	一处不合格扣0.2分	1		
6	走台、平台扶手高度、立柱间距、横杆间距、走台或平台净空高度等尺寸应符合标准规定	一处不合格扣0.4分	2		
	走台或平台的设计负荷大于规定值（或实际使用负荷）	一处不合格扣0.4分	2		
	台面板周围的踢脚挡板高度不小于100 mm	一处不合格扣0.2分	1		
合　计			30		

表 4—11　　　　**工业炉窑考评检查表**

序号	考评内容	考评说明	应得分	实得分	备注
1	炉门升降机构必须完好，钢丝绳断丝不准超过规定值，重锤配置适当，外露传动部分应设防护罩	一处不合格扣1分	4		
2	炉车钢丝绳滑轮应完整无损	一处不合格扣0.5分	2.5		
3	炉体的炉墙、炉衬应严密，无泄漏	一处不合格扣0.5分	2.5		
4	设备电气系统符合电气安全标准规定的直接接触防护和间接接触防护的要求	一处不合格扣0.5分	2.5		
5	保护接地电路符合安全规定，接地连接可靠	一处不合格扣0.5分	2.5		
6	锻造加热炉：炉门循环冷却水应保持正常流通 退火炉、烘模炉：炉门必须装置保险装置 煤气炉：气阀应完好，无松动、无泄漏现象 重油炉：油管、风管及加热管应无裂纹、无泄漏现象 盐浴炉：测温仪表、仪器应灵敏可靠、电气设备接地应完好 箱式电阻炉：设备防护罩完好无损，测温仪表灵敏可靠、电阻丝应完好 燃油反射炉：风管、油管应保持畅通，油温、风压及测温仪表应保持正常	一处不合格扣1分	6		

续表

序号	考评内容	考评说明	应得分	实得分	备注
6	气体渗碳炉：炉盖升降机构应保持正常，风扇转动平稳，冷却水管应无堵塞，输油管道应畅通，无渗漏，排气管，漏油器必须畅通 气体氮化炉：氨气管道、炉盖应无泄漏，氨气瓶严禁靠近热源、电源或强日光曝晒 涂层烘干炉：装载量及溶剂应符合要求；烘干室内应设置安全通风装置；可燃气体浓度报警、超温报警、燃烧器保护控制、火焰监测、泄压等装置有效、可靠				
	合　计		20		

表 4—12　　　　输送机械考评检查表

序号	考评内容	考评说明	应得分	实得分	备注
1	机械传动部位防护装置齐全可靠	一处不合格扣 0.6 分	3		
2	操作岗位和每隔20 m左右应设置相应的紧急开关，且灵敏可靠	一处不合格扣 0.5 分	2		
3	各种安全保险装置齐全可靠	一处不合格扣 0.6 分	3		
4	通道、梯台、护网（栏）符合要求	一处不合格扣 0.4 分	2		
5	所有启动和停止装置应有明显标识，并有预警信号	一处不合格扣 0.4 分	2		

续表

序号	考评内容	考评说明	应得分	实得分	备注
6	设备电气系统符合电气安全标准规定的直接接触防护和间接接触防护的要求	一处不合格扣 2 分	4		
7	保护接地电路符合安全规定，接地连接可靠	一处不合格扣 2 分	4		
合　计			20		

表 4—13　　变配电系统考评检查表

序号	考评内容		考评说明	应得分	实得分	备注
1	变配电站环境	与其他建筑物间有足够的安全消防通道	一处不合格扣该项目应得分值	4		
		与爆炸危险场所、有腐蚀性场所有足够的间距	一处不合格扣该项目应得分值	6		
		防止雨后积水	一处不合格扣该项目应得分值	2		
		变配电间门应向外开，相邻配电室门应双向开	一处不合格扣该项目应得分值	4		
		多层建筑装置可燃油电气设备变配电所应在底层	一处不合格扣该项目应得分值	4		
2	变压器、发电机	油标油位指示清晰，油色透明无杂质，不漏油；油温指示清晰，温度低于85℃，冷却设备完好，发电机工作温度符合要求；绝缘和接地故障保护完好可靠；瓷瓶、套管清洁，无裂纹或放电痕迹；变压器、发电机运行过程中内部无异常响声或放电声；应有符合规定的警示标识和遮拦	一处不合格扣 2 分	20		

续表

序号	考评内容		考评说明	应得分	实得分	备注
3	高、低压配电间、电容器间控制装置	所有的瓷瓶、套管、绝缘子应清洁无裂纹；所有的母线应整齐清洁，接点接触良好，相序标识明显，连接可靠；各类电缆头外表面清洁无漏油，接地可靠；断路器油开关油位正常，油色透明无杂质，无漏油，渗油现象；操纵机构操纵灵活，联锁可靠，脱扣保护合理。所有空气开关灭弧罩应完整，触头平整；电容器外壳无膨胀，温升符合要求，无漏油现象；接地故障防护系统有效	一处不合格扣2分	20		
	合　计			60		

表4—14　低压电气线路（固定线路）考评检查表

序号	考评内容	考评说明	应得分	实得分	备注
1	固定线路的安全距离符合要求	一处不合格扣0.4分	2		
2	线路的保护装置齐全可靠	一处不合格扣0.4分	2		
3	线路绝缘、屏护良好，无发热和渗漏油现象	一处不合格扣0.2分	1		
4	电杆直立、拉线、横担瓷瓶及金属构架等符合安全要求	一处不合格扣0.2分	1		

续表

序号	考评内容	考评说明	应得分	实得分	备注
5	线路相序、相色正确、标识齐全、清晰	一处不合格扣0.2分	1		
6	线路排列整齐、无影响线路安全的障碍物	一处不合格扣0.2分	1		
	合计		8		

表4—15　低压电气线路（临时线路）考评检查表

序号	考评内容	考评说明	应得分	实得分	备注
1	搭设使用临时线路要有完备的审批手续，不超期使用	一处不合格扣0.6分	3		
2	严禁在有爆炸和火灾危险场所敷设临时线路	一处不合格扣该项目应得分值	3		
3	敷设临时线路符合安全要求，应使用绝缘良好、与负荷相匹配的护套软管，安装总控制开关和漏电保护装置，每一分路应装设与负荷匹配的熔断器	一处不合格扣0.2分	1		
4	临时用电设备的保护接地电路符合安全规定，接地连接可靠	一处不合格扣0.2分	1		
	合　计		8		

表4—16　动力（照明）配电箱（柜、板）考评检查表

序号	考评内容	考评说明	应得分	实得分	备注
1	箱（柜、板）内外整洁、完好，有足够的操作空间，符合安全规程要求	一处不合格扣0.8分	4		

续表

序号	考评内容	考评说明	应得分	实得分	备注
2	箱（柜、板）体 PE 可靠	一处不合格扣 0.8 分	4		
3	各种电气元件及线路接触良好，连接可靠，无严重发热烧损现象	一处不合格扣 1.6 分	8		
4	箱（柜、板）内插座接线正确，并配有漏电保护器	一处不合格扣 0.8 分	4		
5	保护装置齐全，与负载匹配合理	一处不合格扣 1.2 分	6		
6	编号、识别标记齐全	一处不合格扣 0.8 分	4		
合　计			30		

表 4—17　　电网接地系统考评检查表

序号	考评内容	考评说明	应得分	实得分	备注
1	电源系统接地制式的运行应满足其结构的整体性、独立性的安全要求	一处不合格扣 1 分	5		
2	各接地装置的电阻检测合格，如：TN 系统工作接地低于 4 Ω；重复接地低于 10 Ω；TT 系统工作接地低于 4 Ω	一处不合格扣 1 分	5		
3	TN 系统重复接地布设合理	一处不合格扣 0.6 分	3		
4	接地装置编号、标识明晰，定期检测报告有效，资料完整	一处不合格扣 0.8 分	4		
5	防雷装置完好	应有相关部门的定期检测报告，无则扣该项目应得分值	6		
合　计			23		

表 4—18　　电焊机考评检查表

序号	考评内容	考评说明	应得分	实得分	备注
1	电源线、焊接电缆与焊机连接处有可靠屏护	一处不合格扣 0.4 分	2		
2	焊机外壳 PE 线接线正确，连接可靠	一处不合格扣 0.4 分	2		
3	焊机一次侧电源线长度不超过 3 m，且不得拖地或跨越通道使用	一处不合格扣 0.4 分	2		
4	焊机二次线连接良好，接头不超过 3 个	一处不合格扣 0.4 分	2		
5	焊钳夹紧力好，绝缘可靠，隔热层完好	一处不合格扣 0.4 分	2		
6	焊机使用场所清洁，无严重粉尘，周围无易燃易爆物	一处不合格扣 0.5 分	2.5		
合　计			12.5		

表 4—19　　手持电动工具考评检查表

序号	考评内容	考评说明	应得分	实得分	备注
1	使用Ⅰ类手持电动工具应配有漏电保护装置，PE 线连接可靠	一处不合格扣 0.8 分	4		
2	绝缘电阻符合要求，有定期测量记录：Ⅰ类电动工具不小于 2 MΩ；Ⅱ类电动工具不小于 7 MΩ；Ⅲ类电动工具不小于 1 MΩ	一处不合格扣 1 分	5		
3	电源线必须用护套软线，长度不得超过 6 m，无接头或破损	一处不合格扣 0.8 分	4		

续表

序号	考评内容	考评说明	应得分	实得分	备注
4	电动工具的防护罩、盖及手柄应完好	一处不合格扣0.8分	4		
5	电动工具的开关应灵敏、无破损、规格与负载匹配	一处不合格扣0.6分	3		
合　计			20		

表4—20　　金属切削机床考评检查表

序号	考评内容	考评说明	应得分	实得分	备注
1	防护罩、盖、栏应完备可靠	一处不合格扣0.8分	4		
2	防止夹具、卡具松动或脱落的装置完好	一处不合格扣0.8分	4		
3	各种限位、联锁、操作手柄要求灵敏可靠	一处不合格扣1.2分	6		
4	设备电气系统符合电气安全标准规定的直接接触防护和间接接触防护的要求	一处不合格扣1.2分	6		
5	保护接地电路符合安全规定，接地连接可靠	一处不合格扣0.8分	4		
6	机床照明符合要求	一处不合格扣0.8分	4		
7	机床电器箱、柜与线路符合要求	一处不合格扣0.8分	4		
8	备有清除切屑的专用工具	一处不合格扣0.8分	4		
9	磨床：砂轮合格，旋转时无明显跳动和摆动 车床：加工超长料应有防弯装置 插床：应设置防止运动停止后滑枕自动下落的配重装置	一处不合格扣0.8分	4		

续表

序号	考评内容	考评说明	应得分	实得分	备注
9	电火花加工机床：可燃性工作液的闪点应在70℃以上，需采用浸入式加工				
	锯床：锯条及锯片外露部分应采用防护罩或安全距离隔离				
合计			40		

表 4—21　　冲、剪、压机械考评检查表

序号	考评内容	考评说明	应得分	实得分	备注
1	离合器动作灵敏、可靠，无连冲	一处不合格扣 0.8 分	4		
2	制动器与离合器相互协调联锁	一处不合格扣 0.6 分	3		
3	紧急停止按钮灵敏、醒目，在规定位置安装有效	一处不合格扣 0.8 分	4		
4	传动外露部分的防护装置齐全可靠	一处不合格扣 1.2 分	6		
5	脚踏开关应有完备的防护罩且防滑	一处不合格扣 0.6 分	3		
6	安全防护装置可靠有效，使用专用工具符合安全要求	一处不合格扣 1.2 分	6		
7	剪板机等压料脚应平整，危险部位有可靠的防护	一处不合格扣 0.8 分	4		
8	设备电气系统符合电气安全标准规定的直接接触防护和间接接触防护的要求	一处不合格扣 1.2 分	6		

续表

序号	考评内容	考评说明	应得分	实得分	备注
9	保护接地电路符合安全规定，接地连接可靠	一处不合格扣 0.8 分	4		
合　计			40		

表 4—22　　木工机械考评检查表

序号	考评内容	考评说明	应得分	实得分	备注
1	限位及联锁装置灵敏可靠	一处不合格扣 0.4 分	2		
2	旋转部位的防护装置完好有效	一处不合格扣 0.4 分	2		
3	夹紧或锁紧装置完整可靠	一处不合格扣 0.4 分	2		
4	锯条、锯片和砂轮符合规定	一处不合格扣 0.2 分	1		
5	跑车带锯机应设置有效的护栏	一处不合格扣 0.2 分	1		
6	安全防护装置齐全有效	一处不合格扣 0.4 分	2		
7	设备电气系统符合电气安全标准规定的直接接触防护和间接接触防护的要求	一处不合格扣 0.8 分	4		
8	保护接地电路符合安全规定，接地连接可靠	一处不合格扣 0.4 分	2		
合　计			16		

表 4—23　　砂轮机考评检查表

序号	考评内容	考评说明	应得分	实得分	备注
1	砂轮机安装位置能保证安全使用，砂轮无裂纹无破损	一处不合格扣 0.6 分	3		
2	托架安装牢固	一处不合格扣 0.2 分	1		
3	法兰盘与软垫应符合安全要求	一处不合格扣 0.2 分	1		
4	砂轮机运行平稳可靠，砂轮片与砂轮机尺寸型号相匹配，砂轮磨损量不超标，在有效期内使用	一处不合格扣 0.6 分	3		
5	设备电气系统符合电气安全标准规定的直接接触防护和间接接触防护的要求	一处不合格扣 0.7 分	3.5		
6	保护接地电路符合安全规定，接地连接可靠	一处不合格扣 0.2 分	1		
	合　计		12.5		

表 4—24　　注塑机考评检查表

序号	考评内容	考评说明	应得分	实得分	备注
1	防护罩、盖、栏的安装应牢固，无明显的锈蚀或变形，且与电气联锁	一处不合格扣 0.4 分	2		
2	操作平台结构合理，不得有严重脱焊、变形、腐蚀和断开、裂纹等缺陷	一处不合格扣 0.4 分	2		
3	液压管路连接可靠，油箱及管路无漏油，控制系统开关齐全，动作可靠	一处不合格扣 0.4 分	2		

续表

序号	考评内容	考评说明	应得分	实得分	备注
4	模具各紧固螺栓齐全，无松动、变形、裂纹	一处不合格扣 0.2 分	1		
5	自动取料装置标识清楚、动作灵敏，所控制的工作部件动作准确，机械手的活动区域应有护栏	一处不合格扣 0.2 分	1		
6	设备电气系统符合电气安全标准规定的直接接触防护和间接接触防护的要求	一处不合格扣 0.7 分	3.5		
7	保护接地电路符合安全规定，接地连接可靠	一处不合格扣 0.2 分	1		
	合　计		12.5		

（3）作业环境安全管理考评检查表

表 5—1　　　危险化学品使用管理考评检查表

序号	考评内容	考评说明	应得分	实得分	备注
1	作业现场应与明火区、高温区保持足够距离	作业现场应与明火区、高温区保持足够的安全距离，一处不合格扣全分	6		
2	设有安全告示牌，标明危险化学品的特性及灭火方法、安全操作要点、应急措施等	作业现场应设有安全告示牌，标明该作业的危险化学品的特性，操作安全要点，应急预案等，一处不合格扣 2 分	6		
3	凡产生毒物的作业现场应设有急救用水源，且备有公用的防毒面具和防毒服	凡产生毒物的作业现场应设有稀释水源，且备有公用的防毒面具和防毒服，一处不合格扣 2 分	4		

续表

序号	考评内容	考评说明	应得分	实得分	备注
4	作业现场应有安全警示标识	作业现场应有安全警示标识，一处不合格扣1分	4		
5	危险化学品需二级以上耐火等级专库存放	有一处危险化学品未按规定放在二级以上耐火等级专库上扣全分	5		
6	消防设施完好、有效	使用点应配置消防器材和消防设施，且完好、有效，一处不符合扣1分	5		
7	氯气使用点有可靠的应急措施	氯气使用点必须有可靠的应急响应措施，及时处理氯气的泄漏或故障。无措施或措施不全扣全分	5		
8	危险化学品的管理，使用人员应经县级以上安全生产监督管理部门发证，并经本企业进行相应的安全技能教育培训考核合格	化学危险品的使用人员应持有效资格证上岗，发现1人次无持证上岗扣1分	5		
合　计			40		

表 5—2　　厂区、车间作业环境考评检查表

序号	考评内容	考评说明	应得分	实得分	备注
1	厂区门口、主干道、危险路段需设置限速标牌和警示标牌；照明灯布局合理，厂区主干道和安全通道的照度不低于30 lx	厂区门口、主干道、危险路段需设置限速标牌和警示标牌，一处不合格扣0.5分；照明灯布局合理，无照明盲区；厂区主干道和安全通道的照度不低于30 lx，一处不合格扣0.5分	6		

续表

序号	考评内容	考评说明	应得分	实得分	备注
2	车间的工位器具、料箱摆放整齐、平稳，高度合适，沿人行通道两边不得有突出或锐边物品	车间的工位器具、料箱摆放整齐、平稳，高度合适，沿人行通道两边不得有突出或锐边物品，一处不合格扣0.5分	8		
3	危险部位应设置安全标识	确定了的危险部位应设置安全标识，一处无设标识扣2分，内容一处不符扣0.5分	6		
4	安全通道宽度符合标准，通道线明显清晰	安全通道宽度一处不合格扣1分，通道线不明显清晰一处扣0.5分	5		
5	作业区域地面平整，无积水、积油、垃圾杂物、障碍物和绊脚物	作业区域一处有积水、积油、垃圾杂物、障碍物和绊脚物扣0.5分	5		
6	脚踏板（地台板）应完好、牢固且防滑	脚踏板（地台板）应完好、牢固且防滑，一处不合格扣0.5分	6		
7	地面坑、壕、池应设置盖板或护栏	地面坑、壕、池应设置盖板或护栏，一处不合格扣0.5分	6		
8	车间内的消防器材按规定配足且灵敏可靠，标识明显并保持通道畅通	车间内的消防器材未按规定配足处扣3分，消防器材一处不灵敏可靠扣1分，标识不明显一处扣0.5分，通道一处不畅通扣1分	6		

续表

序号	考评内容	考评说明	应得分	实得分	备注
9	设备设施之间应留有足够的安全距离	设备设施之间一处安全距离不够扣1分	6		
10	设备与该设备的电源开关应保持通道畅通，不得阻塞。	设备与该设备的电源开关通道不畅通，一处扣2分	6		
合　计			60		

（二）企业综合安全责任标准检查表

（节选自“沪安监管监二［2008］218号”）

3　企业安全生产基础管理考评检查表

表6　　安全生产责任制考评检查表

序号	考评内容	考评说明	应得分	实得分	备注
1	企业主要负责人履行职责	1. 组织建立本企业安全生产责任制、规章制度和操作规程。缺少一种扣1分 2. 确保本单位安全生产投入的有效实施，结合国家法规标准查证，不符合扣2分	7		

续表

序号	考评内容	考评说明	应得分	实得分	备注
1	企业主要负责人履行职责	3. 设立与本企业相符的安全管理机构，且提供人力资源，不合格扣1分 4. 每年组织的安全专题会议不少于4次，且解决有关安全生产的重大问题，缺少一次扣1分			
2	建立各职能部门的安全职责	1. 有文本，覆盖企业内所有单位和部门，缺少一个单位扣0.5分 2. 现场抽查部分单位的职责履行情况，一个部门不合格扣1分	4		
3	建立各级各类人员的安全职责	1. 有文本，涵盖企业内各级管理者（班组长），且与行政管理职能相符。一处不符合扣0.5分 2. 现场抽查各类人员的职责履行情况，有措施、有效果。一处不符合扣0.5分	4		
合 计			15		

表 7　　　　　　**职业安全健康规章制度考评检查表**

序号	考评内容	考评说明	应得分	实得分	备注
1	企业应建立以下规章制度： （1）安全生产检查制度 （2）伤亡事故管理制度 （3）职业安全健康教育制度 （4）建设项目安全健康管理制度 （5）特种设备及人员安全管理制度 （6）相关方安全管理制度 （7）防火安全管理制度 （8）危险作业审批制度 （9）电气临时线审批制度 （10）危险化学品管理制度 （11）厂内交通安全管理制度 （12）职业病预防管理制度 （13）安全奖惩制度 （14）安全防护设备管理制度 （15）防尘防毒设施管理制度 （16）劳动防护用品管理制度 （17）女工和未成年人保护制度 （18）易燃易爆场所管理制度 （19）安全生产“五同时”管理制度 （20）劳动合同安全监督制度	1. 查看文本，每少一种扣 0.8 分 2. 其中（2）、（3）、（4）、（5）、（6）项结合基础管理的其他内容评价其效果，一种不合格扣 0.3 分 3. 其中（1）、（8）、（9）、（13）、（19）、（20）查看各种记录评价其效果，一种不合格扣 0.3 分 4. 剩余的（7）、（10）、（11）、（12）、（13）、（14）、（15）、（16）、（17）、（18）项结合设备设施安全考评、作业环境与职业健康考评等内容评价其效果，一种不合格扣 0.3 分	10		

续表

序号	考评内容	考评说明	应得分	实得分	备注
2	规章制度符合国家法律法规和标准的要求	所有规章制度中出现一处不合格扣0.5分	5		
合　计			15		

表8　　　　长远规划与年度计划考评检查表

序号	考评内容	考评说明	应得分	实得分	备注
1	企业长远规划中有安全健康内容	1. 规划有文本，内容针对性强，且有配套的检查、考核办法，每种不合格扣1分 2. 规划滚动执行，抽查执行情况，每种不合格扣2分 3. 三年均未能完成目标扣全分	4		
2	年度工作计划	1. 计划有文本，内容中有考核指标体系和安全措施技术改造项目，且有配套的检查、管理办法，每种不合格扣1分 2. 抽查执行情况，有实施进度和分析，每种不合格扣1分，未完成扣2分	5		
3	劳动保护措施经费（安措费）管理	1. 年度资金预算中有具备安全生产条件所必需的资金投入（安措费），无项目扣3分 2. 安措费的使用有针对性，且有名称、实施进度、条件评估、责任单位（人）等内容，每种不合格扣1分 3. 抽查执行情况，每项未完成扣1分	6		
合　计			15		

表 9　　　　　　　　机构与人员考评检查表

序号	考评内容	考评说明	应得分	实得分	备注
1	安全生产管理网络	1. 企业建有统一协调安全健康问题的组织机构，未建立扣 2 分，未开展工作扣 1 分 2. 各职能部门、各车间均有主管安全的领导和专（兼）职安全员，且履行职责，一个部门不合格扣 0.5 分 3. 企业、车间、班组三级工会履行监督职能，一个单位不合格扣 0.5 分	4		主要考评三级管理网的建立情况
2	安全管理机构	1. 建立相对独立的机构，有机构编制、有管理职能，查相关文件，不合格扣 1 分 2. 参加企业内各种涉及安全健康的会议和有关决策决定，查会议记录，不合格扣 1 分	4		
3	安全管理人员应按企业从业人员的 2‰及以上比例配备	1. 查人员名单，每降低 1‰扣 3 分 2. 查安全管理人员的条件（包括文化程度、身体状况、年龄结构、思想素质、业务能力等），并经专门培训，取得资格证书，每项不合格扣 0.3 分	7		
合计			15		

表 10　　　　　职业安全健康教育考评检查表

序号	考评内容	考评说明	应得分	实得分	备注
1	新职工进厂三级教育	目标值100%，少1人扣全分	6		
2	特种作业人员培训教育［含电工作业、金属焊接、切割作业、起重机械（含电梯）作业、企业内机动车辆驾驶、登高架设作业、锅炉作业（含水质化验）、压力容器作业、制冷作业、爆破作业、危险物品作业、经国家局确定的其他作业］	目标值100%，查人事部门台账和教育台账，少1人扣全分	8		
3	中层及中层以上干部教育	目标值100%，少1人扣全分	4		
4	班组长教育	目标值100%，少5%扣2分	4		
5	变换工种和“四新”教育	目标值100%，少5%扣2分	3		
6	职业健康教育	目标值90%，少5%扣2分	3		
7	全员教育	目标值80%，少5%扣2分	4		
8	复工教育	目标值100%，少5%扣2分	3		
9	安全管理人员教育	目标值100%，少1人扣全分	6		
10	安全知识抽查合格率	目标值≥80%，低于80%扣4分，上述教育有教育大纲、出勤情况、考试或考核情况、效果评定等内容	4		
合　计			45		

表 11　　事故管理考评检查表

序号	考评内容	考评说明	应得分	实得分	备注
1	所有从业人员均参加工伤社会保险	查缴纳保险费名单，按企业从业人员人数计算，每降低1%扣1分	3		
2	工伤事故率控制指标（死亡率：0.035‰；重伤率：0.30‰）	死亡率或重伤率超控制指标的，扣10分	10		
3	工伤事故应按“四不放过”的原则进行处理	查事故处理结案记录，应有事故原因分析、事故责任者及单位的处理决定、防范措施等内容，一项不符合扣0.5分	4		
4	事故档案	事故档案内应有：现场图、调查记录、分析会记录、报告书、处理决定、防范措施和落实情况等内容，一项不符合扣0.5分	3		
合　计			20		

表 12　　“三同时”管理考评检查表

序号	考评内容	考评说明	应得分	实得分	备注
1	设计阶段：项目的初步设计、施工设计有相应的安全健康措施，且通过安技部门审查	查建设项目相关文件和审查记录，一项不合格扣2分	5		
2	施工阶段：项目配套的安全设施同步建设，且经过试运行	查安全健康防护设施试运行记录，一项不符合扣0.5分	4		

续表

序号	考评内容	考评说明	应得分	实得分	备注
3	验收阶段：安全设施经安技部门验收后，与主体工程同步投入使用	1. 查验收报告和安全设施运行状况，一项不符合扣 0.5 分 2. 生产、储存危险物品的建设项目应进行安全条件论证和安全评价，一项不符合扣 1 分	3		
4	安全设施投资应纳入建设项目概算	查建设项目概算清单。无安全设施资金概算扣 3 分，使用不当扣 1.5 分	3		
合　计			15		

表 13　　　　班组安全管理考评检查表

序号	考评内容	考评说明	应得分	实得分	备注
1	建立健全了岗位安全操作规程	应有班长、安全员、生产工人安全职责文本，少一种扣 8 分；一人不熟悉职责扣 8 分；一人不执行扣 12 分	24		
2	安全技术操作规程	有所有工种的安全技术操作规程文本，少一种扣 10 分，有一人不熟悉扣 10 分，发现一人违章不得评为合格班组	22		
3	安全检查与隐患整改	有每周一次的检查与整改记录，少一次扣 5 分；发现一项隐患未整改扣 10 分；应报上级整改的隐患未上报且没有临时安全措施，每一项扣 15 分	24		

续表

序号	考评内容	考评说明	应得分	实得分	备注
4	安全活动	每月两次安全活动，少一次安全活动扣10分	15		
5	安全教育	三级安全教育少一人扣全分，变换工种教育少一人扣2分，复工教育少1人扣2分	15		
合计			100		

注：累计少于80分为不合格班组，发生轻伤以上事故扣全分

表14　　安全操作规程考评检查表

序号	考评内容	考评说明	应得分	实得分	备注
1	建立健全了岗位安全操作规程	（1）查岗位安全操作规程，无遗漏岗位，每缺少一种扣0.5分 （2）岗位安全操作规程符合安全技术标准，一项不合格扣0.2分	6		
2	严格执行岗位安全操作规程	现场抽查岗位安全操作规程的执行情况，出现一人次违章行为扣0.5分	7		
合计			13		

表15　　特种设备及人员安全管理考评检查表

序号	考评内容	考评说明	应得分	实得分	备注
1	特种设备采购	特种设备应附有设计文件、产品质量合格证明、安装及使用维修说明、监督检验证明等文件，一处不合格扣0.5分	2		

续表

序号	考评内容	考评说明	应得分	实得分	备注
2	特种设备档案	应建立特种设备安全技术档案： (1) 特种设备的设计文件、制造单位、产品质量合格证明、使用维护说明等文件以及安装技术文件和资料 (2) 特种设备定期检验和定期自行检查记录 (3) 特种设备的日常使用状况记录 (4) 特种设备及其安全附件、安全保护装置、测量调控装置及有关附属仪器仪表的日常维护保养记录 (5) 特种设备运行故障和事故记录 一处不合格扣0.5分	2		
3	特种设备定期检验	依据规定的特种设备检验周期，由法定检验机构进行检验，查阅设备台账和检验报告，一台未检验扣1分	3		
4	特种设备操作人员	(1) 查培训记录和持证情况，一人次不合格扣1分 (2) 查操作人员健康检查记录，凡出现职业禁忌症一人次不合格扣1分	3		
合计			10		

表 16　　相关方安全管理考评检查表

序号	考评内容	考评说明	应得分	实得分	备注
1	外来施工（作业）方与企业签订安全协议，施工现场有可靠的安全防范措施	（1）查安全协议，每少一单位扣2分 （2）查安全协议内容，无双方安全职责、安全防范措施等内容则为不合格，一份不合格扣1分 （3）抽查施工现场，一处施工现场无安全防范措施扣1分	3		
2	生产经营项目、场所、设备的发包或出租必须符合安全管理的规定	查发包或出租合同，凡出现承包或租赁方不具备安全生产条件或相应资质为不合格，一份不合格扣2分	3		
3	对生产区域内的短期合同工、临时工应有相应的安全管理措施	查合同工、临时工用工合同，凡一人次不符合规定或无安全管理措施扣0.5分	2		
4	对厂区内临时作业人员、实习人员、参观人员及其他外来人员应有相应的安全管理制度和措施	（1）查管理制度和现场检查记录，凡一人次不符合规定扣0.5分 （2）无安全管理制度和措施扣2分	2		
合　计			10		

表 17　　现场监督检查考评检查表

序号	考评内容	考评说明	应得分	实得分	备注
1	现场操作	依据安全操作规程和操作现场违章表现范围中第三方面的内容，现场抽查，一处不合格扣3分	3		

续表

序号	考评内容	考评说明	应得分	实得分	备注
2	现场作业	依据安全生产规章制度和操作现场违章表现范围中第二方面的内容，现场抽查，一处不合格扣2分	2		
3	防护用品穿戴	依据操作现场违章表现范围中第一方面的内容，现场抽查，一处不合格扣0.3分	1		
4	特种作业人员持证情况	按照特种作业人员名单，抽查其持证情况，一人次未持证扣2分	2		
5	隐患整改	查上级和企业安全检查时下达的隐患整改通知单，抽查现场整改完成情况，一处在规定时间内未完成扣1分	2		
合计			10		

表18　　应急救援预案考评检查表

序号	考评内容	考评说明	应得分	实得分	备注
1	确定了应急救援的目标和体系	确定了应急救援的管理体系，有组织机构和职责、管理程序和管理要点等内容，且与社会应急救援体系能互动，一处不合格扣1分	3		

续表

序号	考评内容	考评说明	应得分	实得分	备注
2	针对重点部位，制订了应急救援预案	应急救援预案中有组织指挥机构；相关部门（人员）的职责和分工；潜在危险性评价；应急救援的组织、人员及装备情况；紧急救援措施；经费保障；训练与演习等内容，缺一项扣1分	4		
3	每年对应急救援预案进行了演习	（1）有演习记录，每年无演习扣1分 （2）抽查相关人员对应急救援预案知识的掌握，每人次不合格扣0.1分	3		
合　计			10		

表 19　　危险源管理考评检查表

序号	考评内容	考评说明	应得分	实得分	备注
1	确定了危险源的识别和评价原则，且组织了识别和评价	（1）制定了危险源的识别和评价方法，查资料，无识别和评价方法扣3分 （2）组织实施了危险源的识别和评价，且无遗漏，查资料和现场核对遗漏一处扣0.1分 （3）对重大危险源（符合 GB 18218—2000 规定）已上报有关单位，查资料，一处未报告扣2分	3		

续表

序号	考评内容	考评说明	应得分	实得分	备注
2	对危险源制定了管理和技术措施	（1）对所有危险源已通过各种途径通报相关岗位从业人员，查现场人员，遗漏一个岗位扣0.5分 （2）所有危险源均制定了管理和技术措施、应急救援预案等，查现场岗位，遗漏一个岗位扣1分	4		
3	及时进行了危险源的更新和调整	抽查现场，一处未及时更新或调整扣0.3分	3		
合　计			10		

表20　　安全健康档案考评检查表

序号	考评内容	考评说明	应得分	实得分	备注
1	工伤事故档案	（1）每少一种扣3分 （2）档案中内容一处不合格扣0.1分，每种档案最多扣1.2分	15		
2	职业安全健康教育档案				
3	违章记录及安全奖惩档案				
4	隐患及整改档案				
5	安措项目档案				
6	特种设备及危险设备档案				
7	特种作业及危险作业人员健康档案				
8	职业危害防护设施档案				
9	职业病档案				
10	职业危害因素监测和技术评价档案				

续表

序号	考评内容	考评说明	应得分	实得分	备注
11	有害作业人员健康卡片档案				
12	职业危害动态观察及职业健康统计报表档案				
合　计			15		

4　设备设施安全考评检查表

表 21　　工业气瓶考评检查表

序号	考评内容	考评说明	应得分	实得分	备注
1	气瓶状况： ①在检验周期内使用 ②外观无缺陷及腐蚀 ③漆色及标识正确、明显 ④安全附件齐全、完好	任一条款不合格，则该气瓶为不合格 实得分$=18-\frac{不合格数}{评价总数}\times 0.54\times 100$	18		
2	储存要求： ①仓库状况良好，安全标识完善 ②各种瓶及空、实瓶应分开存放，存放量符合规定 ③标记明显，间距合理 ④各种护具及消防器材齐全、可靠	一处不合格扣 0.5 分，多个场所经累计取平均值	2		

续表

序号	考评内容	考评说明	应得分	实得分	备注
3	安全使用： ①防倾倒措施可靠 ②工作场地存放量符合规定 ③与明火间距符合规定		2		
合计			22		

表 22　　危险化学品库考评检查表

序号	考评内容	考评说明	应得分	实得分	备注
1	危险化学品应按其危险特性进行分类、分区、分库储存，库房符合安全标准的要求	一处不合格扣 0.5 分	2		
2	消防设施齐全，通道畅通	一处不合格扣 0.5 分	2		
3	库内有隔热、降温、通风等措施	一处不合格扣 1 分	2		
4	电气设施应采用相应等级的防爆性电器	一处不合格扣 0.8 分	2		
5	按危险化学品的特性处理废弃物品或包装容器	无防爆工具扣 1 分	1		
6	库内有应急救援预案	无应急救援预案扣 1 分	1		
合计			10		

表 23　　油库、油罐考评检查表

序号	考评内容	考评说明	应得分	实得分	备注
1	油槽车需持有专用许可证，进入库区，必须装设专用排气阻火器	一处不合格扣 0.5 分	2		

续表

序号	考评内容	考评说明	应得分	实得分	备注
2	油罐无腐蚀、泄漏，梯子和扶栏符合安全要求	一处不合格扣1分	3		
3	油罐上的液位计、呼吸阀齐全可靠、动作灵敏	一处不合格扣2分	4		
4	罐体、胶质输油管等应有可靠的防雷接地和防静电接地	一处不合格扣1分	2		
5	罐体与罐体之间或其他建筑物、管网、干道应留有足够的间距	一处不合格扣0.5分	2		
6	库房的电气设施均应防爆	一处不合格扣0.5分	2		
7	油库内应按储存物品的种类和数量，配置足够的消防器材和灭火设施，并有相应的报警装置	一处不合格扣1分	2		
8	库内使用的工具应是不产生火花的防爆工具	一处不合格扣0.5分	2		
9	库内外应有醒目的安全警示标识和油品的名称、特性、数量、灭火方法等	一处不合格扣0.5分	1		
合　计			20		

表24　　液化气站考评检查表

序号	考评内容	考评说明	应得分	实得分	备注
1	罐体有产品质量证明并经定期检验合格	一处不合格扣该项目应得分值	2		
2	烃泵（压缩机）各紧固件牢固无泄漏		1		

续表

序号	考评内容	考评说明	应得分	实得分	备注
3	系统管道接头无泄漏，跨接线漆色可靠正确		1		
4	充装秤灵敏、准确、定期校验		1		
5	防火间距符合要求，站内无杂物		1		
6	喷淋降温系统完好，随时能启用		2		
7	电器开关照明属低压防爆设备		1		
8	水封井及防火堤合格		1		
9	安全阀定期校验		2		
合　计			12		

表 25　　　　煤气站考评检查表

序号	考评内容	考评说明	应得分	实得分	备注
1	煤气站房设计与布置合理，煤气生产、净化、加压等设备符合要求，技术资料齐全	一处不合格扣该项目应得分值。得分7以下，则该煤气站考评实得分为0分	0.4		
2	设备、管道上的防爆安全装置完好。各种水封可靠，并能定期检查与校核		2		
3	各种仪器、信号、报警、自控、连锁、监测装置及事故照明齐全、准确，并定期检查与校核，各种安全色标清晰		2		
4	煤气加压站、混合站、抽气机室（排送间）、煤斗间等电气安装符合防爆要求		2		

续表

序号	考评内容	考评说明	应得分	实得分	备注
5	检测分析仪表与化验用有毒、有害物品应有专人、专柜管理		0.4		
6	定时化验水煤气及半水煤气发生炉的总管，煤气含氧量应小于0.6%，作业环境CO浓度必须小于30 mg/m^3		0.4		
7	机械设备的防护与PE线牢固可靠		2		
8	带有水夹套的煤气炉及其汽水系统应符合锅炉压力容器的有关规定		0.4		
9	运行及检测记录齐全		0.4		
合计			10		

表26　　制氧站考评检查表

序号	考评内容	考评说明	应得分	实得分	备注
1	站房门窗向外开、站房内的值班室、休息室、办公室的门窗应向里开。玻璃采用磨砂或涂白色油漆，也可搭设遮阳棚	一处不合格扣该项目应得分值	1		
2	设备设施： ①冷却水，润滑油供应正常 ②排气管路中无积炭 ③各级安全阀灵活可靠 ④定期化验精馏塔中易燃易爆物质的含量 ⑤凡与氧气接触的零件、工具应无油脂 ⑥无液氧泄漏现象		2		

续表

序号	考评内容	考评说明	应得分	实得分	备注
3	压力容器符合要求；储气囊装有压力自调系统，各种减压阀、自动调节阀应灵敏、可靠，能防止超压运行		2		
4	氧气管道、阀门符合要求，充装设备有导除静电装置，且定期监测；氧气、氮气的放散管应引至室外安全地点		2		
5	气瓶间数量不得超过2 400个；空瓶与实瓶分区存放，间距大于1.5 m，并有指示牌；储瓶间地坪必须平整、耐磨、防滑，且有防护链或瓶卡等防倾倒措施		2		
6	各岗位配置有 CO_2 灭火器，且定期检查并有记录；站内各主要部位有“严禁烟火”的防火标识		1		
合计			10		

表 27　　压力容器考评检查表

序号	考评内容	考评说明	应得分	实得分	备注
1	本体外观检查： ①连接部位无裂纹、变形、过热泄漏等缺陷 ②外表面无严重腐蚀、漆色完好 ③相邻管道与构件无异常	任意一条不合格，则判该台为不合格 实得分＝16－$\frac{不合格台数}{评价总数}\times 0.5\times 100$	16		

续表

序号	考评内容	考评说明	应得分	实得分	备注
2	安全附件： ①压力表指示灵敏、刻度清晰、铅封完整，在检验周期内使用 ②安全阀铅封完好、动作可靠，检验周期内使用，工作状态合理，记录齐全 ③爆破片的工作压力、温度与工作参数相符，安装合理 ④液位计指示准确、有最高、最低液位标记，且安全可靠				
3	支承（座）应完好，基础可靠，无位移、沉降、倾斜开裂等缺陷，螺栓连接牢固				
4	疏水器、排污（水）阀及其管道无泄漏，布局合理，对周围环境无污染				
5	运行状况良好，无超载、超压、超温现象；无异常振动声响现象；有定期巡回检查记录				
合计			16		

表 28　　乙炔发生站考评检查表

序号	考评内容	考评说明	应得分	实得分	备注
△1	管理、技术资料完整，“三证”齐全	1. 凡未注有△标识的条款不合格，则判断该乙炔发生站不合格 2. 凡注有△标识的条款不规范或不够完善，每台（处）扣 0.3 分，最多不超过 3 分			
2	管道、设备应严密可靠，放散管畅通完好				
3	管道导除静电装置完好				
4	各级回火防止器、水封有效可靠				

续表

序号	考评内容	考评说明	应得分	实得分	备注
5	电石库防潮、通风措施可靠	3. 多个乙炔发生器按下列公式计算： 实得分＝15－$\frac{\text{不合格台数}}{\text{评价台数}}$×0.6×100	15		
△6	各种仪器、仪表定期检验				
7	各种电气设施符合防爆等级要求				
△8	各级喷淋设施齐全可靠				
△9	低压乙炔发生器平衡阀完好				
10	各级连锁可靠，定期试验				
△11	惰性气体置换系统完好、可靠、畅通				
12	设备、设施 PE 线联结可靠				
△13	机械传动防护可靠				
合　计			15		

表 29　　锅炉与辅机考评检查表

序号	考评内容	考评说明	应得分	实得分	备注
1	锅炉“三证”（产品合格证、使用登记证、年度检验报告）齐全	不符合任意一条则判为不合格 实得分＝24－$\frac{\text{不合格台数}}{\text{评价总数}}$×0.8×100	24		
2	安全附件完好，安全阀、水位表、压力表齐全、灵敏、可靠，排污装置无泄漏				
3	按规定合理设置报警和连锁保护装置				
4	给水设备完好，匹配合理				
5	炉墙无严重漏风、漏烟，油、气、煤粉炉防爆式装置好				

续表

序号	考评内容	考评说明	应得分	实得分	备注
6	水质处理应能达到指标要求，炉内水垢在 1.5 mm 以下				
7	各类管道无泄漏，保温层完好无损，管道构架牢固可靠				
8	其他辅机设备应符合机械安全要求				
合　计			24		

表 30　　　　　　　空压机考评检查表

序号	考评内容	考评说明	应得分	实得分	备注
1	各种出厂技术资料齐全	一处不合格扣该项目应得分值，多台空压机取平均值	1		
2	机身、曲轴箱等主要受力部件无影响强度和刚度的缺陷，所有紧固件必须牢靠并有防松措施		2		
3	压力表、温度表（计）、安全阀、液位计（油标）等安全装置（附件）应完整、灵敏可靠，且在检测周期内使用		3		
4	外露的联轴器、皮带传动装置等旋转部位必须设置防护罩或护栏，螺杆式空压机保护盖必须关闭		2		
5	配套的压缩空气管道无腐蚀，管内无积存杂物，管道漆色符合要求，并标有流向箭头，支架牢固可靠		3		
6	电气设备符合安全要求，机组旁应设紧急停机按钮保护装置（开关）		2		

续表

序号	考评内容	考评说明	应得分	实得分	备注
7	空压机布置合理，空压机与墙、柱以及设备之间留有足够的空间距离		1		
8	空压机必须放在有足够通风的房间里、其区域内无灰尘、化学品、金属屑、油漆漆雾等		2		
合计			16		

表 31　　工业管道考评检查表

序号	考评内容	考评说明	应得分	实得分	备注
1	漆色标记应明显，流向清晰	一处不合格扣该项目应得分值。得分 6 分以下，则该工业管道考评实得分为 0 分	2		
2	应有全厂管网平面布置图，标记完整，位置准确，管网设计、安装、验收技术资料齐全		2		
3	管道完好，无严重腐蚀、无泄漏（3 点/1000 m），防静电积聚措施可靠		2		
4	埋地管道敷层完整无破损，架空管道支架牢固合理		2		
合计			8		

表 32　　木料场所考评检查表

序号	考评内容	考评说明	应得分	实得分	备注
1	道路畅通、堆码整齐、稳妥可靠	一处不合格扣该项目应得分值，多个木料场所取平均值	2		
2	在通道入口处及重点部位应设置防火安全标识		1		

续表

序号	考评内容	考评说明	应得分	实得分	备注
3	消防设备齐全完备		2		
4	电器设备应符合安全要求		1		
5	不得堆放其他易燃物，锯末、刨花应及时清除		1		
6	防火间距达到要求		1		
合　计			8		

表 33　　工厂建筑考评检查表

序号	考评内容	建筑面积（m^2）	不合格面积（m^2）	不合格率	考评说明	应得分	实得分	备注
1	耐火等级评定			按不合格率计算： 实得分=10－$\frac{不合格面积}{评价总面积}$×0.4×100	10			
2	危险建筑面积							
合计					10			

表 34　　涂装作业场所考评检查表

序号	考评内容	考评说明	应得分	实得分	备注
1	电器设施达到防爆要求	一处不合格扣该项目应得分值，多个涂装作业场所取平均值	3		
2	作业场所具有良好通风		4		
3	作业场所涂料存量符合要求		2		
4	消防设施完备、安全标识醒目		3		
5	作业场所有隔离措施，防火间距、地面符合要求		3		
合　计			15		

表 35　　锻造机械考评检查表

序号	考评内容	考评说明	应得分	实得分	备注
1	上下砧不松动，销、楔坚固	任意一条不合格者，则判该台为不合格 实得分＝12－$\frac{不合格台数}{评价总数}$×0.36×100	12		
2	锤头无裂纹，缓冲装置灵敏、可靠				
3	操纵机构灵敏、可靠				
4	紧固部件无松动				
5	安全装置和防护装置齐全、可靠				
6	操纵机、夹钳、剁刀等辅助工具无裂纹				
7	储气罐等辅机安全状态良好				
合　计			12		

表 36　　铸造机械考评检查表

序号	考评内容	考评说明	应得分	实得分	备注
1	设备结构有足够的强度、刚度及稳定性，基础坚实	一处不合格扣该项目应得分值，得分12分以下判不合格 实得分＝18－$\frac{不合格台数}{评价总数}$×0.54×100	2		
2	所有管路密封良好，无泄漏		1		
3	安全装置和防护装置齐全，安全可靠		2		
4	控制系统清晰灵敏，作业点均有急停开关		2		
5	防尘、防毒设备设施完好无损，且运行正常		4		
6	PE正确可靠		2		

续表

序号	考评内容	考评说明	应得分	实得分	备注
7	压铸机：压铸型区应有防护装置，且与压射程序连锁		5		
	制芯机：芯盒加热棒长短适中，线头连接整洁，安全可靠				
	混砂机：防护罩有足够的强度，检修门电气连锁，取样门大小合理				
	抛（喷）丸设备：设备密封良好，门（孔）电气连锁				
合　计			18		

表 37　　铸造熔炼炉考评检查表

序号	考评内容	考评说明	应得分	实得分	备注
1	炉体完整，附属设施安全	一处不合格扣该项目应得分值，得分10分以下判不合格 实得分＝12－$\frac{不合格台数}{评价总数}$×0.54×100	2		
2	升降及起吊装置必须符合起重机械条款		1		
3	浇包及其装置完好		2		
4	炉坑应有护栏或盖板		2		
5	外露传动部位必须有防护装置		2		
6	控制系统齐全有效		1		
7	除尘装置完好		2		
合　计			12		

表 38　　酸碱油槽考评检查表

序号	考评内容	考评说明	应得分	实得分	备注
1	槽体坚固，不得渗漏				

续表

序号	考评内容	考评说明	应得分	实得分	备注
2	镀槽与电解槽上导电装置与槽体应有绝缘措施	任意一条不合格者，则判该台为不合格 实得分＝5－$\frac{不合格台数}{评价总数}$×0.20×100	5		
3	导电部位应保持干净，导电良好，“正”“负”极不得短路				
4	地下槽体必须在地面上设置防护围栏				
5	电加热应有可靠的保护接地，石英玻璃加热管应有保护措施				
合　计			5		

表 39　　工业梯台（直梯）考评检查表

序号	考评内容	考评说明	应得分	实得分	备注
1	梯宽、梯级间隔尺寸符合标准	一处不合格扣该项目应得分值，得分 1.6 分以下判不合格 实得分＝2－$\frac{不合格台数}{评价总数}$×0.048×100	0.6		
2	梯段高度超过 3 m 时应设护笼，护笼、护笼条尺寸符合标准规定		0.4		
3	直梯与平台相连的扶手高应大于 1 050 mm		0.4		
4	结构件不得有松脱、裂纹、扭曲、腐蚀、凹陷或凸出等严重变形，更不得有裂纹		0.6		
合　计			2		

表 40　　工业梯台（斜梯）考评检查表

序号	考评内容	考评说明	应得分	实得分	备注
1	梯宽、扶手立柱高度、间距尺寸均符合标准规定		0.8		

续表

序号	考评内容	考评说明	应得分	实得分	备注
2	踏步高、宽适当，除扶手外，必须设一根横杆	一处不合格扣该项目应得分值，得分 1.6 分以下判不合格 实得分 $= 2 - \frac{\text{不合格台数}}{\text{评价总数}} \times 0.048 \times 100$	0.4		
3	结构件不得有松脱、裂纹、扭曲、腐蚀、凹陷或凸出等严重变形，更不得有裂纹		0.8		
合计			2		

表 41　工业梯台（活动轻金属梯）考评检查表

序号	考评内容	考评说明	应得分	实得分	备注
1	梯长应小于 8 m，梯宽不小于 300 mm	一处不合格扣该项目应得分值，得分 1.6 分以下判不合格 实得分 $= 2 - \frac{\text{不合格台数}}{\text{评价总数}} \times 0.048 \times 100$	0.4		
2	梯脚防滑措施完好，无开裂、破损		0.4		
3	轻金属直梯具备伸缩加长的直梯，其止回挡块完好无变形、开裂		0.4		
4	人字梯的铰链完好无变形，两梯之间梁柱中部限制拉线、撑锁固定装置牢固		0.4		
5	结构件不得有松脱、裂纹、扭曲、腐蚀、凹陷或凸出等严重变形，更不得有裂纹		0.4		
合计			2		

表 42　工业梯台（轮式移动平台）考评检查表

序号	考评内容	考评说明	应得分	实得分	备注
1	操作平台、护栏完好、无破损，尺寸符合标准规定		0.4		

续表

序号	考评内容	考评说明	应得分	实得分	备注
2	斜撑无变形、铰链连接可靠	一处不合格扣该项目应得分值，得分 1.6 分以下判不合格 实得分＝2－$\frac{不合格台数}{评价总数}$×0.048×100	0.4		
3	防滑措施齐全、完好		0.4		
4	轮子的限位、防移动装置完好有效		0.4		
5	结构件不得有松脱、裂纹、扭曲、腐蚀、凹陷或凸出等严重变形，更不得有裂纹		0.4		
合 计			2		

表 43　　工业梯台（走台、平台）考评检查表

序号	考评内容	考评说明	应得分	实得分	备注
1	扶手高度、立柱间距、横杆间距、走台或平台净空高度等尺寸应符合标准规定	一处不合格扣该项目应得分值，得分 1.6 以下判不合格 实得分＝2－$\frac{不合格台数}{评价总数}$×0.048×100	0.6		
2	走台或平台的设计负荷大于规定值（或实际使用负荷）		0.4		
3	台面板周围的踢脚挡板高度不小于 100 mm		0.4		
4	结构件不得有松脱、裂纹、扭曲、腐蚀、凹陷或凸出等严重变形，更不得有裂纹		0.6		
合计			2		

表 44　　工业炉窑考评检查表

序号	考评内容	考评说明	应得分	实得分	备注
1	炉门升降机构必须完好，钢丝绳断丝不准超过规定值，重锤配置适当，外露传动部分应设防护罩	一处不合格扣该项目应得分值，得分10分以下判不合格 实得分＝12－$\frac{\text{不合格台数}}{\text{评价总数}}$×0.36×100	3		
2	炉车钢丝绳滑轮应完整无损		2		
3	炉体的炉墙、炉衬应严密，无泄漏		2		
4	锻造加热炉：炉门循环冷却水应保持正常流通 退火炉、烘模炉：炉门必须装置保险装置 煤气（天然气）炉：气阀应完好，无松动、无泄漏现象 重油炉：油管、风管及加热管应无裂纹、无泄漏现象 盐浴炉：测温仪表、仪器应灵敏可靠、电气设备接地应完好、正确 箱式电阻炉：测温仪表应灵敏可靠、电阻丝应完好，电气设备接地及防护罩应完好无损 燃油反射炉：风管、油管应保持畅通，油温、风压及测温仪表应保持正常 气体渗碳炉：炉盖升降机构应保持正常，风扇转动平稳，冷却水管应无堵塞，输油管道应畅通，无渗漏，排气管，漏油器必须畅通 气体氮化炉：氨气管道、炉盖应无泄漏，氨气瓶严禁靠近热源、电源或强日光曝晒		5		
合　计			12		

表 45　　厂内机动车辆考评检查表

序号	考评内容	考评说明	应得分	实得分	备注
	车辆整洁、资料齐全	任意一条不合格者，则判该台为不合格 实得分 $=15-\frac{\text{不合格台数}}{\text{评价总数}}\times 0.50\times 100$	15		
总　价			15		

表 46　　运输（输送）机械考评检查表

序号	考评内容	考评说明	应得分	实得分	备注
1	机械传动部位防护装置齐全可靠	一处不合格扣该项目应得分值，多个运输（输送）机械取平均值	2		
2	操作岗位和每隔 20 m 左右应设置相应的紧急开关，且灵敏可靠		3		
3	各种安全保险装置齐全可靠		2		
4	通道、梯台、护网（栏）符合要求		2		
5	接地（零）线符合要求		2		
6	所有启动和停止装置应有明显标识并易于接近，并有必要的预警信号		1		
合　计			12		

表 47　　变配电系统考评检查表

序号	考评内容	考评说明	应得分	实得分	备注
1	与其他建筑物间有足够的安全消防通道		0.8		

续表

序号	考评内容		考评说明	应得分	实得分	备注
1	变配电站环境	与爆炸危险场所、有腐蚀性场所有足够的间距	一处不合格扣该项目应得分值，多套变配电系统取平均值	0.8		
		地势不应低洼，防止雨后积水		0.8		
		应设有100%变压器油量的储油池或排油设施		0.8		
		变配电间门应向外开，高压室（间）门应向低压间开，相邻配电室门应双向开		0.8		
		门、窗（高压侧）应装设孔小于10 mm×10 mm的金属门窗		0.8		
		多层建筑装置可燃油电气设备变配电所应在底层；高层建筑内不宜装置可燃电气设备变配电所		1.2		
2	变压器、发电机	油标油位指示清晰，油色透明无杂质，变压器油有定期绝缘测试报告，且不漏油		2		
		油温指示清晰，温度低于85℃，冷却设备完好，发电机工作温度符合要求		2		
		绝缘和接地故障保护完好可靠，有定期测试资料		4		
		瓷瓶、套管清洁，无裂纹或放电痕迹		2		
		变压器、发电机运行过程中内部无异常响声或放电声		2.8		

续表

序号	考评内容		考评说明	应得分	实得分	备注
2		应有符合规定的警示标识和遮拦		1.2		
3	高低压配电间、电容器间控制装置	所有的瓷瓶、套管、绝缘子应清洁无裂纹		0.8		
		所有的母线应整齐清洁，接点接触良好，母线温度变化应低于70℃，相序标识明显，连接可靠		0.8		
		各类电缆及高压架空线路敷设应符合安装规程，电缆头外表面清洁无漏油，接地可靠		2		
		断路器应为国家许可生产厂的合格产品，有定期维修检测记录，油开关油位正常，油色透明无杂质，无漏油，渗油现象		4.8		
		操纵机构应为国家许可生产厂的合格产品，有定期维修检验记录，操纵灵活，联锁可靠，脱扣保护合理。双电源供电或自有发电必须加装联锁装置		4		
		所有空气开关灭弧罩应完整，触头平整		0.8		
		电力电容器外壳无膨胀，温升符合要求，无漏油现象		0.8		
		接地故障保护可靠，并有定期试验记录		2		

续表

序号	考评内容		考评说明	应得分	实得分	备注
3		各种安全用具应完好可靠，有定期检测资料		2		
		变配电间内各种通道应符合安全要求，应有规定的警示标识及工作标识		2		
合　计				40		

表 48　　低压电气线路（固定线路）考评检查表

序号	考评内容	考评说明	应得分	实得分	备注
1	线路的安全距离符合要求	一处不合格扣该项目应得分值，得分低于 3.75 分者为不合格 实得分 $=5-\frac{\text{不合格数}}{\text{评价总数}}\times 0.18\times 100$	1.25		
2	线路的导电性能和机械强度符合要求		0.75		
3	线路的保护装置齐全可靠		0.75		
4	线路绝缘、屏护良好，无发热和渗漏油现象		0.75		
5	电杆直立、拉线、横担瓷瓶及金属构架等符合安全要求		0.5		
6	线路相序、相色正确、标识齐全、清晰		0.5		
7	线路排列整齐、无影响线路安全的障碍物		0.5		
合　计			5		

表49　　低压电气线路（临时线路）考评检查表

序号	考评内容	考评说明	应得分	实得分	备注
1	要有完备的临时接线装置审批手续，不超期使用	一处不合格扣该项目应得分值，得分低于3.75分者为不合格 实得分＝5－$\frac{不合格数}{评价总数}$×0.18×100	1.25		
2	使用绝缘良好，并有与负荷匹配的护套软管		0.75		
3	敷设必须符合安全要求		1		
4	必须装有总开关控制和漏电保护装置，每一分路应装设与负荷匹配的熔断器		1		
5	临时用电设备PE连接可靠		1		
6	严禁在有爆炸和火灾危险场所设临时线路	凡在此处设临时线，则判不合格			
合　计			5		

表50　　动力（照明）配电箱（柜、板）考评检查表

序号	考评内容	考评说明	应得分	实得分	备注
1	箱（柜、板）符合作业环境要求	一处不合格扣该项目应得分值，总分低于8分者为不合格 实得分＝20－$\frac{不合格台数}{评价总数}$×0.72×100	2		
2	箱（柜、板）内外整洁、完好、无杂物、无积水，有足够的操作空间，符合安全规程要求		2		
3	箱（柜、板）体PE可靠		2		
4	各种电气元件及线路接触良好，连接可靠，无严重发热烧损现象		4		
5	箱（柜、板）内插座接线正确，并配有漏电保护器		2		
6	保护装置齐全，与负载匹配合理		4		

续表

序号	考评内容	考评说明	应得分	实得分	备注
7	外露带电部分屏护完好		2		
8	编号、识别标记齐全，醒目		2		
合　计			20		

表 51　　电网接地系统考评检查表

序号	考评内容	考评说明	应得分	实得分	备注
1	电源系统接地制式的运行应满足其结构的整体性，独立性的安全要求	注：TN 系统重复接地电阻检测必须与系统的主干 PE 线或 PEN 线断开 在第一条符合要求的情况下，对每一个系统及每一个回路进行考评，按下式计分： 实得分＝15－$\frac{不合格数}{评价总数}$×0.54×100	15		
2	各接地装置的电阻检测合格，如：TN 系统工作接地低于 4 Ω；重复接地低于 10 Ω；TT 系统工作接地低于 4 Ω				
3	TN 系统重复接地布设合理				
4	接地装置的连接必须保证电气接触可靠。有足够的机械强度，并能防腐蚀，防损伤或者有附加保护措施				
5	接地装置编号、标识明晰，定期检测报告有效，资料完整				
合　计			15		

表 52　　防雷接地装置考评检查表

序号	考评内容	考评说明	应得分	实得分	备注
1	防雷技术措施须经安全设计与验算，使其保护范围有效		1.8		

续表

序号	考评内容	考评说明	应得分	实得分	备注
2	防雷装置完好；接闪器无损坏，引下线焊接可靠，接地电阻应低于10 Ω	一处不合格扣该项目应得分值，总分低于9分者为不合格 实得分=$12-\frac{不合格数}{评价总数}\times 0.36\times 100$ 注：易燃易爆场所及变配电站锅炉房必查，如果有一处不合格，则全项否决	3		
3	独立避雷针系统与其他系统隔离，间距合格		3		
4	建筑物、构筑物的防雷应有防反击、侧击等技术措施；与道路或建筑物的出入口有防止跨步电压触电的措施；线路应有防雷电波侵入的技术措施		1.8		
5	对防雷区域和防雷装置能定期进行预防性检查、评价和检测，且有关资料齐全有效		2.4		
合　计			12		

表 53　电焊机考评检查表

序号	考评内容	考评说明	应得分	实得分	备注
1	电源线、焊接电缆与焊机连接处有可靠屏护	任意一条不合格者，则判该台为不合格 实得分=$8-\frac{不合格台数}{评价总数}\times 0.30\times 100$	8		
2	焊机外壳PE线接线正确，连接可靠				
3	焊机一、二次绕组，绕组与外壳间绝缘电阻值不少于1 MΩ				
4	焊机一次侧电源线长度不超过3 m，且不得拖地或跨越通道使用				
5	焊机二次线连接良好，接头不超过3个				
6	焊钳夹紧力好，绝缘可靠，隔热层完好				

续表

序号	考评内容	考评说明	应得分	实得分	备注
7	焊机使用场所清洁，无严重粉尘，周围无易燃易爆物				
合　计			8		

表 54　　手持电动工具考评检查表

序号	考评内容	考评说明	应得分	实得分	备注
1	必须按作业环境的要求，选用手持电动工具。使用Ⅰ类手持电动工具应配有漏电保护装置，PE线连接可靠	任意一条不合格者，则判该台为不合格 实得分＝ $12-\frac{不合格数}{评价总数}\times 0.36\times 100$ 注：绝缘电阻以企业测量记录为依据，现场进行抽测	12		
2	绝缘电阻符合要求，有定期测量记录 Ⅰ类电动工具不小于 2 MΩ Ⅱ类电动工具不小于 7 MΩ Ⅲ类电动工具不小于 1 MΩ				
3	电源线必须用护管软线，长度不得超过 6 米，无接头及破损				
4	电动工具的防护罩、盖及手柄应完好，无松动				
5	电动工具的开关应灵敏、可靠无破损、规格与负载匹配				
合　计			12		

表 55　　移动电气装备考评检查表

序号	考评内容	考评说明	应得分	实得分	备注
1	绝缘电阻值不小于 1 MΩ，且有定期检测记录	任意一条不合格者，则判该台为不合格 实得分＝ $8-\frac{\text{不合格台数}}{\text{评价总数}}\times 0.24\times 100$	8		
2	电源线采用三芯或四芯多股橡胶电缆，无接头，不跨越通道，绝缘层无破损，长度不得超过 6 m				
3	PE 可靠				
4	防护罩、遮拦、屏护、盖应完好、无松动				
5	开关应可靠、灵敏，且与负载相匹配				
合　计			8		

表 56　　电气试验站（台、室）考评检查表

序号	考评内容		考评说明	应得分	实得分	备注
1	电气试验台站的环境	大型或有爆炸危险的试验台站应单独建设，其余应设在车间厂房的一侧，通道满足消防要求，且备有足够的消防器材	凡注“△”的条款为否决项，本项不合格本部分全部不得分 凡未注“△”的条款一处不合格扣该项目应得分值，多个电气试验站（台、室）取平均值	0.72		
		△试验区域不得有休息场所，被试产品或设备与建筑物的安全距离符合要求		0.72		
		试验台站与试验区域要设置固定或移动网栏。充有压力的瓷套管在试验时必须加安全网，其区域内所有的门必须有联锁装置，且向外开		0.72		

续表

序号	考评内容		考评说明	应得分	实得分	备注
1		试验台站内有醒目的安全标识并设置警戒线。信号警报联锁装置及通讯录音设备齐全可靠		0.84		
2	电器设备	高低压开关柜、变压器、调压器、互感器、电容器、避雷器、发电机组等设备清洁完好、无渗漏，油质、油位、温升、绝缘符合要求		1.8		
		各种保护装置、联锁、信号装置灵活可靠		1.8		
3	控制系统及测试仪器	高低压母线排、电缆、控制线路符合电气安装规程		0.72		
		△临时连接的试验线路安全间距应符合电压等级的要求		0.72		
		试验用的仪器仪表符合国家技术标准，经检验合格，并在有效期内使用		0.96		

续表

序号	考评内容		考评说明	应得分	实得分	备注
4	接地系统及安全用具	必须按试验台设计要求装置接地装置		0.72		
		△严禁利用保护性接地系统做大电流放电回路		0.84		
		独立高压试验站应加设防雷装置		0.6		
		电气安全用具及防护用品都必须定期安全检查，绝缘强度试验合格，保管可靠		0.84		
合计				12		

表 57　　探伤设备（磁粉探伤）考评检查表

序号	考评内容	考评说明	应得分	实得分	备注
1	行程探头应有可靠的“自锁”和“联锁”装置	一处不合格扣该项目应得分值，总分低于1.8分者为不合格 实得分＝$2.5-\frac{\text{不合格台数}}{\text{评价总数}}\times 0.075\times 100$	1		
2	机体与绕线外壳的“绝缘”良好 PE线正确可靠		0.75		
3	油箱、油管连接可靠，无渗漏现象		0.75		
合计			2.5		

表 58　　探伤设备（射线探伤）考评检查表

序号	考评内容	考评说明	应得分	实得分	备注
1	探伤室的门、窗、铅板等防透射措施完好、达标	一处不合格扣该项目应得分值，总分低于 1.8 分者为不合格 实得分＝$2.5-\frac{\text{不合格台数}}{\text{评价总数}}\times 0.075\times 100$	1		
2	各种报警、信号、通讯及警示标识完好、灵敏、准确、及时		0.75		
3	PE 线正确可靠		0.75		
	合计		2.5		

表 59　　探伤设备（着色探伤）考评检查表

序号	考评内容	考评说明	应得分	实得分	备注
1	着色所用的易燃、有毒溶剂的存量不得超过规定，存放场所安全可靠	一处不合格扣该项目应得分值，总分低于 1.8 分者为不合格 实得分＝$2.5-\frac{\text{不合格台数}}{\text{评价总数}}\times 0.075\times 100$	0.75		
2	残液要妥善存放、正确处置		0.75		
3	作业场所的有毒物浓度不得超标		0.5		
4	场所的消防器材和标识齐全		0.5		
	合计		2.5		

表60　　探伤设备（超声波探伤）考评检查表

序号	考评内容	考评说明	应得分	实得分	备注
1	探头及垂直线性、水平线性应保持在规定的范围内	一处不合格扣该项目应得分值，总分低于1.8分者为不合格 实得分＝ $2.5-\frac{不合格台数}{评价总数}\times0.075\times100$	1		
2	移动式电源线应绝缘良好，插头插座完好无缺		0.75		
3	PE线正确可靠		0.75		
	合计		2.5		

表61　　起重机械考评检查表

序号	考评内容	考评说明	应得分	实得分	备注
1	钢丝绳的断丝数、腐蚀（磨损）量、变形量、使用长度和固定状态符合国标规定	实得分＝ $32-\frac{不合格台数}{评价总数}\times0.78\times100-$（各台、处不规范的扣分之和）			
2	滑轮的护罩完好，转动灵活				
3	吊钩等取物装置无裂纹、明显变形或磨损超标等缺陷，紧固装置完好				
4	制动器工作可靠，连接件无超标使用，安装与制动力矩符合要求				
5	各类行程限位、限量开关与联锁保护装置完好可靠				
6	紧停开关、缓冲器和终端止挡器等停车保护装置使用有效				
7	各种信号装置与照明设施符合规定				

续表

序号	考评内容	考评说明	应得分	实得分	备注
8	PE连接可靠，电气设备完好有效		32		
9	各类防护罩、盖、栏、护板等完备可靠，安装符合要求				
10	露天作业起重机的防雨罩、夹轨器或锚定装置使用有效				
11	安全标识与消防器材配备齐全				
12	各类吊索具管理有序，状态完好				
	合计		32		

表62　金属切削机床考评检查表

序号	考评内容	考评说明	应得分	实得分	备注
△1	防护罩、盖、栏应完备可靠	除“△”项目外，凡不符合考评内容任一条款要求时，该台设备为不合格 注“△”项目不规范或不够完善，每台（处）从总分扣0.8分，最多不超过总分的30% 实得分 $= 26 - \frac{\text{不合格台数}}{\text{评价台数}} \times 0.54 \times 100 -$（各台、处因不规范的扣分之和）	26		
2	防止夹具、卡具松动或脱落的装置完好				
3	各种限位、联锁、操作手柄要求灵敏可靠				
4	机床PE连接规范可靠				
5	机床照明符合要求				
6	机床电器箱，柜与线路符合要求				
△7	未加罩旋转部位的楔、销、键，原则上不许突出				

续表

序号	考评内容	考评说明	应得分	实得分	备注
△8	备有清除切屑的专用工具				
9	磨床：砂轮合格，旋转时无明显跳动				
	车床：加工超长料应有防弯装置				
	插床：应设置防止运动停止后滑枕自动下落的配重装置				
	电火花加工机床：可燃性工作液的闪点应在70℃以上，需采用浸入式加工				
	锯床：锯条外露部分应采用防护罩或安全距离隔离				
	加工中心：加工区域周边应有固定、可调式防护装置				
	合计		26		

表 63　　冲、剪、压机械考评检查表

序号	考评内容	考评说明	应得分	实得分	备注
1	离合器动作灵敏、可靠，无连冲	除“△”项目外，凡不符合考评内容任一条款要求时，该台设备为不合格 注“△”项目不规范或不够完善，每台（处）从总分扣0.5分，最多不超过总分的20%			
2	制动器工作可靠，与离合器相互协调联锁				
3	紧急停止按钮灵敏、醒目，在规定位置安装有效				
△4	传动外露部分的防护装置齐全可靠				

续表

序号	考评内容	考评说明	应得分	实得分	备注
△5	脚踏开关应有完备的防护罩且防滑	实得分＝26－$\frac{\text{不合格台数}}{\text{评价台数}}$×0.64×100－（各台、处因不规范的扣分之和）	26		
6	机床 PE 可靠，电气控制有效				
7	安全防护装置可靠有效，使用专用工具符合安全要求				
8	剪板机等压料脚应平整，危险部位有可靠的防护				
合计			26		

表 64　　　　木工机械考评检查表

序号	考评内容	考评说明	应得分	实得分	备注
1	限位及联锁装置灵敏可靠	除“△”项目外，凡不符合考评内容任一条款要求时，该台设备为不合格 注“△”项目不规范或不够完善，每台（处）从总分扣 0.3 分，最多不超过总分的 20% 实得分＝10－$\frac{\text{不合格台数}}{\text{评价总数}}$×0.54×100－（各台、处因不规范的扣分之和）	10		
△2	旋转部位的防护装置完好有效				
3	夹紧或锁紧装置完整可靠				
4	锯条、锯片和砂轮符合规定				
△5	PE 连接可靠，控制电器符合规定				
△6	跑车带锯机应设置有效的护栏				
7	安全防护装置齐全有效				
△8	平刨的开口度符合国家标准				
合计			10		

表 65　　砂轮机考评检查表

序号	考评内容	考评说明	应得分	实得分	备注
1	砂轮机安装地点应保证人员和设备的安全	一处不合格扣该项目应得分值，总分低于 6 分者为不合格 实得分 = 8 − $\frac{不合格台数}{评价总数}$ × 0.30 × 100	0.8		
2	砂轮机的防护罩应符合国家标准		0.8		
3	档屑板应有足够的强度且可调		0.8		
4	砂轮无裂纹无破损		1.6		
5	托架安装牢固可调		0.8		
6	法兰盘与软垫应符合安全要求		0.8		
7	砂轮机运行必须平稳可靠，砂轮磨损量不超标，且在有效期内使用		1.6		
8	PE 连接可靠，控制电器符合规定		0.8		
	合计		8		

表 66　　风动工具考评检查表

序号	考评内容	考评说明	应得分	实得分	备注
1	砂轮夹紧装置必须符合规定	除“△”项目外，凡不符合考评内容任一条款要求时，该台设备为不合格 注“△”项目不规范或不够完善，每台（处）从总分扣 0.3 分，最多不超过总分的 20% 实得分 = 5 − $\frac{不合格台数}{评价总数}$ × 0.15 × 100 −（各台、处因不规范的扣分之和）	5		
2	防护罩应完好无损				
△3	气阀、开关必须完好无漏气				
4	防松脱锁卡完好，可靠				
△5	气路密封无泄漏，气管无老化、腐蚀				
	合计		5		

表 67　　电梯考评检查表

序号	考评内容	考评说明	应得分	实得分	备注
1	电梯的制造、安装、改造、维修应由具备资格的单位承担，产品有合格证书、自检报告	凡不符合评价内容任一条款要求时，该台设备为不合格 实得分＝16－$\frac{不合格台数}{评价总数}$×0.72×100	16		
2	电梯按规定周期由法定检验机构进行了检验				
3	限速器、安全钳、缓冲器、限位器、报警装置以及门的安全装置完整，且灵敏可靠				
4	曳引绳与补偿绳断丝数、腐蚀磨损量、变形量、使用长度和固定状态符合国家标准规定				
5	轿厢结构牢固可靠，轿厢门开启灵敏				
6	电气部分灵敏可靠				
	合计		16		

表 68　　注塑机考评检查表

序号	考评内容	考评说明	应得分	实得分	备注
1	防护罩、盖、栏的安装应牢固，无明显的锈蚀或变形，且与电气联锁	除“△”项目外，凡不符合考评内容任一条款要求时，该台设备为不合格 注“△”项目不规范或不够完善，每台（处）从总分扣 0.5 分，最多不超过总分的 20%	8		
△2	操作平台结构合理，不得有严重脱焊、变形、腐蚀和断开、裂纹等缺陷				
3	电器箱、柜与线路符合要求，控制台各参数显示完好、功能指标清楚，按键动作灵敏可靠				

续表

序号	考评内容	考评说明	应得分	实得分	备注
4	液压管路连接可靠，油箱及管路无漏油，控制系统开关齐全，动作可靠	实得分 $= 8 - \frac{\text{不合格台数}}{\text{评价总数}} \times 0.36 \times 100 -$（各台、处因不规范的扣分之和）			
5	模具各紧固螺栓齐全，无松动、变形、裂纹				
△6	自动取料装置标识清楚、动作灵敏，所控制的工作部件动作准确，机械手的活动区域应有护栏				
	合计		8		

表 69　　装配线考评检查表

序号	考评内容	考评说明	应得分	实得分	备注
1	输送机械的防护罩（网）应完好，无变形和破损，跨越地面通道或人员上方应装设护网（板）	一处不合格扣该项目应得分值，多个装配线取平均值	3		
2	翻转机构的锁紧限位装置牢固可靠，安全有效		1		
3	起重机械的制动器动作平稳可靠		2		
4	吊具不得有扭结、压扁、弯折、绳股挤出、裂纹和补焊或超过规定的断丝等现象		2		
5	控制台和装配线上间隔适当距离（不宜超过 20 m）应设醒目急停开关，开线、停线、急停有明显指示信号		2		

续表

序号	考评内容	考评说明	应得分	实得分	备注
6	风动工具应定置定位，防护罩齐全，开关动作灵敏可靠，转动部分无松动		1		
7	电动工具使用带保护极的插头插座，采用良好护套的铜芯软电缆，使用专用芯线作接地保护，并采用漏电保护器		2		
8	运转小车定位准确、夹紧牢固，料架（箱、斗）结构合理，放置平稳		2		
9	过桥的扶手稳固，踏脚高度合理，平台防滑可靠		2		
10	地沟入口盖板完好、无变形，沟内清洁、无障碍物，且不允许有积水、积油		1		
	合计		18		

表 70　　炊事机械考评检查表

序号	考评内容	考评说明	应得分	实得分	备注
1	机械传动部位有完好可靠的防护装置	除“△”项目外，凡不符合考评内容任一条款要求时，该台设备为不合格 注“△”项目不规范或不够完善，每台（处）从总分扣 0.5 分，最多不超过总分的 20%	5		
2	搅拌操作的容器必须加盖密闭且盖机联锁				
△3	PE 连接可靠，电源线路完好				

续表

序号	考评内容	考评说明	应得分	实得分	备注
4	每台设备应有单独的控制开关	实得分 = 5 − $\frac{不合格台数}{评价台数}$ × 0.24 × 100 −（各台、处因不规范的扣分之和）			
5	凡有碾绞压挤切伤可能的部位均应有可靠防护				
	合计		5		

表 71　**其他机械考评检查表**

序号	考评内容	考评说明	应得分	实得分	备注
△1	防护罩、盖、栏应完整可靠	除“△”项目外，凡不符合考评内容任一条款要求时，该台设备为不合格 注“△”项目不规范或不够完善，每台（处）从总分扣 0.5 分，最多不超过总分的 20% 实得分 = 7 − $\frac{不合格台数}{评价台数}$ × 0.24 × 100 −（各台、处因不规范的扣分之和）	7		
2	各联锁、紧停、控制装置灵敏可靠				
△3	局部照明应为安全电压				
△4	PE 等电器完好可靠				
△5	梯台符合要求				
	合计		7		

5 作业环境与职业健康考评检查表

表 72　　厂区环境考评检查表

序号	考评内容	考评说明	应得分	实得分	备注
1	厂容厂貌	1. 厂区内实行定置摆放，现场核对定置图，一处不合格扣 0.2 分 2. 垃圾定点存放，且有防吹散、防污染措施，一处不合格扣 0.2 分 3. 厂区大门开启灵活、方便、迅速，无卡死现象，一处不合格扣 0.5 分	5		
2	厂区道路	1. 厂区双向主干道宽度不小于 5 m，单向主干道宽度不小于 3 m，且为环形；转弯半径：轻型车为 6 m、重型车为 12 m；路面排水良好，坡度适当。查现场，不合格比例每 5%扣 2 分 2. 厂区门口、危险路段、需设置限速标牌和警示标牌，一处不合格扣 0.5 分 3. 厂区道路应有明显的人、车分隔线，一处不合格扣 0.1 分	5		
3	厂区主干道占道率	查现场，占道率超过 5%后，每增加 2%扣 1 分	4		
4	厂区照明	1. 照明灯布局合理，无照明盲区，厂区主干道和安全通道的照度不低于 30 lx，一处不合格扣 0.5 分 2. 照明灯具完好率达 100%，一处不合格扣 0.1 分	4		

续表

序号	考评内容	考评说明	应得分	实得分	备注
5	厂区消防	1. 室外消火栓应有明显的漆色标识，其1 m范围内无障碍物，一处不合格扣1分 2. 所有消防器材完好，且灵敏可靠，一处不合格扣1分 3. 消防设施、重要防火部位均有明显的消防安全标识，一处不合格扣0.5分	7		
		合计	25		

表73　　车间作业环境考评检查表

序号	考评内容	考评说明	应得分	实得分	备注
1	定置摆放	1. 车间实行定置摆放，现场核对定置图，一处不合格扣0.2分 2. 工位器具、料箱摆放整齐、平稳，高度合适，沿人行通道两边不得有突出或锐边物品，一处不合格扣0.2分 3. 危险部位应设置安全标识，一处不合格扣0.2分	5		
2	车间通道	1. 车行道（厂内叉车等）、人行道宽度符合标准，且通道线明显清晰，一处不合格扣0.2分 2. 路面平坦，无积油积水，无绊脚物，一处不合格扣0.2分 3. 占道率低于5%，每增加2%扣0.5分 4. 车行道、人行道上方悬挂物高度符合标准，且牢固可靠，一处不合格扣0.2分	4		

序号	考评内容	考评说明	应得分	实得分	备注
3	作业区域地面状况	1. 地面平整，无障碍物和绊脚物，坑、壕、池应设置盖板或护栏，一处不合格扣0.2分 2. 地面无积水、积油或垃圾杂物，一处不合格扣0.2分 3. 脚踏板应完好，牢固且防滑，一处不合格扣0.2分	5		
4	车间采光	1. 生产作业点、工作台面和安全通道普通采光照度符合标准，一处不合格扣0.2分 2. 照明灯具完好率达100%，一处不合格扣0.1分	3		
5	车间消防设施	1. 按规定配备消防器材，且灵敏可靠，一处不合格扣0.5分 2. 消防器材和防火部位均设置明显标识，一处不合格扣0.5分	4		
6	设备设施布局	1. 设备设施与墙、柱间以及设备设施之间应留有足够的距离，或安全隔离，一处不合格扣0.2分 2. 各种操作部位、观察部位应符合人机工程的距离要求，一处不合格扣0.2分	4		
7	职业危害作业点治理率为100%	职业危害作业点均采取有效治理或防范措施，查资料和现场，每下降2%扣0.5分	10		
	合计		35		

表 74　　　　　　　　　仓库考评检查表

序号	考评内容	考评说明	应得分	实得分	备注
1	仓库通道	1. 车行道、人行道宽度符合标准，一处不合格扣 0.5 分 2. 路面平坦，无积油积水，无绊脚物，一处不合格扣 0.2 分 3. 占道率小于 5%，每增加 5%扣 0.3 分	2		
2	仓库采光	1. 作业点和安全通道采光符合标准，一处不合格扣 0.2 分 2. 照明灯具完好率达 100%，凡有易燃物的地方应采取防爆措施，一处不合格扣 1 分	2		
3	仓库消防设施	1. 防火制度齐全，消防设施标识及防火安全标识准确、齐全 2. 按规定的数量和种类配备消防器材，且灵敏可靠 3. 消防通道畅通 上述条款一处不合格扣 1 分	2		
4	物品储存	1. 物品应分类储存，定置区域线清晰，数量和区域不超限，一处不合格扣 0.2 分 2. 物品存放平稳，便于移动，不超高垛放，一处不合格扣 0.5 分 3. 物品存放区与墙距、梁距、柱距，以及物品之间应符合安全距离的要求，一处不合格扣 0.5 分	4		
	合计		10		

表 75　　危险化学品使用现场考评检查表

序号	考评内容	考评说明	应得分	实得分	备注
1	现场安全条件	1. 作业现场应与明火区、高温区保持足够的安全距离，一处不合格扣全分 2. 作业现场应设有安全告示牌，标明该作业区危险化学品的特性、操作安全要点、应急预案等，一处不合格扣2分 3. 凡产生毒物的作业现场应设有稀释水源，且备有公用的防毒面具和防毒服，一处不合格扣2分 4. 作业现场应有安全警示标识，一处不合格扣0.5分	6		
2	现场使用	1. 现场使用点的危险化学品存放量不得超过当班的使用量，一处不合格扣4分 2. 使用前和使用后必须对容器进行检查，且定点存放，一处不合格扣1分 3. 化学废料及容器应统一回收，按规定进行妥善处理，未按规定进行处理扣5分	5		
3	事故预防	1. 使用点应配置消防器材和消防设施，且完好、有效，一处不符合扣1分 2. 定期对危险化学品使用场所进行安全评价或条件认证，未进行扣4分	4		
4	氯气使用点的安全措施	氯气使用点必须有可靠的应急响应措施，及时处理氯气的泄漏或故障			
		合计	15		

表 76　　职业危害作业点达标率考评检查表

序号	考评内容	考评说明	应得分	实得分	备注
1	职业危害作业点定点	职业危害作业点必须建立定点登记台账，且定点准确，不遗漏。否则为不合格点	25		
2	职业危害作业点监测	1. 监测单位必须具有相应的资质证书，否则数据无效，所监测职业危害作业点为不合格点 2. 监测方法必须符合国家标准，否则数据无效，所监测有害作业点为不合格点			
3	职业危害作业点达标率	职业危害作业点达标率应在 75%以上，每降低 1%扣 1.5 分			
	合计		25		

表 77　　职业危害防护设备设施合格率考评检查表

序号	考评内容	考评说明	应得分	实得分	备注
1	职业危害防护设备设施合格率	目标值为 85%，每降低 1%扣 1 分 不符合下列条款之一，则判为不合格防护设备设施： 1. 系统中各级均能正常运行，运行参数大于设计参数值的 90% 2. 主管道及 70%以上支管道上应无破裂、泄漏 3. 集尘（毒）风罩 90%（个数）以上完好有效 4. 闸板灵活可靠无泄漏 5. 滤料（或原件）有效 6. PE 线可靠 7. 不产生二次扬尘（毒）或二次污染 8. 治理后经监测强度达标，X 射线室应有联锁装置，无射线泄漏	15		
	合计		15		

表 78　　职业危害作业人员健康监护考评检查表

序号	考评内容	考评说明	应得分	实得分	备注
1	人员识别	合理识别职业危害作业人员，遗漏1人扣0.2分	4		
2	健康监护检查	1. 职业危害作业人员均有有效的上岗前、离岗或退休前的职业健康检查报告，查人员名单和体检报告，每减少1%扣1分 2. 职业危害作业人员均按有关规定的项目和周期定期进行体检，查人员名单和体检报告，每减少1%扣1分 3. 遭受或可能遭受急性职业病危害的人员均得到及时健康检查和医学观察，1人次不合格扣0.5分	6		
3	健康监护档案	1. 职业危害作业人员健康档案齐全，并妥善保管，缺一人次扣1分 2. 定期对职业危害作业人员健康档案进行分析，无分析扣3分	5		
4	健康设施	1. 有害作业与无害作业相对分离，一处不合格扣1分 2. 更衣室、洗浴间、孕妇休息间等卫生设施齐全，一处不合格扣1分 3. 职业危害作业人员应配备、使用必要的、符合要求的防护用品，一处不合格扣1分	5		
	合计		20		

表 79　　职业危害分级考评检查表

序号	考评内容	考评说明	应得分	实得分	备注
1	Ⅲ、Ⅳ级有毒作业人数比率小于1%	按《生产性毒物作业分级》标准确定接触人数，计算接触比率，每增加1%扣1分	4		
2	Ⅳ级粉尘作业人数比率小于5%	按《生产性粉尘危害程度分级》标准确定接触人数，计算接触比率，每增加1%扣1分	4		
3	接触Ⅳ级高温作业人数比率小于5%	按《高温作业分级》标准确定接触人数，计算接触比率，每增加1%扣1分	4		
4	接触Ⅳ级体力劳动强度作业人数比率小于1%	按《体力劳动强度分级》标准确定接触人数，计算接触比率，每增加1%扣1分	3		
		合计	15		

表 80　　职业病管理考评检查表

序号	考评内容	考评说明	应得分	实得分	备注
1	机构和人员	建立职业病患者管理机构和台账，配备人员，无机构和人员扣本项全分	3		

续表

序号	考评内容	考评说明	应得分	实得分	备注
2	职业病诊断与处理	1. 对怀疑可能患有职业病的人员应跟踪体检，且调离不适应的工作岗位，1人次不合格扣2分 2. 患有禁忌症或受到职业性损害的人员应作出妥善的安排和处理，1人次不合格扣2分 3. 经诊断为职业病患者，应作出妥善的安排和处理，且享受相应待遇，1人次不合格扣2分 4. 职业病应由相应资质的医院或职防所进行诊断和处理，1人次不合格扣2分	7		
		合计	10		

三、危险化学品与烟花爆竹安全责任标准检查表

（一）危险化学品安全责任标准检查表

1 危险化学品从业单位安全标准化考核评级办法（节选）

（国家安全生产监督管理总局编制）

一、本办法适用于全国范围内从事危险化学品生产、经营与储存活动的从业单位（以下简称企业）的安全标准化考核评级工作。

二、申请安全标准化考核评级的企业必须具备以下条件：

1. 依法取得国家规定的相应安全许可；

2. 开展危险化学品安全标准化工作，并按规定进行自评；

3. 至申请之日前一年内未发生死亡事故和重大泄漏事故。

三、安全标准化企业分为一级、二级。考核评级标准如下：

一级企业：安全标准化得分 90 分（含）以上；

二级企业：安全标准化得分 70 分（含）以上 90 分以下，且每个 A 级要素得分在 60 分（含）以上。

四、安全标准化 A 级要素在考核评级中的权重系数：

1. 负责人与责任（0.10）；

2. 风险管理（0.15）；

3. 法律法规与管理制度（0.10）；

4. 培训教育（0.10）；
5. 生产设施（0.12）；
6. 作业安全（0.13）；
7. 产品安全与危害告知（0.10）；
8. 职业危害（0.05）；
9. 事故与应急（0.05）；
10. 检查与绩效考核（0.10）。

五、安全标准化考核得分计算办法：

安全标准化考核满分为100分。

每个A级要素满分为100分，各A级要素的考核得分乘以各自对应的权重系数，然后加和得到安全标准化考核总分值，计算方法如下：

$$M=\sum_{i=1}^{n}K_i\cdot M_i$$

式中 M——总分值；

K_i—权重系数；

M_i—各要素得分值；

n—要素个数。

当企业不涉及本规范中的某些要素时为缺项，按零分计。要素得分值折算方法如下：

$$M_i=\frac{M_{实}\times 100}{M_{满}}$$

式中 $M_{实}$——实得分值；

$M_{满}$——扣除缺项后的要素满分值。

六、安全标准化考核评级管理

1. 国家安全生产监督管理总局化学品登记中心负责一级达标企业的考核；省级考核机构负责二级达标企业的考核。

2. 企业成立由主要负责人任组长，各相关职能部门以及工会参加的小组进行自评。

企业自评后，形成自评报告，向考核机构提交书面考核申请。同时，通过“危险化学品从业单位安全标准化管理系统”提交有关信息。

3. 考核机构收到企业的考核申请后，应按照本规范的要求进行考核，形成考核报告，考核合格后发放证书。

4. 企业必须将每年的自评报告报考核机构，考核机构对达标企业进行抽查。

5. 达标企业发生死亡事故或者重大泄漏事故，考核机构应撤销其安全标准化企业称号。

七、危险化学品从业单位安全标准化证书的有效期为3年。证书有效期满前3个月内，企业向原考核机构提出换证申请，经考核合格后换发新证。

八、危险化学品从业单位安全标准化证书由国家安全生产监督管理总局化学品登记中心设计，考核机构自行印制。

表81 危险化学品从业单位安全标准化自评、考核汇总表

1 负责人与责任（100）（自评/考核得分　　分）

考核要素	考核内容	应得分	实得分	不符合项数	备注
1.1 负责人	1. 企业的主要负责人应明确其是本单位安全生产的第一责任人，落实安全生产基础工作和基层安全生产责任制	5			
	2. 主要负责人作出文件化的安全承诺，并确保安全承诺转变为必需的资源支持	5			
	3. 企业应实施安全标准化管理	5			
	4. 实施全员、全过程、全方位、全天候的安全管理和监督原则	5			

续表

1　负责人与责任（100）（自评/考核得分　　分）

考核要素	考核内容	应得分	实得分	不符合项数	备注
1.2　方针目标	1. 制定文件化的安全生产方针和目标	2			
	2. 安全生产方针和目标得到所有从业人员的贯彻落实；公众易于获得	2			
	3. 签订各级组织的安全目标责任书	2			
	4. 各级组织制定安全工作规划或计划，以保证安全生产方针和目标的有效完成	2			
	5. 对目标的完成情况进行考核	2			
1.3　机构设置	1. 建立安全生产委员会或领导小组	5			
	2. 设置安全生产管理机构或配备专职安全生产管理人员，健全安全管理网络	5			
	3. 企业的主要负责人和安全生产管理人员应具备与本单位所从事的生产经营活动相适应的安全生产知识和管理能力	5			
	4. 企业的主要负责人和安全生产管理人员经主管部门考核合格，取得安全资格证书	5			
1.4　职责	1. 明确各级管理人员及从业人员的安全职责	10			
	2. 明确安全生产管理机构、各职能部门、各生产基层单位安全职责	10			
	3. 建立安全责任考核制度，定期考核，予以奖惩	10			

续表

1　负责人与责任（100）（自评/考核得分　　分）

考核要素	考核内容	应得分	实得分	不符合项数	备注
1.5　安全生产投入	1. 建立安全投入保障制度，确定提取标准	5			
	2. 建立安全费用台账	5			
	3. 安全费用专项用于安全生产	5			
	4. 依法参加工伤社会保险，为从业人员缴纳工伤保险费	5			

2　风险管理（100）（自评/考核得分　　分）

考核要素	考核内容	应得分	实得分	不符合项数	备注
2.1　范围与评价方法	1. 建立评价组织	2			
	2. 明确风险评价目的	2			
	3. 确定评价范围	2			
	4. 选择科学合理的评价方法	2			
	5. 确定评价准则	2			
2.2　风险评价	1. 依据已确定的评价方法、评价准则，定期进行风险评价	20			
	2. 记录重大风险，确定风险控制措施	10			
2.3　控制措施	根据风险评价的结果及经营运行情况等，确定优先控制的顺序，采取控制措施	10			
2.4　风险控制	1. 根据风险评价的结果，落实所选定的风险控制措施	10			
	2. 对确定为重大隐患的项目，应建立档案	5			
	3. 将评价结果对从业人员进行宣传、培训	5			

续表

2 风险管理（100）（自评/考核得分　　分）					
考核要素	考核内容	应得分	实得分	不符合项数	备注
2.5 风险信息更新	1. 应不间断地组织风险评价工作，识别与生产经营活动有关的风险和隐患	4			
	2. 定期评审或检查风险控制结果	4			
	3. 当发生事故或变更时，应及时进行风险评价	2			
2.6 重大危险源	1. 建立重大危险源管理制度，确定企业的重大危险源	4			
	2. 重大危险源应登记建档，进行定期检测、评估、监控	4			
	3. 制定应急预案，告知从业人员和相关人员在紧急情况下应采取的应急措施	4			
	4. 将本单位重大危险源及有关安全措施、应急措施报地方安全生产监督管理部门和有关部门备案	4			
	5. 构成重大危险源的储存设施，新建企业与周边的防护距离应满足国家标准或有关规定。老企业与周边的防护距离不符合国家标准的，应采取切实可行的防范措施，并在规定期限内进行整改	4			

续表

3　法律法规与管理制度（100）（自评/考核得分　分）					
考核要素	考核内容	应得分	实得分	不符合项数	备注
3.1　法律法规	1. 建立识别和获取适用的安全生产法律法规、标准及其他要求管理制度	4			
	2. 明确责任部门及获取渠道、方式和时机，及时识别和获取适用的安全生产法律法规、标准及其他要求	4			
	3. 定期进行更新	4			
	4. 及时对从业人员进行宣传和培训	4			
	5. 及时传达给相关方	4			
3.2　符合性评价	1. 定期对适用的安全生产法律法规、标准及其他要求进行符合性评价	10			
	2. 消除违法现象和行为	5			
3.3　安全生产规章制度	1. 制订健全的安全生产规章制度	15			
	2. 发放到有关的工作岗位	10			
3.4　安全操作规程	1. 根据生产工艺、技术、设备特点和原材料、辅助材料、产品的危险性编制岗位安全操作规程	15			
	2. 发放到有关的工作岗位	10			
3.5　修订	明确评审和修订安全生产规章制度和安全操作规程的时机和频次，定期进行评审和修订	15			

续表

4　安全培训教育（100）（自评/考核得分　　分）					
考核要素	考核内容	应得分	实得分	不符合项数	备注
4.1　管理人员培训教育	1. 企业主要负责人和安全生产管理人员，应由有关主管部门对其安全生产知识和管理能力考核合格后方可任职	8			
	2. 其他管理人员（包括职能部门负责人、基层单位负责人）、专业工程技术人员的安全培训教育由企业人事、教育部门会同安全生产管理部门，按干部管理权限分层次组织实施，经考核合格后方能任职	8			
	3. 培训内容满足本规范要求	4			
4.2　从业人员培训教育	1. 对从业人员进行基本功训练和安全培训教育，考核合格方可上岗	8			
	2. 特种作业人员必须按照国家有关规定经专门的安全作业培训，取得特种作业操作资格证书，按规定参加复审	4			
	3. 对从事危险化学品运输的驾驶员、船员、装卸管理人员、押运人员进行有关安全知识培训；驾驶员、船员、装卸管理人员、押运人员必须经所在地设区的市级人民政府交通部门考核合格（船员经海事管理机构考核合格），取得上岗资格证，方可上岗作业	5			
	4. 新工艺、新技术、新装置、新产品投产前，其主管部门应组织编制新的安全操作规程，并进行专门培训。有关人员经考核合格，方可上岗操作	3			

续表

4　安全培训教育（100）（自评/考核得分　　分）					
考核要素	考核内容	应得分	实得分	不符合项数	备注
4.3　新从业人员培训教育	1. 对新从业人员进行厂、车间、班组安全培训教育	10			
	2. 厂、车间、班组安全培训教育的内容、学时应满足本规范要求	10			
4.4　其他人员培训教育	1. 对转岗、下岗再就业、干部顶岗以及脱离岗位6个月以上者，应进行车间、班组安全培训教育，经考核合格后，方可从事新岗位工作	4			
	2. 对外来参观、学习等人员进行有关安全规定及安全注意事项的安全培训教育	2			
	3. 对外来施工单位的作业人员进行入厂安全培训教育，经考核合格发放入厂证。进入作业现场前，应由作业现场所在单位进行进入现场前安全培训教育	4			
4.5　日常安全教育	1. 开展班组安全活动	6			
	2. 班组安全活动应有内容、有记录；企业管理人员和安全员应对安全活动记录进行检查、签字	4			
	3. 企业各级管理人员应定期参加班组安全活动	4			
	4. 企业安全生产管理部门应结合班组安全生产实际，制订班组安全活动计划，规定活动形式、内容、要求	6			

续表

4　安全培训教育（100）（自评/考核得分　　分）

考核要素	考核内容	应得分	实得分	不符合项数	备注
4.6　培训教育管理	1. 定期识别安全培训教育需求，制定、实施安全培训教育计划	2			
	2. 建立从业人员的安全培训教育档案，做好安全培训教育记录	2			
	3. 记录计划变更情况	2			
	4. 安全培训教育的主管部门应对培训效果进行评价	2			
	5. 企业的各级管理人员应为安全培训教育提供相应的资源保证	2			

5　生产设施（100）（自评/考核得分　　分）

考核要素	考核内容	应得分	实得分	不符合项数	备注
5.1　生产设施建设	1. 生产设施建设应满足国家“三同时”规定	5			
	2. 企业应对项目建议书、可行性研究报告、初步设计、总体开工方案、开工前安全条件确认和竣工验收六个阶段，按照国家有关规定进行规范管理	10			
	3. 生产设施建设中的变更应严格执行变更管理制度，履行变更程序，并对变更全过程进行风险管理	5			
	4. 积极采用先进的、安全性能可靠的新技术、新工艺、新设备和新材料，组织安全生产技术研究开发	5			

续表

5　生产设施（100）（自评/考核得分　　分）					
考核要素	考核内容	应得分	实得分	不符合项数	备注
5.2　生产设施管理	1. 制定生产设施安全管理制度	3			
	2. 建立生产设施台账	3			
	3. 各种安全设施应有专人负责管理，定期检查和维护保养并落实到人。安全设施应编入设备检修计划，定期检修。安全设施不得随意拆除、挪用或弃置不用，因检修拆除的，检修完毕后应立即复原	5			
	4. 根据危险化学品的种类、特性，在车间、库房等作业场所设置相应的安全设施、设备，并按照国家标准和国家有关规定进行维护、保养，保证符合安全运行要求	6			
	5. 建立特种设备台账和档案，定期检验，证件齐全。特种设备操作人员持证上岗	8			
	6. 制定监视和测量设备管理制度，建立监视和测量设备台账，定期进行校准和维护，并保存校准和维护活动的记录	5			
5.3　关键装置及重点部位	1. 制定关键装置、重点部位安全管理制度，实行管理人员定点承包的安全管理机制	4			
	2. 承包人对所负责的关键装置、重点部位负有安全监督与指导责任，内容符合本规范要求，并至少每月到承包点进行一次安全活动	4			

续表

5　生产设施（100）（自评/考核得分　　分）					
考核要素	考核内容	应得分	实得分	不符合项数	备注
5.3　关键装置及重点部位	3. 安全生产管理部门每季度对承包人承包到位情况进行一次考核，并进行公布	4			
	4. 建立关键装置、重点部位档案及安全检查书面报告制度，定期进行监督或巡检	4			
	5. 制定关键装置、重点部位应急预案，至少每半年进行一次演练	4			
5.4　检维修	1. 建立生产设施安全检维修管理制度，明确检维修时机和频次	3			
	2. 制订检维修计划	2			
	3. 在进行检维修前，对检维修作业进行风险评价，采取有效的措施控制风险	5			
	4. 对检维修作业现场进行安全管理	5			
5.5　拆除和报废	1. 建立生产设施安全拆除和报废制度	2			
	2. 对拆除作业进行风险评价，制定拆除计划或方案	4			
	3. 凡拆除的容器、设备和管道内仍存有危险化学品的，应先清洗干净，验收合格后方可报废	4			

6　作业安全（100）（自评/考核得分　　分）					
考核要素	考核内容	应得分	实得分	不符合项数	备注
6.1　作业证	对动火作业、进入受限空间作业、破土作业、临时用电作业、高处作业等实施作业许可证管理，履行严格的审批手续	25			

续表

6 作业安全（100）（自评/考核得分 分）

考核要素	考核内容	应得分	实得分	不符合项数	备注
6.2 警示标识	1. 在易燃易爆、有毒有害场所的适当位置张贴警示标识和告知牌	5			
	2. 产生职业危害的企业，在醒目位置设置公告栏，公布有关职业危害防治的规章制度、操作规程、职业危害事故应急救援措施和工作场所职业危害因素检测结果	2			
	3. 在可能产生严重职业危害作业岗位的醒目位置设置警示标识和警示说明，告知产生职业危害的种类、后果、预防及应急救治措施等内容	3			
	4. 在检维修、施工、吊装等作业现场设置警戒区域和警示标识	5			
6.3 直接作业环节	1. 对动火作业、进入受限空间作业、临时用电作业、高处作业、起重作业、破土作业、施工作业、高温作业等直接作业环节进行风险分析，制定控制措施，配备、使用安全防护用品，配备监护人员	15			
	2. 对承包商施工作业现场进行安全管理，发现问题提出整改要求	5			
	3. 制定和履行严格的危险化学品储存、出入库安全管理制度及运输、装卸安全管理制度，规范作业行为，减少事故发生	5			

续表

6　作业安全（100）（自评/考核得分　　分）

考核要素	考核内容	应得分	实得分	不符合项数	备注
6.4　承包商与供应商	1. 建立承包商管理制度，对承包商资格预审、选择、开工前准备、作业过程监督、表现评价、续用等进行管理；建立合格承包商名录和档案	10			
	2. 建立供应商管理制度，制定资格预审、选用和续用标准，并经常识别与采购有关的风险	5			
6.5　变更	1. 建立变更管理制度，对人员、管理、工艺、技术、设施等永久性或暂时性的变化进行有计划地控制	5			
	2. 变更的实施应履行审批及验收程序	8			
	3. 对变更过程及变更所产生的风险进行分析和控制	7			

7　产品安全与危害告知（100）（自评/考核得分　　分）

考核要素	考核内容	应得分	实得分	不符合项数	备注
7.1　化学品档案	对所有可能接触和产生的化学品（包括产品、原料和中间体）进行普查，建立化学品档案	20			
7.2　化学品分类	对其产品、所有中间产品进行分类，并将分类结果汇入化学品档案	10			
7.3　化学品安全技术说明书和安全标签	1. 编制危险化学品安全技术说明书和安全标签	15			
	2. 采购危险化学品时，索取安全技术说明书和安全标签，不得采购无安全技术说明书和安全标签的危险化学品	5			

续表

7　产品安全与危害告知（100）（自评/考核得分　　分）

考核要素	考核内容	应得分	实得分	不符合项数	备注
7.4　化学事故应急咨询服务电话	1. 设立24小时应急咨询服务固定电话，并有专业人员值班	10			本要素只选择一项作为考核标准
	2. 没有条件设立电话的，应委托危险化学品专业应急机构作为应急代理	10			
7.5　危险化学品登记	按照《危险化学品登记管理办法》要求进行登记	20			
7.6　危害告知	以适当、有效的方式对从业人员及相关方进行宣传，使其了解企业生产过程中的危险化学品的特性和预防及应急处理措施，降低或消除危害后果	20			

8　职业危害（100）（自评/考核得分　　分）

考核要素	考核内容	应得分	实得分	不符合项数	备注
8.1　职业危害申报	如存在法定职业病目录所列的职业危害因素，应及时、如实向当地安全生产监督管理部门申报，接受其监督	25			
8.2　作业场所管理	1. 采取本规范规定的职业危害管理措施	10			
	2. 确保使用有毒物品作业场所与生活区分开，作业场所不得住人；将有害作业与无害作业分开，高毒作业场所与其他作业场所隔离	10			

续表

8　职业危害（100）（自评/考核得分　　分）					
考核要素	考核内容	应得分	实得分	不符合项数	备注
8.2　作业场所管理	3. 在可能发生急性职业损伤的有毒有害作业场所按规定设置警示标识、报警设施、冲洗设施、防护急救器具专柜，设置应急撤离通道和必要的泄险区，定期检查和记录	10			
	4. 建立生产作业场所职业危害因素检测制度	5			
	5. 对作业场所进行职业危害因素检测，在检测点设置标识牌予以告知，并存入职业卫生档案	15			
8.3　劳动防护用品	1. 根据接触危害的种类、强度，为从业人员提供符合国家标准或行业标准的个体防护用品和器具，并监督、教育从业人员按照使用规则佩戴、使用	10			
	2. 各种防护器具都应定点存放在安全、方便的地方，并有专人负责保管，定期校验和维护，每次校验后应记录或铅封，主管人员应经常检查	5			
	3. 建立职业卫生防护设施及个体防护用品管理台账，加强对劳动防护用品使用情况的检查监督，凡不按规定使用劳动防护用品者不得上岗作业	10			

续表

9　事故与应急（100）（自评/考核得分　　分）					
考核要素	考核内容	应得分	实得分	不符合项数	备注
9.1　事故报告	1. 明确事故报告制度和程序	5			
	2. 单位负责人接到事故报告后，应当迅速采取有效措施，组织抢救，防止事故扩大，减少人员伤亡和财产损失	5			
	3. 按照国家有关规定立即如实报告当地安全生产监督管理部门	5			
9.2　抢险与救护	1. 发生生产安全事故后，应迅速启动应急救援预案，积极抢救，妥善处理，以防止事故的蔓延扩大。发生重大事故时，企业负责人应直接指挥，安全技术、设备动力、生产、防火、保卫等部门应协助做好现场抢救和警戒工作，保护事故现场	10			
	2. 对有害物大量外泄的事故或火灾事故现场，必须设警戒线，抢救人员应佩戴好防护器具，对中毒、烧伤、烫伤等人员应及时进行抢救处理	10			
9.3　事故调查和处理	1. 明确事故调查人员的能力要求、职责与权力	5			
	2. 按照“四不放过”的原则进行处理	5			
	3. 编制事故调查报告，进行事故分析，提出预防措施	5			
	4. 建立事故台账	5			

续表

9　事故与应急（100）（自评/考核得分　　分）					
考核要素	考核内容	应得分	实得分	不符合项数	备注
9.4　应急指挥系统	1. 建立应急指挥系统，实行分级管理	5			
	2. 明确应急指挥系统的职责	5			
9.5　应急救援器材	1. 按国家有关规定，配备足够的应急救援器材，并保持完好	5			
	2. 建立应急通讯网络并保证应急通讯网络的畅通	5			
	3. 为有毒有害岗位配备救援器材柜，放置必要的防护救护器材，进行经常性的维护保养，保证其处于正常状态	5			
9.6　应急救援预案与演练	1. 按照《危险化学品事故应急救援预案编制导则（单位版）》的要求，根据风险评价的结果，针对潜在事件和突发事故，制定应急救援预案	8			
	2. 组织从业人员进行应急救援预案的培训，定期演练，评价演练效果，评审应急救援预案的充分性和有效性	5			
	3. 定期评审应急救援预案，尤其在潜在事件和突发事故发生后	4			
	4. 将应急救援预案报当地安全生产监督管理部门和有关部门备案，并通报当地应急协作单位	3			

续表

10　检查与绩效考核（100）（自评/考核得分　　分）

考核要素	考核内容	应得分	实得分	不符合项数	备注
10.1 安全检查	1. 有明确的目的、要求、内容和具体计划	5			
	2. 制定各种安全检查形式的《安全检查表》	15			
10.2 安全检查形式与内容	1. 定期或不定期的开展综合检查、专业检查、季节性检查和日常检查，并符合本规范规定的检查频次	10			
	2. 按相应的《安全检查表》逐项检查，并与责任制挂钩	15			
10.3 隐患整改	1. 对各种安全检查所查出的隐患进行原因分析，制定整改措施及时整改，对整改情况进行验证	10			
	2. 对事故隐患，应下达《隐患整改通知书》，做到“四定”	10			
	3. 企业无力解决的重大事故隐患，除采取有效防范措施外，应书面向企业隶属的直接主管部门和当地政府报告	3			
	4. 对不具备整改条件的重大隐患，必须采取应急防范措施，并纳入计划，限期解决或停产	4			
	5. 各级检查组织和人员应将检查出的隐患和整改情况报告上一级主管部门，重大隐患及整改情况应由安全技术部门汇总并存档	3			
10.4 绩效考核	建立绩效考核制度，每年至少一次对安全标准化进行综合考核，提出进一步完善安全标准化的计划和措施，不断提高安全管理绩效，实现安全生产的长效机制	25			

表 82　危险化学品从业单位安全标准化考核评价标准

考核要素	标准分	标准内容	检查考核与评分办法
1　负责人与责任（100）			
1.1　负责人	20	1. 企业的主要负责人应明确其是本单位安全生产的第一责任人，落实安全生产基础工作和基层安全生产责任制 2. 主要负责人作出文件化的安全承诺，并确保安全承诺转变为必需的资源支持 3. 企业应实施安全标准化管理 4. 实施全员、全过程、全方位、全天候的安全管理和监督原则	每一项 5 分 1. 主要负责人不清楚扣 3 分、未落实“双基”工作扣 2 分 2. 无文件化承诺扣 3 分、未提供资源支持扣 2 分 3. 未按本规范要求实施安全标准化管理扣 5 分 4. 全员未参与到安全管理和监督工作中扣 5 分。抽查员工，每人次不符合扣 1 分，扣完为止
1.2　方针目标	10	1. 制定文件化的安全生产方针和目标 2. 安全生产方针和目标得到所有从业人员的贯彻落实；公众易于获得 3. 签订各级组织的安全目标责任书 4. 各级组织制定安全工作规划或计划，以保证安全生产方针和目标的有效完成 5. 对目标的完成情况进行考核	每一项 2 分 1. 未制定或不符合本规范要求扣 2 分 2. 抽查员工，每人次不符合扣 0.5 分，扣完为止；公众不易于获得，扣 1 分 3. 有文本，覆盖各级组织，缺少一个单位（部门）扣 1 分，扣完为止 4. 有文本，并落实。否则分别扣 1 分 5. 未按时考核扣 2 分

续表

考核要素	标准分	标准内容	检查考核与评分办法
1.3 机构设置	20	1. 建立安全生产委员会或领导小组 2. 设置安全生产管理机构或配备专职安全生产管理人员，健全安全管理网络 3. 企业的主要负责人和安全生产管理人员应具备与本单位所从事的生产经营活动相适应的安全生产知识和管理能力 4. 企业的主要负责人和安全生产管理人员经主管部门考核合格，取得安全资格证书	每一项5分 1. 未建立或虚设扣5分 2. 未设置安全生产管理机构或未配备专职安全生产管理人员，扣5分，安全管理网络不健全扣3分 3. 知识与能力不适应扣5分 4. 主要负责人无安全资格证书扣3分；安全生产管理人员无安全资格证书，一个扣2分，扣完为止
1.4 职责	30	1. 明确各级管理人员及从业人员的安全职责 2. 明确安全生产管理机构、各职能部门、各生产基层单位安全职责 3. 建立安全责任考核制度，定期考核，予以奖惩	每一项10分 1. 有文本，覆盖各级管理人员及从业人员，一处不符合扣1分；抽查人员对安全职责的了解情况，每人次不符合扣1分，扣完为止 2. 有文本，覆盖所有单位和部门。缺少一个单位扣2分。现场抽查部门职责履行情况，一个部门不合格扣2分，扣完为止 3. 无安全责任考核制度或未定期考核，扣10分。其他每项不符合扣1分

续表

考核要素	标准分	标准内容	检查考核与评分办法
1.5 安全生产投入	20	1. 建立安全投入保障制度，确定提取标准 2. 建立安全费用台账 3. 安全费用专项用于安全生产 4. 依法参加工伤社会保险，为从业人员缴纳工伤保险费	每一项5分 1. 无制度或未确定提取标准，扣5分 2. 未建立安全费用台账扣5分，安全费用台账不全，每项不符合扣2分，扣完为止 3. 安全费用挪作他用的，扣5分 4. 漏报一人扣1分，扣完为止
2 风险管理（100）			
2.1 范围与评价方法	10	1. 建立评价组织 2. 明确风险评价目的 3. 确定评价范围 4. 选择科学合理的评价方法 5. 确定评价准则	每项2分 1. 无评价组织扣2分，评价组织人员组成不合理的扣1分 2. 未明确风险评价目的扣2分 3. 评价范围不明确，或未覆盖所有活动、区域扣2分 4. 评价方法不适用，扣2分 5. 未制定评价准则，扣2分，准则不合理，扣1分
2.2 风险评价	30	1. 依据已确定的评价方法、评价准则，定期进行风险评价 2. 记录重大风险，确定风险控制措施	1. 本项20分。评价内容每项不符合扣2分，扣完为止 2. 本项10分。未记录重大风险扣10分，措施不合理，每项扣2分，扣完为止

续表

考核要素	标准分	标准内容	检查考核与评分办法
2.3 控制措施	10	根据风险评价的结果及经营运行情况等，确定优先控制的顺序，采取控制措施	控制措施每遗漏或错误一项扣2分
2.4 风险控制	20	1. 根据风险评价的结果，落实所选定的风险控制措施 2. 对确定为重大隐患的项目，应建立档案 3. 将评价结果对从业人员进行宣传、培训	1. 本项10分。控制措施未落实或未达到控制效果，每项扣5分，扣完为止 2. 本项5分。未建立档案，扣5分，档案内容不全，每项不符合扣1分，扣完为止 3. 本项5分。抽查人员对岗位风险掌握情况，每项不符合扣1分，扣完为止
2.5 风险信息更新	10	1. 应不间断地组织风险评价工作，识别与生产经营活动有关的风险和隐患 2. 定期评审或检查风险控制结果 3. 当发生事故或变更时，应及时进行风险评价	1. 本项4分。未定期进行风险评价扣4分，评价范围、内容不全，每遗漏一项扣1分 2. 本项4分。未定期评审或检查风险控制结果的扣4分 3. 本项2分。未及时进行风险评价的，扣2分
2.6 重大危险源	20	1. 建立重大危险源管理制度，确定企业的重大危险源	每项4分。无重大危险源的单位按缺项处理 1. 无文本，扣4分，未确定重大危险源扣4分。确定不全，每遗漏一个扣2分，扣完为止

续表

考核要素	标准分	标准内容	检查考核与评分办法
2.6 重大危险源		2. 重大危险源应登记建档，进行定期检测、评估、监控 3. 制定应急预案，告知从业人员和相关人员在紧急情况下应采取的应急措施 4. 将本单位重大危险源及有关安全措施、应急措施报地方安全生产监督管理部门和有关部门备案 5. 构成重大危险源的储存设施，新建企业与周边的防护距离应满足国家标准或有关规定。老企业与周边的防护距离不符合国家标准的，应采取切实可行的防范措施，并在规定期限内进行整改	2. 未建档，扣 4 分。每遗漏一个扣 2 分。未定期检测、评估的或检测、评估不全的扣 2 分，扣完为止 3. 未制定应急预案扣 4 分。应急预案内容充分性、有效性差扣 2 分。抽查人员对应急预案的掌握情况，每人次不符合扣 1 分。扣完为止 4. 未备案扣 4 分，每漏报一个扣 1 分，扣完为止 5. 防护距离不符合规定扣 2 分。老企业无防范措施或防范措施失效，每项再扣 2 分，扣完为止。未在规定期限内整改的扣 4 分
3 法律法规与管理制度（100）			
3.1 法律法规	20	1. 建立识别和获取适用的安全生产法律法规、标准及其他要求管理制度 2. 明确责任部门及获取渠道、方式和时机，及时识别和获取适用的安全生产法律法规、标准及其他要求 3. 定期进行更新 4. 及时对从业人员进行宣传和培训 5. 及时传达给相关方	每项 4 分 1. 无文件化制度扣 4 分 2. 无责任部门扣 2 分，未明确获取渠道、方式和时机，每项扣 1 分，未形成法规清单扣 2 分 3. 未定期更新扣 4 分，每项法规未及时更新或每缺少一项法规扣 1 分 4. 未及时宣传和培训，每少一项法规扣 1 分，扣完为止 5. 未传达给相关方，每发现一次扣 1 分，扣完为止

续表

考核要素	标准分	标准内容	检查考核与评分办法
3.2 符合性评价	15	1. 定期对适用的安全生产法律法规、标准及其他要求进行符合性评价 2. 消除违法现象和行为	查符合性评价报告、评价记录及整改记录 1. 本项 10 分。未进行符合性评价扣 10 分，评价不全，每漏一项法规扣 1 分，扣完为止 2. 本项 5 分。对违法现象和行为未进行原因分析，每项不符合扣 1 分。未消除违法现象和行为，每项不符合扣 2 分，扣完为止
3.3 安全生产规章制度	25	1. 制定健全的安全生产规章制度 2. 发放到有关的工作岗位	1. 本项 15 分。查看文本，每少一种扣 1 分 2. 本项 10 分。抽查工作岗位，每发现一个不符合扣 2 分，扣完为止
3.4 安全操作规程	25	1. 根据生产工艺、技术、设备特点和原材料、辅助材料、产品的危险性编制岗位安全操作规程 2. 发放到有关的工作岗位	1. 本项 15 分。查看文本，每少一种扣 1 分 2. 本项 10 分。抽查工作岗位，每发现一个不符合扣 2 分，扣完为止
3.5 管理制度修订	15	明确评审和修订安全生产规章制度和安全操作规程的时机和频次，定期进行评审和修订	1. 未明确评审和修订时机和频次，扣 5 分 2. 未定期进行评审和修订，每种管理制度扣 1 分，扣完为止

续表

考核要素	标准分	标准内容	检查考核与评分办法
4　安全培训教育（100）			
4.1　管理人员培训教育	20	1. 企业主要负责人和安全生产管理人员，应由有关主管部门对安全生产知识和管理能力考核合格后方可任职 2. 其他管理人员（包括职能部门负责人、基层单位负责人）、专业工程技术人员的安全培训教育由企业人事、教育部门会同安全生产管理部门，按干部管理权限分层次组织实施，经考核合格后方能任职 3. 培训内容满足本规范要求	1. 本项8分。主要负责人未接受培训或无安全资格证扣8分。安全生产管理人员未接受培训或无安全资格证，每人扣4分，扣完为止 2. 本项8分。本项所指人员未接受培训或未经考核或考核不合格上岗的，每人扣2分，扣完为止 3. 本项4分。培训内容缺少一项扣1分
4.2　从业人员培训教育	20	1. 对从业人员进行基本功训练和安全培训教育，考核合格方可上岗 2. 特种作业人员必须按照国家有关规定经专门的安全作业培训，取得特种作业操作资格证书，并按规定参加复审 3. 对从事危险化学品运输的驾驶员、船员、装卸管理人员、押运人员进行有关安全知识培训；驾驶员、船员、装卸管理人员、押运人员必须经所在地设区的市级人民政府交通部门考核合格（船员经海事管理机构考核合格），取得上岗资格证，方可上岗作业	1. 本项8分。抽查员工，每个考核不合格或未经安全培训教育而上岗员工扣1分，扣完为止 2. 本项4分。抽查特种作业人员台账及特种作业操作资格证书，每个不符合扣1分，扣完为止 3. 本项5分。抽查作业人员台账及上岗资格证书，每个不符合扣1分，扣完为止

续表

考核要素	标准分	标准内容	检查考核与评分办法
4.2 从业人员培训教育		4. 新工艺、新技术、新装置、新产品投产前，其主管部门应组织编制新的安全操作规程，并进行专门培训。有关人员经考核合格，方可上岗操作	4. 本项3分。未及时编制新的安全操作规程，扣3分。未进行专门培训，每项扣1分。有关人员未经考核上岗操作，扣3分。扣完为止。无新投产的，按缺项处理
4.3 新从业人员培训教育	20	1. 对新从业人员进行厂、车间、班组安全培训教育 2. 厂、车间、班组安全培训教育的内容、学时应满足本规范要求	每项10分 1. 未进行厂安全培训教育，每人扣4分；未进行车间安全培训教育，每人扣3分；未进行班组安全培训教育，每人扣2分，扣完为止 2. 每缺少一项内容或学时不足扣2分，扣完为止
4.4 其他人员培训教育	10	1. 对转岗、下岗再就业、干部顶岗以及脱离岗位六个月以上者，应进行厂、车间安全培训教育，经考试合格后，方可从事新岗位工作 2. 对外来参观、学习等人员进行有关安全规定及安全注意事项的安全培训教育 3. 对外来施工单位的作业人员进行入厂安全培训教育，经考核合格发放入厂证。进入作业现场前，应由作业现场所在单位进行进入现场前安全培训教育	1. 本项4分。抽查培训记录，每人次不符合扣1分，扣完为止 2. 本项2分。抽查培训记录，每人次不符合扣1分，扣完为止 3. 本项4分。抽查培训记录及现场抽查，每人次不符合扣1分，扣完为止

续表

考核要素	标准分	标准内容	检查考核与评分办法
4.5　日常安全教育	20	1. 开展班组安全活动 2. 班组安全活动应有内容、有记录；企业管理人员和安全员应对安全活动记录进行检查、签字 3. 企业各级管理人员应定期参加班组安全活动 4. 企业安全生产管理部门应结合班组安全生产实际，制定班组安全活动计划，规定活动形式、内容、要求	1. 本项6分。查班组安全活动记录，未开展班组安全活动，扣6分。未定期开展安全活动，每次扣1分，扣完为止 2. 本项4分。查班组安全活动记录，每项不符合扣1分，扣完为止 3. 本项4分。每项不符合扣2分，扣完为止 4. 本项6分。未制定班组安全活动计划扣6分。计划内容缺项，每项扣1分
4.6　培训教育管理	10	1. 定期识别安全培训教育需求，制定、实施安全培训教育计划 2. 建立从业人员的安全培训教育档案，做好安全培训教育记录 3. 记录计划变更情况 4. 安全培训教育的主管部门应对培训效果进行评价 5. 企业的各级管理人员应为安全培训教育提供相应的资源保证	每项2分 1. 未识别培训教育需求或识别不全扣1分，未制订培训计划扣2分 2. 未建立培训教育档案或档案不全扣2分。培训教育记录不符合，每项扣0.5分，扣完为止 3. 未记录计划变更情况扣2分，记录不全，每条内容扣0.5分，扣完为止 4. 未进行培训效果评价扣2分，漏评一次扣0.5分，扣完为止 5. 资源不能满足安全培训需求扣2分

续表

考核要素	标准分	标准内容	检查考核与评分办法
5 生产设施（100）			
5.1 生产设施建设	25	1. 生产设施建设应满足国家“三同时”规定 2. 企业应对项目建议书、可行性研究报告、初步设计、总体开工方案、开工前安全条件 确认和竣工验收六个阶段，按照国家有关规定进行规范管理 3. 生产设施建设中的变更应严格执行变更管理制度，履行变更程序，并对变更全过程进行风险管理 4. 积极采用先进的、安全性能可靠的新技术、新工艺、新设备和新材料，组织安全生产技术研究开发	1. 本项5分。查项目资料及现场抽查，每项不符合扣2分，扣完为止 2. 本项10分。查各阶段资料及审查报告，每项不符合扣2分，扣完为止 3. 本项5分。查变更资料，每项不符合扣1分，未进行风险管理的扣2分，扣完为止 4. 本项5分。每项不符合扣2分，扣完为止
5.2 生产设施管理	30	1. 制定生产设施安全管理制度 2. 建立生产设施台账 3. 各种安全设施应有专人负责管理，定期检查和维护保养并落实到人。安全设施应编入设备检修计划，定期检修。安全设施不得随意拆除、挪用或弃置不用，因检修拆除的，检修完毕后应立即复原 4. 根据危险化学品的种类、特性，在车间、库房等作业场所设置相应的安全设施、设备，并按照国家标准和国家有关规定进行维护、保养，保证符合安全运行要求	1. 本项3分。查文本，缺一项内容扣1分 2. 本项3分。查台账，缺一种设施扣0.5分 3. 本项5分。查定置管理图，无专人负责扣2分，漏一项扣1分。未定期检修扣2分。随意拆除、挪用或弃置不用扣3分。未立即复原扣2分。扣完为止 4. 本项6分。未设置相应的安全设施、设备，每项扣2分，未按规定进行维护、保养，每项扣1分，扣完为止

续表

考核要素	标准分	标准内容	检查考核与评分办法
5.2 生产设施管理		5. 建立特种设备台账和档案，定期检验，证件齐全。特种设备操作人员持证上岗 6. 制定监视和测量设备管理制度，建立监视和测量设备台账，定期进行校准和维护，并保存校准和维护活动的记录	5. 本项8分。未建立特种设备台账和档案扣4分。未定期检验，每种扣2分。证件不全或过期，每种扣2分。操作人员无证或证书过期，每人扣1分。扣完为止 6. 本项5分。无监视和测量设备管理制度，扣3分。无监视和测量设备台账，扣2分。未定期进行校准和维护，每种扣1分。扣完为止
5.3 关键装置及重点部位	20	1. 制定关键装置、重点部位安全管理制度，实行企业管理人员定点承包的安全管理机制 2. 承包人对所负责的关键装置、重点部位负有安全监督与指导责任，内容符合本规范要求，并至少每月到承包点进行一次安全活动 3. 安全生产管理部门每季度对承包人承包到位情况进行一次考核，并进行公布 4. 建立关键装置、重点部位档案及安全检查书面报告制度，定期进行监督或巡检 5. 制定关键装置、重点部位应急预案，至少每半年进行一次演练	每项4分 1. 未制定文本扣2分。未实施企业管理人员定点承包的安全管理机制，扣4分。每漏一点扣1分。扣完为止 2. 每少活动一次扣1分，监督与指导内容每缺一项扣1分。扣完为止 3. 每缺考一人次扣1分，未进行公布扣2分。扣完为止 4. 每一项不符合扣1分。扣完为止 5. 未制定应急预案，每点扣2分。每少演练一次，扣2分。扣完为止

续表

考核要素	标准分	标准内容	检查考核与评分办法
5.4 检维修	15	1. 建立生产设施安全检维修管理制度，明确检维修时机和频次 2. 制订检维修计划 3. 进行检维修前，对检维修作业进行风险评价，采取有效的措施控制风险 4. 对检维修作业现场进行安全管理	1. 本项3分。查文本，每项不符合扣1分 2. 本项2分。无检维修计划扣2分 3. 本项5分。未进行风险评价，每次扣2分，控制措施有缺陷，每次扣1分，扣完为止 4. 本项5分。未按有关规定进行现场管理，每发现一项不符合扣1分，扣完为止
5.5 拆除和报废	10	1. 建立生产设施安全拆除和报废制度 2. 对拆除作业进行风险评价，制定拆除计划或方案 3. 凡拆除的容器、设备和管道内仍存有危险化学品的，应先清洗干净，验收合格后方可报废	1. 本项2分。无文本，扣2分。内容不符合，每项扣0.5分，扣完为止 2. 本项4分。查拆除计划或方案，未进行风险评价扣2分，控制措施有缺陷，扣1分，扣完为止 3. 本项4分。查验收记录，未进行验收，每次扣2分
6 作业安全（100）			
6.1 作业证	25	对动火作业、进入受限空间作业、破土作业、临时用电作业、高处作业等实施作业许可证管理，履行严格的审批手续	查作业许可证，每项不符合扣2分，扣完为止

续表

考核要素	标准分	标准内容	检查考核与评分办法
6.2　警示标识	15	1. 在易燃易爆、有毒有害场所的适当位置张贴警示标识和告知牌 2. 产生职业危害的企业，在醒目位置设置公告栏，公布有关职业危害防治的规章制度、操作规程、职业危害事故应急救援措施和工作场所职业危害因素检测结果 3. 在可能产生严重职业危害作业岗位的醒目位置设置警示标识和警示说明，告知产生职业危害的种类、后果、预防及应急救治措施等内容 4. 在检维修、施工、吊装等作业现场设置警戒区域和警示标识	1. 本项5分。查看现场，每项不符合扣1分 2. 本项2分。查看现场，每项不符合扣1分 3. 本项3分。查看现场，每项不符合扣1分 4. 本项5分。查看现场，每项不符合扣2分
6.3　直接作业环节	25	1. 对动火作业、进入受限空间作业、临时用电作业、高处作业、起重作业、破土作业、施工作业、高温作业等直接作业环节进行风险分析，制定控制措施，配备、使用安全防护用品，配备监护人员 2. 对承包商施工作业现场进行安全管理，发现问题提出整改要求 3. 制定和履行严格的危险化学品储存、出入库安全管理制度及运输、装卸安全管理制度，规范作业行为，减少事故发生	1. 本项15分。查风险分析、控制措施及现场查看，每项不符合扣2分，扣完为止 2. 本项5分。查检查记录及现场查看，每项不符合扣1分，扣完为止 3. 本项5分。无管理制度扣2分。查看现场，每项不符合扣1分。扣完为止

续表

考核要素	标准分	标准内容	检查考核与评分办法
6.4 承包商与供应商	15	1. 建立承包商管理制度，对承包商资格预审、选择、开工前准备、作业过程监督、表现评价、续用等进行管理；建立合格承包商名录和档案 2. 建立供应商管理制度，制定资格预审、选用和续用标准，并经常识别与采购有关的风险	1. 本项 10 分。每项不符合扣 1 分。未建立档案扣 3 分。档案不全，每项不符合扣 1 分。无名录扣 2 分。名录不全，每缺一个单位扣 1 分。扣完为止 2. 本项 5 分。无供应商管理制度扣 3 分，未经常识别与采购有关的风险扣 2 分。其他每项不符合扣 1 分，扣完为止
6.5 变更	20	1. 建立变更管理制度，对人员、管理、工艺、技术、设施等永久性或暂时性的变化进行有计划的控制 2. 变更的实施应履行审批及验收程序 3. 对变更过程及变更所产生的风险进行分析和控制	1. 本项 5 分。无变更管理制度扣 5 分。内容中每项不符合扣 1 分，扣完为止 2. 本项 8 分。查记录，每项不符合扣 1 分。未履行审批及验收程序每次扣 3 分。扣完为止 3. 本项 7 分。未进行风险分析扣 3 分，控制措施不符合扣 2 分。扣完为止
7 产品安全与危害告知（100）			
7.1 化学品档案	20	对所有可能接触和产生的化学品（包括产品、原料和中间体）进行普查，建立化学品档案	未进行普查扣 10 分。未建立化学品档案扣 5 分。普查缺一种扣 2 分，档案不全，每项扣 1 分。扣完为止

续表

考核要素	标准分	标准内容	检查考核与评分办法
7.2 危险化学品鉴别与分类	10	对其产品、所有中间产品进行分类，并将分类结果汇入化学品档案	本项 10 分 每一种未分类扣 2 分，扣完为止
7.3 危险化学品安全技术说明书和安全标签	20	1. 编制危险化学品安全技术说明书和安全标签 2. 采购危险化学品时，索取安全技术说明书和安全标签，不得采购无安全技术说明书和安全标签的危险化学品	1. 本项 15 分。每漏编一种危险化学品安全技术说明书和安全标签扣 4 分，扣完为止 2. 本项 5 分。采购的危险化学品每缺一种安全技术说明书和安全标签扣 2 分，扣完为止。采购无安全技术说明书和安全标签的危险化学品，扣 5 分
7.4 危险化学品事故应急咨询服务电话	10	1. 设立 24 小时应急咨询服务固定电话，并有专业人员值班 2. 没有条件设立电话的，应委托危险化学品专业应急机构作为应急代理	1. 本项 10 分。设立的化学事故应急咨询电话不能 24 小时提供服务的，扣 5 分；虚设者得 0 分；用移动电话者得 0 分。查专业人员值班情况，每项不符合扣 2 分。扣完为止 2. 本项 10 分。没有条件设立电话，但未委托应急代理扣 10 分。已委托应急代理，但职责不清或代理机构未尽职责的，每项不符合扣 2 分
7.5 危险化学品登记	20	按照《危险化学品登记管理办法》要求进行登记	每漏登一种扣 5 分，扣完为止

续表

考核要素	标准分	标准内容	检查考核与评分办法
7.6 危害告知	20	以适当、有效的方式对从业人员及相关方进行宣传，使其了解企业生产过程中的危险化学品的特性和预防及应急处理措施，降低或消除危害后果	查看宣传培训记录、现场标识牌等，每项不符合扣2分。抽查从业人员及相关方掌握情况，每人次不符合扣2分。扣完为止
8 职业危害（100）			
8.1 职业危害申报	25	如存在法定职业病目录所列的职业危害因素，应及时、如实向当地安全生产监督管理部门申报，接受其监督	查申报资料，未及时、如实申报，扣25分。每漏申报一项扣5分，扣完为止
8.2 作业场所管理	50	1. 采取本规范规定的职业危害管理措施 2. 确保使用有毒物品作业场所与生活区分开，作业场所不得住人；将有害作业与无害作业分开，高毒作业场所与其他作业场所隔离 3. 在可能发生急性职业损伤的有毒有害作业场所，按规定设置警示标识、报警设施、冲洗设施、防护急救器具专柜，设置应急撤离通道和必要的泄险区，定期检查和记录 4. 建立生产作业场所职业危害因素检测制度 5. 对作业场所进行职业危害因素检测，在检测点设置标识牌予以告知，并存入职业卫生档案	1. 本项10分。无管理措施扣10分。管理措施不健全，每项扣2分，扣完为止 2. 本项10分。每项不符合扣10分，扣完为止 3. 本项10分。每项不符合扣2分，扣完为止 4. 本项5分。无文本，扣5分 5. 本项15分。每项不符合扣2分，扣完为止

续表

考核要素	标准分	标准内容	检查考核与评分办法
8.3 劳动防护用品	25	1. 根据接触危害的种类、强度，为从业人员提供符合国家标准或行业标准的个体防护用品和器具，并监督、教育从业人员按照使用规则佩戴、使用 2. 各种防护器具都应定点存放在安全、方便的地方，并有专人负责保管，定期校验和维护，每次校验后应记录或铅封，主管人员应经常检查 3. 建立职业卫生防护设施及个体防护用品管理台账，加强对劳动防护用品使用情况的检查监督，凡不按规定使用劳动防护用品者不得上岗作业	1. 本项 10 分。现场查看，每项不符合扣 2 分，扣完为止 2. 本项 5 分。现场查看，每项不符合扣 1 分，扣完为止 3. 本项 10 分。未建立台账，扣 3 分。现场查看，每项不符合扣 2 分，扣完为止
9 事故与应急（100）			
9.1 事故报告	15	1. 明确事故报告制度和程序 2. 单位负责人接到事故报告后，应当迅速采取有效措施，组织抢救，防止事故扩大，减少人员伤亡和财产损失 3. 按照国家有关规定立即如实报告当地安全生产监督管理部门	每项 5 分 每项不符合扣 1 分，扣完为止 其中，未发生事故时，第 2、3 项按缺项处理

续表

考核要素	标准分	标准内容	检查考核与评分办法
9.2 抢险与救护	20	1. 发生生产安全事故后，应迅速启动应急救援预案，积极抢救，妥善处理，以防止事故的蔓延扩大。发生重大事故时，企业负责人应直接指挥，安全技术、设备动力、生产、防火、保卫等部门应协助做好现场抢救和警戒工作，保护事故现场 2. 对有害物大量外泄的事故或火灾事故现场，必须设警戒线，抢救人员应佩戴好防护器具，对中毒、烧伤、烫伤等人员应及时进行抢救处理	每项10分 每项不符合扣5分，扣完为止 未发生事故，按缺项处理
9.3 事故调查和处理	20	1. 明确事故调查人员的能力要求、职责与权力 2. 按照“四不放过”的原则进行处理 3. 编制事故调查报告，进行事故分析，提出预防措施 4. 建立事故台账	每项5分 每项不符合扣2分，扣完为止 未发生事故时，第2、3项按缺项处理
9.4 应急指挥系统	10	1. 建立应急指挥系统，实行分级管理 2. 明确应急指挥系统的职责	每项5分 每项不符合扣2分，扣完为止
9.5 应急救援器材	15	1. 按国家有关规定，配备足够的应急救援器材，并保持完好 2. 建立应急通讯网络并保证应急通讯网络的畅通 3. 为有毒有害岗位配备救援器材柜，放置必要的防护救护器材，进行经常性的维护保养，保证其处于正常状态	每项5分 每项不符合扣2分，扣完为止

续表

考核要素	标准分	标准内容	检查考核与评分办法
9.6 应急救援预案与演练	20	1. 按照《危险化学品事故应急救援预案编制导则（单位版）》的要求，根据风险评价的结果，针对潜在事件和突发事故，制定应急救援预案 2. 组织从业人员进行应急救援预案的培训，定期演练，评价演练效果，评审应急救援预案的充分性和有效性 3. 定期评审应急救援预案，尤其在潜在事件和突发事故发生后 4. 将应急救援预案报当地安全生产监督管理部门和有关部门备案，并通报当地应急协作单位	1. 本项 8 分。每缺一项应急救援预案扣 4 分。应急救援预案内容，每项不符合扣 1 分。扣完为止 2. 本项 5 分。未定期培训、演练，扣 2 分，演练未达目的扣 1 分，未评审扣 2 分，扣完为止 3. 本项 4 分。未定期评审扣 2 分，发生后未及时评审的扣 4 分 4. 本项 3 分。未备案扣 3 分，未通报扣 2 分
10 检查与绩效考核（100）			
10.1 安全检查	20	1. 有明确的目的、要求、内容和具体计划 2. 制定各种检查形式的《安全检查表》	1. 本项 5 分。无计划扣 2 分，其他每项不符合扣 1 分，扣完为止 2. 本项 15 分。无检查表扣 10 分。每项不符合扣 1 分，扣完为止
10.2 安全检查形式与内容	25	1. 定期或不定期的开展综合检查、专业检查、季节性检查和日常检查，并符合本规范规定的检查频次 2. 按相应的《安全检查表》，逐项检查，并与责任制挂钩	1. 本项 10 分。每项不符合扣 2 分，扣完为止 2. 本项 15 分。查检查记录，每项不符合扣 2 分，扣完为止

续表

考核要素	标准分	标准内容	检查考核与评分办法
10.3　隐患整改	30	1. 对各种安全检查所查出的隐患进行原因分析，制定整改措施及时整改，对整改情况进行验证 2. 对事故隐患，下达《隐患整改通知书》，做到“四定” 3. 企业无力解决的重大事故隐患，除采取有效防范措施外，应书面向企业隶属的直接主管部门和当地政府报告 4. 对不具备整改条件的重大隐患，必须采取应急防范措施，并纳入计划，限期解决或停产 5. 各级检查组织和人员应将检查出的隐患和整改情况报告上一级主管部门，重大隐患及整改情况应由安全技术部门汇总并存档	1. 本项 10 分。每项不符合扣 2 分，扣完为止 2. 本项 10 分。每项不符合扣 2 分，扣完为止 3. 本项 3 分。每项不符合扣 2 分，扣完为止 4. 本项 4 分。每项不符合扣 2 分，扣完为止 5. 本项 3 分。每项不符合扣 2 分，扣完为止
10.4　绩效考核	25	建立绩效考核制度，每年至少一次对安全标准化进行综合考核，提出进一步完善安全标准化的计划和措施，不断提高安全管理绩效，实现安全生产的长效机制	无绩效考核制度扣 5 分，未定期考核扣 5 分，未提出有效改进计划扣 5 分，其他每项不符合扣 2 分，扣完为止

2 危险化学品型小企业安全生产评估细则表

（节选自上海市危险化学品型小企业安全生产评估细则表）

表 83　危险化学品型小企业安全生产评估细则表

类别	评估项目	评估分值	评估标准	备注
一、依法生产经营（100分）	1. 危险化学品的生产、经营、运输、储存等生产经营活动符合工商登记核准范围且在有效期内	20	无证生产经营或生产经营超越范围和有效期的扣20分	○
	2. 危险化学品生产、经营企业具备许可证 危险化学品储存企业有备案手续	20	无许可证从事生产、经营活动扣20分 储存企业无备案手续扣20分（指储存剧毒化学品和危险化学品构成重大危险源的企业）	○△
	3. 烟花爆竹经营具备经营许可证	20	不具备经营许可证从事经营扣20分	○△
	4. 生产、储存危险化学品的单位以及使用剧毒化学品和使用其他危险化学品数量构成重大危险源的单位依法予以登记	10	未依法登记的扣10分	△
	5. 国家对危险化学品的运输实行资质认定制度	10	未经资质认定运输危险化学品扣10分	○△
	6. 禁止使用、经营国家和本市明令淘汰的生产工艺、生产设备和危险物品	20	使用、经营国家和本市明令淘汰的生产工艺、生产设备和危险物品扣20分	

续表

类别	评估项目	评估分值	评估标准	备注
二、组织保证体系（100分）	1. 按规定建立安全生产管理委员会	10	未按规定建立安全生产管理委员会扣10分 安委会活动（每半年至少1次）不正常，或活动无记录，一次扣5分	
	2. 按规定设置安全生产管理机构或配备专职安全生产管理人员	20	未按规定设置安全生产管理机构扣20分 未按规定配备专职安全生产管理人员的扣20分 每少配1名专职安全员扣10分	
	3. 形成安全生产管理网络	10	未建立安全监管网络的扣10分 管理网络未落实到部门、班组责任人的扣5分	
	4. 开展安全责任签约和员工安全承诺	20	未按照各级机构的层面逐级签约的扣10分 未开展员工安全承诺的扣10分，经抽查，每缺1人扣2分	
	5. 制定事故应急救援预案并演练	20	未建立事故应急救援预案的扣20分 年内未进行过演练的扣20分	
	6. 明确各部门的安全生产责任制	10	未制定安全生产责任制的扣10分 实际部门安全生产责任制每缺一项扣4分	
	7. 工会组织或员工代表参与安全生产监督管理	10	已建立工会组织，工会组织或员工代表未参与安全生产监督管理的扣10分	△

续表

类别	评估项目	评估分值	评估标准	备注
三、安全教育培训（100分）	1. 从业人员按照国家有关规定，经安全教育和培训并考核合格	20	未对从业人员进行安全教育和培训并考核合格，抽检20%，每少教育1人扣5分	
	2. 特种作业人员经培训合格持证上岗	15	特种作业人员未经培训合格无证上岗扣15分 每一证超期（2个月内）扣5分 现场检查时当事人未能出示上岗证扣3分	
	3. 主要负责人具备相应安全知识和管理能力，经培训考核合格任职	15	企业主要负责人未经培训考核合格任职的扣15分 未按规定复训的扣5分	
	4. 安全生产管理人员具备相应安全知识和管理能力，经培训考核合格任职	20	安全生产管理人员未经培训考核合格任职的扣20分 未按规定复训的扣5分	
	5. 采用新工艺、新技术、新材料、新设备的进行专门安全教育培训	10	采用新工艺、新技术、新材料、新设备未进行专门安全培训教育的扣10分	
	6. 定期对员工进行安全生产的全员教育	10	未能提供教育大纲、培训教育相关记录的扣10分（全员安全生产教育每年至少进行1次）	
	7. 组织开展“安全生产月”活动	5	未能提供组织开展“安全生产月”活动的相关文件和记录扣5分 有相关文件但无记录扣3分	

续表

类别	评估项目	评估分值	评估标准	备注
三、安全教育培训（100分）	8. 企业、场所安全宣传氛围	5	企业、场所无安全宣传氛围（指在公共场所无标语、宣传、标识等）的扣5分 有部分安全标语、宣传、标识，但明显有待更新的每处扣2分	
四、维护员工权益（100分）	1. 参加工伤保险或综合保险	25	未参加工伤保险或综合保险的扣25分 部分缴纳工伤保险或综合保险金的扣10分	
	2. 对受工伤事故及职业病等伤害的职工，达到规定的标准，按规定标准赔偿	15	依照有关民事法律，尚有获得赔偿权利的，向本单位提出赔偿要求后，单位未依照有关规定予以赔偿的扣15分	△
	3. 劳动合同按规定载明安全条款	10	劳动合同未按规定载明安全条款扣10分 劳动合同有安全条款但明显与规定有差距的扣5分	
	4. 按规定标准为员工配备劳动防护用品	15	完全未按规定标准为员工配备劳动防护用品的扣15分 为员工配备劳动防护用品，但明显与规定有差距（如不全等）的扣10分 为员工配备劳动防护用品齐全，但部分劳动防护用品明显失效或已过期的扣10分	

续表

类别	评估项目	评估分值	评估标准	备注
四、维护员工权益（100分）	5. 如实告知作业场所、岗位的危险因素和防范措施	15	未能如实告知作业场所、岗位的危险因素和防范措施的扣15分 有告知作业场所、岗位的危险因素和防范措施，但明显存在误区或不全面的每一处扣5分	
	6. 按规定对从事职业危害作业的人员定期健康检查	10	未对从事职业危害作业的全部人员定期实施健康检查的扣10分，每漏检一人扣5分	
	7. 工会组织或员工代表行使维权职能	10	未能提供工会组织或员工代表行使维权职能相关文件资料的扣10分 能提供工会组织或员工代表行使维权职能相关文件资料但未建立记录档案的扣5分	△
五、安全事务管理（200分）	1. 建立安全生产档案，且内容齐全	20	完全未建立安全生产档案的扣20分 已建立安全生产档案，但内容不齐全的扣10分 档案无专人管理的扣5分 安全生产档案应当有：企业概况；安全管理网络；安全生产各类制度；安全检查和整改记录；主要危险、危害因素；安全生产活动记录；事故记录与处理情况等	

续表

类别	评估项目	评估分值	评估标准	备注
五、安全事务管理（200分）	2. 经营者已按要求实施安全责任承诺	10	未能提供经营者已按要求实施安全责任承诺具体事项的扣10分	
	3. 建立安全生产规章制度	20	完全未建立安全生产规章制度的扣20分 已建立安全生产规章制度，但应建立的规章制度每缺一项扣2分 安全生产规章制度主要包括： （1）会议制度；（2）检查制度；（3）教育制度；（4）岗位责任制度；（5）值班制度；（6）仓储制度；（7）危险化学品管理制度；（8）特种设备与作业制度；（9）动火管理制度；（10）设备与检修管理制度；（11）事故报告与处理制度；（12）劳防用品管理制度；（13）奖惩考核制度；（14）其他应建立的制度	
	4. 建立各岗位操作安全规程和作业安全规程	20	未建立各岗位操作安全规程和作业安全规程的扣20分 只建立部分岗位操作安全规程和作业安全规程的扣10分 建立的岗位操作安全规程或作业安全规程不符合实际情况的扣5分	

续表

类别	评估项目	评估分值	评估标准	备注
五、安全事务管理（200分）	5. 规章制度、岗位安全职责、操作规程的落实、执行、检查工作	10	未能提供规章制度、岗位安全职责、操作规程的落实执行检查记录的扣5分 现场抽查中发现违反的每一起扣2分	
	6. 安全生产的资金投入	10	未进行安全生产投入的扣10分 存在较大事故隐患未投入资金改造的每一项扣5分 明显需要资金投入而未实施的每一项扣2分 安全生产的资金投入主要方面包括： （1）设备安全设施设置；（2）安全设施维修保养；（3）通风、降噪、除害的改造；（4）防暑降温、防寒保暖；（5）不安全隐患整改；（6）应急救援器材；（7）检测设备；（8）宣传教育培训；（9）劳防用品；（10）其他	
	7. 特种设备定期检测检验合格后使用	10	未经检测检验合格使用的扣10分 超期（2个月内）未复检的每一项扣5分	

续表

类别	评估项目	评估分值	评估标准	备注
五、安全事务管理（200分）	8. 危险化学品生产、储存企业的建设工程以及需要办理新建、改建、扩建的建设工程开展“三同时”	10	未按照规定的新建、改建、扩建的建设工程开展“三同时”的扣10分 “三同时”档案资料与目录不一一对应的扣5分 危险化学品生产、储存建设工程未经审查与验收的扣10分 其他建设工程的建设单位未按照规定自行从事“三同时”的扣5分	
	9. 危险化学品单位定期进行安全评价	20	未定期进行安全评价的扣20分 档案资料管理不全的扣10分 相关要求： （1）生产、储存、使用剧毒品的，每年对生产、储存装置安全评价 （2）生产、储存、使用其他危险化学品的每两年对生产、储存装置安全评价	
	10. 危险化学品生产企业编制安全技术说明书和安全标签	10	未编制安全技术说明书和安全标签的每一项扣5分 安全技术说明书或安全标签存在明显错误或未及时按照标准更新的扣5分 未建立安全技术说明书和安全标签专项档案资料及其目录的扣2分	△

续表

类别	评估项目	评估分值	评估标准	备注
五、安全事务管理（200分）	11. 危险化学品包装物、容器符合规定要求	10	生产单位未经定点许可或产品未经检测检验合格的扣10分	
	12. 劳防用品采购使用合格产品	20	完全不符合劳防用品采购使用合格产品的要求的扣20分 每有一个不满足劳防用品采购使用合格产品要求的品种扣10分 产品主要包括： （1）安全帽；（2）安全带；（3）安全网；（4）绝缘鞋；（5）工作服；（6）防护镜；（7）防毒面具；（8）防尘口罩；（9）工作鞋；（10）其他	
	13. 从业人员按规定标准正确佩带或使用劳防用品	10	随机抽样发现员工未正确佩带或使用劳防用品的，一次扣5分	
	14. 承发包工程、厂房场所、特种设备租赁签订安全协议，明确安全责任	10	承发包工程、厂房场所、特种设备租赁未签订安全协议，并明确安全责任的扣10分	△
	15. 厂房与场所租赁按规定履行安全管理职责	10	厂房与场所租赁未按规定或条款约定履行安全管理职责，每一项扣2分 出租方安全管理职责： （1）出租的厂房、场所、特种设备符合规定，具备基本安全生产条件 （2）书面告知安全状态和防火要求	

续表

类别	评估项目	评估分值	评估标准	备注
五、安全事务管理（200分）	15. 厂房与场所租赁按规定履行安全管理职责	10	（3）对多个租赁单位统一协调管理并明确协调管理人员 （4）发现隐患督促整改 （5）发现承租方违法行为，及时告知停止并报告 （6）合同生效15天向所在地乡镇政府、街道办事处安全部门办理备案 承租方安全管理职责： （1）遵章守法且具备相应资质和条件，服从统一协调管理 （2）生产与经营许可证，安全培训证书，营业执照年检交出租方备案 （3）不得擅自转租，依法转租的应协议明确安全管理职责 （4）发生生产安全事故时，应当立即如实报告所在地的安监部门和有关部门	△
六、场所基本条件（300分）（适用危险化学品生产企业）	1. 危险化学品生产在设区的市规划的专门用于危化生产的区域内	30	不在专门区域内的扣30分	
	2. 厂房、作业场所和安全设施、设备、工艺符合有关法律、法规、规章和标准的规定	20	有一处不符合规定的扣10分	

续表

类别	评估项目	评估分值	评估标准	备注
六、场所基本条件（300分）（适用危险化学品生产企业）	3. 按照国家有关标准，辨识、确定本企业的重大危险源并有监控管理措施	30	未对危险源进行辨识的扣30分 没有监控管理措施的每一处扣10分	
	4. 危险化学品的生产装置和储存设施的周边防护距离符合有关法律、法规、规章和标准的规定	20	不符合规定的扣20分	
	5. 生产、储存危险化学品的车间、仓库与员工宿舍不在同一座建筑物内，且与员工宿舍保持符合规定的安全距离	20	生产、储存危险化学品的车间、仓库与员工宿舍在同一建筑物内的扣20分 与员工宿舍未保持符合规定的安全距离的扣20分	
	6. 消防通道、作业场所通道符合要求	20	堵塞、封闭、占用疏散通道的任一项扣20分 安全出口处的警示标识不醒目，安全门未能正常开启的每一处（次）扣10分类别	
	7. 消防设施按规定要求配置且保持应急状态	30	未配置的扣30分 未保持应急状态的扣30分 配置不符合要求的扣15分 未定期检查的扣5分	
	8. 危险作业场所设置明显安全警示标识	10	未设置任何明显安全警示标识的扣10分 只设置部分安全警示标识的扣5分	
	9. 作业场所粉尘、有毒有害气体、噪声等符合标准	30	未提供需环保、安全、卫生防疫部门测试报告的扣30分 提供的报告内不符合标准的且未经复测合格的扣10分	

续表

类别	评估项目	评估分值	评估标准	备注
六、场所基本条件（300分）（适用危险化学品生产企业）	10. 变、配电站安全用具齐备且定期检验合格（如无变、配电站的可查配电箱或板）	10	安全用具缺损每一项扣5分，安全用具未定期检查扣5分 电柜（箱）内电器附件每破损一处扣5分 基本安全用具：绝缘棒、绝缘挡板、绝缘夹钳、试电笔等 辅助安全用具：橡胶绝缘鞋、绝缘手套、绝缘绳等	
	11. 电器设备选用布置和电源线敷设符合电气规程标准	20	防爆区域未采用相应级别电器用具的扣20分 电器设备选用布置不符合电器标准的扣10分 私接乱拉电源线的每一处扣5分 电源线接头每一裸露点扣5分	
	12. 电气接地、接零、防雷保护系统符合要求	10	不符合要求的任一项扣10分	
	13. 作业场所氧气、乙炔等可燃气瓶存放合理	10	作业场所氧气、乙炔等可燃气瓶存放不合理，安全距离不足的每一处扣10分	
	14. 设备、设施安全附件正常可靠	20	压力、计量表具、报警装置、阀门、呼吸阀等每一处不符合的扣5分	
	15. 新建、改建、扩建的建设工程经过公安消防机构验收合格	10	应当经公安消防机构验收的建设工程而未经验收或验收不合格的扣10分	
	16. 对可能发生的生产安全事故配备必要的应急救援器材、设备	10	未配备必要的应急救援器材、设备的扣10分	

续表

类别	评估项目	评估分值	评估标准	备注
六、场所基本条件（300分）（适用危险化学品储存企业）	1. 储存区域与周边距离符合有关法律、法规、规章和标准的规定	30	不符合规定要求的每一处扣10分	
	2. 储罐/库房区域设置可靠有效的避雷装置并有检测合格报告	30	无可靠有效的避雷装置扣30分 无定期检测合格报告扣10分	
	3. 储罐/库房区域装卸设施设置可靠的静电导除设施	30	储罐/库房区域装卸设施未设置可靠的静电导除设施扣30分	
	4. 库房的耐火等级、层数和建筑面积符合规定	20	不符合规定要求的每一处扣5分	
	5. 库房与其他建、构筑物的防火间距符合要求 储罐的布置和防火间距符合要求	20	防火间距不符合要求的每一处扣10分	
	6. 储存场所设置醒目的防火、禁止吸烟和动用明火标识及其他安全标识	20	无醒目的防火、禁止吸烟和动用明火标识的每一处扣5分 其他应当设置安全标识而未设置的每一处扣5分	
	7. 储存场所的消防给水和灭火设备、消防器材的配置符合国家有关规定	20	消防设施配置不符合规定要求的每一处扣5分	
	8. 储罐/库房、装卸、分装区域，可燃/有毒气体检测报警仪设置符合国家有关规定	20	未安装报警仪扣20分，报警仪失效扣20分	

续表

类别	评估项目	评估分值	评估标准	备注
六、场所基本条件（300分）（适用危险化学品储存企业）	9. 储罐/库房区域设置保持适用状态的通讯、报警装置	20	无适用状态的通讯、报警装置的扣20分 通讯、报警装置失效的扣20分	
	10. 承压储罐等特种设备有安全使用许可证、安全标识和压力容器检测合格报告	20	承压储罐等特种设备无安全使用许可证、安全标识的，一起扣10分 未经检测或检测不合格使用的，一起扣10分	
	11. 建立重大危险源实时监控系统	20	对重大危险源的相关场所、设施及其温度、湿度、压力、液位、浓度等主要技术参数进行24小时实时监控制 应有监控而无监控及相关记录的扣20分	
	12. 作业场所设置安全责任、操作规范、作业危险性、应急措施和平面布局图（四牌一图）	20	缺一项扣4分	
	13. 储存危险化学品的库房、罐区无员工宿舍	20	储存危险化学品的库房、罐区设员工宿舍的扣20分	
	14. 中、小型易燃、易爆化学品企业培训义务消防队	10	无资料证实企业培训义务消防人员的扣10分	

续表

类别	评估项目	评估分值	评估标准	备注
六、场所基本条件（300分）（适用危险化学品加油气站）	1. 经营场所经公安消防机构验收合格	30	未能出示验收合格证书的扣30分	
	2. 建筑物防雷工程经资质单位验收合格，并定期检测合格	30	未能出示验收合格证书的扣30分，无定期检测合格报告的扣20分	
	3. 加油气站周边距离、站区内平面布置距离、围墙设置符合有关法律、法规、规章和标准的规定	20	符合《汽车加油加气站设计与施工规范》规定，每一处不符合要求扣5分	
	4. 加油气站的灭火器材配置符合有关规定	20	按《汽车加油加气站设计与施工规范》规定配置，每一处不符合扣5分	
	5. 电器设备选用布置和电源线敷设符合电气规程标准	20	每发现一处不符合要求扣5分	
	6. 站区内设置总电源切断开关，系统设置紧急切断措施	20	发现一处不符合要求扣10分	
	7. 站区内无擅自搭建、租赁，不得在规定的防火距离内设经营性的住宿、餐饮、娱乐和洗车设施	20	发现一处不符合要求扣5分	
	8. 加油气站进出口有明显的进、出标识，进出口有明显的“禁止烟火”“禁止吸烟”“禁止手机”等标识	20	每发现一处无标识扣5分	
	9. 爆炸危险区域内的油品管道上的法兰、胶管两端等连接处有金属线跨接（法兰连接螺栓不少于5根时，在非腐蚀环境下可不跨接）	20	应该跨接而未跨接扣20分	

续表

类别	评估项目	评估分值	评估标准	备注
六、场所基本条件（300分）（适用危险化学品加油气站）	10. 站区内配备安全应急救援器材且完好（空气呼吸器、防毒服、堵漏工具、防爆电筒等）	20	完全未配备扣20分，配备不齐扣10分，器材失效每一件扣5分	
	11. 设置在站内的热水锅炉间应符合有关规定	20	有一处不符合规定扣5分	△
	12. 加油站的汽油罐车卸车场地应设罐车卸车时用的防静电接地装置，并宜设置能检测跨接线及监视接地装置状态的静电接地仪	20	无防静电接地装置扣20分，无监视接地装置的静电接地仪扣10分	△
	13. 加气站、加油加气合建站应设可燃气体检测报警系统，报警设定值符合规定	20	未设可燃气体检测报警系统扣20分，报警设定值不符合规定扣10分	△
	14. 采用卸油油气回收系统时，油罐、油管上的设施应符合有关规定	20	发现一处不符合规定扣5分	△
六、场所基本条件（300分）（适用危险化学品经营企业）	1. 危险化学品经营企业的经营场所应符合经营条件	20	经营场所坐落在交通便利、便于疏散处 经营场所的建筑物应符合建筑设计防火规范（GBJ 16—87）的要求并经公安消防机构验收合格 不符合要求的扣20分	
	2. 零售业务的店面与繁华商业区或人口稠密区保持距离 零售业务的店面面积（不含库房）不小于规定 店面内不得设有生活设施	20	距离达不到500 m以上，扣20分 店面面积小于60 m^2，扣10分 店面内设有生活设施，扣10分	

续表

类别	评估项目	评估分值	评估标准	备注
六、场所基本条件（300分）（适用危险化学品经营企业）	3. 店面内危险化学品禁忌物料不能混放 店面与存放危险化学品的库房应有实墙相隔 库房单一品种存放量、总量不超过规定	20	禁忌物料混放扣20分 未实墙相隔扣20分 单一品种存放量不超过500 kg，总质量不超过2 t，超量存放扣20分	
	4. 零售业务的店面内只许存放民用小包装危险化学品，其存放总质量不超过规定	20	存放非民用危险化学品或存放民用小包装的危险化学品总质量超过1 t扣20分	
	5. 零售业务的店面备货库房应报公安、消防部门批准 库房应根据危险化学品性质与禁忌，分别采用隔离、隔开、分离等不同方式储存	20	未经有关部门批准，私设库房扣20分 存放不符合规定的扣20分	
	6. 危险化学品仓库的库房门符合要求	20	库房门不符合要求扣20分（库房门应为钛门或木质外包铁皮，外开式）	
	7. 危险化学品仓库保管员经岗前和定期培训，持证上岗；保管员对库存物资做到一日两检，并有记录	20	危险化学品保管员未经培训、无证上岗扣20分 发现危险化学品质量变质、包装破损、渗漏等未采取应急措施，扣20分	
	8. 储存危险化学品的建筑物、区域内严禁吸烟和使用明火；零售业务的店面内显著位置应设有“禁止明火”等警示标识	20	发现烟蒂和使用明火迹象扣20分 无警示标识扣10分	

续表

类别	评估项目	评估分值	评估标准	备注
六、场所基本条件（300分）（适用危险化学品经营企业）	9. 在操作各类危险化学品时，经营店面和仓库应针对各类危险化学品的性质，准备相应的急救药品和制定急救预案	20	无急救药品和急救预案扣20分	
	10. 经营易燃易爆品的，应向县级以上公安、消防部门申领易燃易爆品消防安全经营许可证	20	无证经营的扣20分	○△
	11. 危险化学品的输送须专车专用，有明显标识	20	未专车专用、无明显标识的扣20分	
	12. 危险化学品仓库应根据经营规模的大小设置，配备足够的消防设施和器材、治安报警装置，并有专人管理	20	消防器材配置不足扣10分 无治安报警装置扣10分 无专人管理扣10分	
	13. 危险化学品仓库应设避雷设施，并每年至少检测一次，使之安全有效	20	无避雷设施扣20分 有设施但未定期检测扣10分	
	14. 各类危险化学品的分装、改装、开箱（桶）检查等应在库房外进行	20	评估中发现一起，作违章处理扣10分	
	15. 危险化学品经营单位不得向未取得危险化学品生产许可证的企业购买危险化学品	20	评估中发现一起扣20分	

续表

类别	评估项目	评估分值	评估标准	备注
七、事故管理（100分）	1. 按“四不放过”原则吸取事故教训，落实整改措施	20	未按“四不放过”原则吸取事故教训，落实整改措施的扣20分	
	2. 按规定及时如实报告事故	20	评估周期内发生迟报、漏报、谎报和瞒报事故的扣20分（以当地安监部门的处罚为依据）	○
	3. 未发生“一般事故”以上等级事故和“一般火灾”事故	20	其中评估周期内发生“一般事故”等级或“一般火灾”等级中，一次死亡2人以下或一次重伤3人以下或直接经济（财产）损失500万元以下的事故扣20分，其余的作为否决项处理	
	4. 未发生轻伤事故	10	评估周期内发生轻伤事故每起扣2分	
	5. 未发生职业中毒及新发职业病	20	评估周期内发生职业中毒或新发职业病每起扣10分	
	6. 未发生消防出警的火灾事故	10	评估周期内发生消防出警的火灾事故每起扣10分	

3 危险化学品仓库储罐储存现场检查表

（节选自上海市危险化学品仓库储罐储存现场检查表）

表 84　危险化学品仓库储罐储存现场检查表

检查项目	序号	检查内容	检查依据	检查方法	检查情况	处理情况		
						责令改正	行政处罚	抄告单位
设备设施安全管理	1	受压储罐有安全使用许可证、安全标识登记，有检测报告。未经批准，擅自储存危险品的	安法 32、84	查现场，抽查一定比例				
	2	储罐及其区域应设置通讯、报警装置，并保持适用状态	344 号令 18、61 GB 50183—93					
	3	储罐及罐区内设有可靠的导除静电装置	344 号令 16、58 GB 50183—93					
	4	储罐应有可靠有效避雷设施，并定期检测，有检测报告	344 号令 16、58 GB 50183—93					
	5	储罐操作、检修栏杆应可靠、完好，符合国家有关规定	GB 4053.1—93 GB 4053.2—93					
	6	储存设备在“关、停、转”过程中未采取措施的	344 号令 25、62					

续表

检查项目	序号	检查内容	检查依据	检查方法	检查情况	处理情况		
						责令改正	行政处罚	抄告单位
防火堤设施	1	防火堤应是闭合的，应选用非燃烧材料	344 号令 16 GBJ 16—87	查现场，抽查一定比例				
	2	通道、外基脚线的间距符合国家有关规定	GBJ 16—87					
	3	下部的排水口应设置可启闭的截流设施	GB 50156—2002					
	4	穿过的管线应使用非燃烧材料填实密封	GBJ 74—84					
	5	可燃气体探测器、火灾报警器设置应符合国家有关规定	344 号令 18、61 GBJ 16—87					
	6	以上 5 条防火堤的防护措施应符合国家有关规定	344 号令 16、58					
防火间距	1	易燃液体储罐与建筑物，易燃液体桶罐堆场、储罐之间的防火间距应符合国家有关规定	344 号令 10 GBJ 16—87	查现场，抽查一定比例				
	2	易燃液体储罐、泵房、装卸管之间的防火间距应符合国家有关规定	GBJ 16—87					

续表

检查项目	序号	检查内容	检查依据	检查方法	检查情况	处理情况		
						责令改正	行政处罚	抄告单位
防火间距	3	易燃液体装卸鹤管与建筑物的防火间距应符合国家有关规定	GBJ 16—87	查现场，抽查一定比例				
	4	储罐区与铁路道路的防火间距应符合国家有关规定	GBJ 16—87					
液化气储罐管理	1	应采用环形消防道路，并设置水炮、水枪等消防设施	GBJ 16—87	查现场，抽查一定比例				
	2	储罐区域无杂草，道路无阻碍	GBJ 16—87					

说明：安法指《安全生产法》；

344 号令指国务院《危险化学品安全管理条例》。

4 危险化学品仓库库房储存现场检查表

（节选自上海市危险化学品仓库库房储存现场检查表）

表 85　危险化学品仓库库房储存现场检查表

检查项目	序号	检查内容	检查依据	检查方法	检查情况	处理情况		
						责令改正	行政处罚	抄告单位
储存场所	1	储存方式、设施符合国家有关规定	344 号令 8	查现场，抽查一定比例				

续表

检查项目	序号	检查内容	检查依据	检查方法	检查情况	处理情况		
						责令改正	行政处罚	抄告单位
储存场所	2	未经批准擅自储存危险化学品的	安法 32.1、32.4	查现场，抽查一定比例				
	3	危险化学品库房与其他建筑物的防火间距应符合国家有关规定	GBJ 16—87					
	4	库区的消防通道和仓库的安全出口、疏散楼梯等消防通道，严禁堆放物品	《仓库防火安全管理规则》					
仓储安全设备设施及其他设施	1	仓库的消防给水和灭火设备符合国家有关规定	GBJ 16—87	查现场，抽查一定比例				
	2	危险化学品仓库有消防、治安报警装置，有供对外报警、联络的通讯设备	344 号令 18、61.2 GB 18265—2000					
	3	仓库应设置醒目的防火、禁止吸烟和动用明火标识	GB 18265—2000 《仓库防火安全管理规则》					
	4	库房内敷设的配电线路需穿金属管或非燃硬塑料管保护	《仓库防火安全管理规则》					

续表

检查项目	序号	检查内容	检查依据	检查方法	检查情况	处理情况		
						责令改正	行政处罚	抄告单位
仓储安全设备设施及其他设施	5	爆炸和火灾危险场所的电气设备应符合国家有关规定	GB 18265—2000 GB 50058—92	查现场，抽查一定比例				
	6	储存易燃、易爆危险化学品的建筑，必须安装避雷设备	GB 15603—1995					
储存操作要求	1	根据危险化学品性能分区、分类、分库储存	GB 15603—1995	查现场，抽查一定比例				
	2	腐蚀性物品包装必须严密，不允许泄漏，严禁与液化气体和其他物品共存	GB 15603—1995					
	3	根据危险化学品特性露天堆放，应符合防晒、防火、防爆的安全要求，爆炸物品、一级易燃物品、遇湿燃烧物品、剧毒物品不得露天堆放	344 号令 16、58 GB 15603—1995					
	4	危险化学品入库时，应严格检验物品质量、数量、包装情况、有无泄漏。并做到账、卡、物相符	GB 15603—1995					

续表

检查项目	序号	检查内容	检查依据	检查方法	检查情况	处理情况		
						责令改正	行政处罚	抄告单位
储存操作要求	5	修补、换装、清扫、装卸易燃、易爆物料时，应使用不产生火花的铜制、合金制或其他工具	GB 15603—1995	查现场，抽查一定比例				
	6	进入危险化学品库区的机动车辆应安装防火罩。机动车装卸货物后，不准在库区、库房场内停放和修理	GB 18265—2000					
	7	剧毒化学品储存单位应当对剧毒化学品流向、储存量和用途如实记录，并采取必要的保护措施	344 号令 33、61.9					
安全管理组织与制度	1	储存的危险化学品应有明显的标识，标识应符合国家有关规定	GB 15603—1995	查现场，抽查一定比例				
	2	对剧毒品的管理应执行“五双”制度，即双人验收、双人保管、双人发货、双把锁、双本账	GB 18265—2000					

续表

检查项目	序号	检查内容	检查依据	检查方法	检查情况	处理情况		
						责令改正	行政处罚	抄告单位
安全管理组织与制度	3	仓库外（内）设立应急通道疏散逃生示意图	《市消防条例》	查现场，抽查一定比例				

说明：安法指《安全生产法》；

344号令指国务院《危险化学品安全管理条例》。

5 危险化学品生产、储存现场检查通用表

（节选自上海市危险化学品生产、储存现场检查通用表）

表86　　危险化学品生产、储存现场检查通用表

检查项目	序号	检查内容	检查依据	检查方法	检查情况	处理情况		
						责令改正	行政处罚	抄告单位
安全管理制度	1	应取得安全生产许可证方可生产	397号令2、9	查现场、资料				
	2	生产、储存应建立专门的安全管理制度并采取可靠安全措施	安法85.1					
	3	有必备的5项的条件	344号令8					

续表

检查项目	序号	检查内容	检查依据	检查方法	检查情况	处理情况		
						责令改正	行政处罚	抄告单位
安全管理制度	4	有应急预案、人员、装备物资，组织演练	安法 69	查现场、资料				
	5	应进行定期安全评价，并报市、区安监管局备案	344 号令 17.1—3、61.1					
人员安全管理	1	主要负责人、分管安全生产负责人任前参加安全培训并考核合格	安法 20.2、82.2 条例 17、43	查现场、资料				
	2	安全管理人员配备符合有关规定并持证上岗	条例 17、43					
	3	从业人员了解作业场所、岗位存在的危险因素	安法 36、82.3					
	4	从业人员掌握应急措施和熟练使用应急器材	安法 33	现场抽取一定比例人员				
	5	对新进、离岗、换岗、采用“四新”的从业人员经过专门安全教育、培训合格后上岗	条例 19、44					
	6	特种作业人员持证上岗	安法 23、82.4 条例 10.7					
	7	从业人员使用的劳动防护用品合格和符合配备标准，并能正确使用	安法 37、83.7 条例 29					

续表

检查项目	序号	检查内容	检查依据	检查方法	检查情况	处理情况		
						责令改正	行政处罚	抄告单位
设备设施安全管理	1	不使用国家明令淘汰的落后工艺，禁止使用危及安全生产的设备	安法 31.2、83	现场抽取一定比例				
	2	有特种设备的安全使用证或安全标识，有检测报告	安法 30、83.8					
	3	有维护、保养、检测记录，有有关人员签字	安法 29、83.6					
	4	通讯、报警装置保持完好，并有醒目标识	344 号令 18、61.2	查现场				
	5	消防设施、设备符合消防有关规定	消防法 21	现场抽取一定比例				
作业环境安全管理	1	有毒有害工艺、场所设置符合国家有关规定	国务院《工厂安全卫生规程》	查现场				
	2	较大危险因素的场所和设备、设施上，设有醒目的安全警示标识	安法 28	查现场				
	3	喷淋装置、冲洗装置布局合理保持完好	344 号令 16	查现场				

续表

检查项目	序号	检查内容	检查依据	检查方法	检查情况	处理情况		
						责令改正	行政处罚	抄告单位
作业环境安全管理	4	生产场所、员工宿舍设有符合紧急疏散要求、标识明显	安法 34	查现场				
	5	紧急疏散、标识必须符合国家有关规定，禁止封闭堵塞出口	安法 34	查现场				
	6	出厂产品必须附有安全技术说明书及加贴安全标签	344 号令 14.1、60.1	对产品抽取一定比例				
应急救援	1	应有应急救援组织，并落实到人	安法 69	查值班、资料				
	2	配有符合与预案所规定的应急人员、装备和物资，组织演练，能保证正常运转	安法 69	查现场				

说明：安法指《安全生产法》；
条例指《上海市安全生产条例》；
344 号令指国务院《危险化学品安全管理条例》；
397 号令指国务院《安全生产许可证条例》。

6 危险化学品使用现场检查表

（节选自上海市危险化学品使用现场检查表）

表 87　危险化学品使用现场检查表

检查项目	序号	检查内容	检查依据	检查方法	检查情况	处理情况		
						责令改正	行政处罚	抄告单位
安全管理制度要求	1	使用单位应建立专门的安全管理制度、应采取可靠安全措施	安法 85.1	查现场查资料				
	2	有应急预案、人员、装备物资，组织演练	安法 69					
	3	应进行定期安全评价，并报市、区安监管局备案	344 号令 17.1—3、61.1					
人员安全管理要求	1	主要负责人、分管安全负责人经安全生产培训并考核合格	条例 17、43	查现场查资料				
	2	安全管理人员配备符合有关规定并持证上岗	条例 17、43					
	3	从业人员了解作业场所、岗位存在的危险因素	安法 36、82.3	现场抽取一定比例人员				
	4	从业人员掌握应急措施和熟练使用应急器材	安法 33					

续表

检查项目	序号	检查内容	检查依据	检查方法	检查情况	处理情况		
						责令改正	行政处罚	抄告单位
人员安全管理要求	5	对新进、离岗、换岗、采用“四新”的从业人员经过专门安全教育、培训合格后上岗	条例 19、44	现场抽取一定比例人员				
	6	特种作业人员持证上岗	安法 23、82.4 条例 10.7					
	7	从业人员使用的劳动防护用品合格和符合配备标准，并能正确使用	安法 37、83.7					
设备设施安全管理	1	不使用国家明令淘汰的落后工艺，禁止使用危及安全生产的设备	安法 31.2、83	现场抽取一定比例				
	2	有特种设备的安全使用证或安全标识，有检测报告	安法 30、83.8					
	3	有维护、保养、检测记录，有有关人员签字	安法 29、83.6					
	4	通讯、报警装置保持完好，并有醒目标识	344 号令 18、61.2	查现场				
	5	消防设施、设备符合消防有关规定	《消防法》21	现场抽取一定比例				

续表

检查项目	序号	检查内容	检查依据	检查方法	检查情况	处理情况		
						责令改正	行政处罚	抄告单位
作业环境安全管理	1	有毒有害工艺、场所设置符合国家有关规定	国务院《工厂安全卫生规程》	查现场				
	2	生产岗位设有醒目安全警示标识	安法 28					
	3	喷淋装置、冲洗装置布局合理保持完好	344 号令 16					
	4	生产场所、员工宿舍设有符合紧急疏散要求、标识明显	安法 34					
	5	紧急疏散、标识必须符合国家有关规定，禁止封闭堵塞出口	安法 34					
应急救援	1	应有应急救援组织，并落实到人	安法 69	查值班查资料				
	2	配有符合与预案所规定的应急人员、装备和物资，组织演练，能保证正常运转	安法 69	查现场				

说明：安法指《安全生产法》；

条例指《上海市安全生产条例》；

344 号令指国务院《危险化学品安全管理条例》。

7 危险化学品运输安全检查表

（节选自上海市危险化学品运输安全检查表）

表 88　　危险化学品运输安全检查表

检查项目	序号	检查内容	检查依据	检查方法	检查情况	处理情况		
						责令改正	行政处罚	抄告单位
安全管理制度要求	1	应取得资质认定方可进行运输作业的	344 号令 35、65	查现场查资料				
	2	托运人不得委托未取得资质的运输企业进行公路运输	344 号令 37					
	3	危险化学品运输应建立专门的安全管理制度、应采取可靠安全措施	安法 32					
人员安全管理要求	1	从业人员进行专门安全教育，培训合格并持证上岗	344 号令 37	现场抽取一定比例人员				
	2	从业人员必须了解作业场所、岗位存在的危险因素	安法 36 82.3					
	3	从业人员掌握应急措施和熟练使用应急器材	安法 33					

续表

检查项目	序号	检查内容	检查依据	检查方法	检查情况	处理情况		
						责令改正	行政处罚	抄告单位
人员安全管理要求	4	从业人员使用的劳动防护用品合格和符合配备标准，并能正确使用	安法 37、83.7	现场抽取一定比例人员				
	5	危险品的装卸作业应在装卸管理人员的现场指挥下进行	344 号令 37	查现场				
设备设施安全管理	1	运输的槽罐及其他容器必须封口严密，保证运输途中不渗漏	344 号令 42	查现场 查资料				
	2	运输工具应取得专业资质的机构检测、检验合格，取得安全使用证或安全标识	安法 30、83.8	现场抽取一定比例				
	3	运输危险化学品必须配备必要的消防器材和防护用品	344 号令 37	查现场				
	4	配备有效的通讯工具	《道路危险货物运输管理规定》	查现场				
超装、超载		运输危险化学品不得超装、超载	344 号令 43、67	查现场				

说明：安法指《安全生产法》；

344 号令指国务院《危险化学品安全管理条例》。

（二）烟花爆竹安全检查及责任标准检查表

8 烟花爆竹生产企业安全生产管理考评检查表

（节选自2007年4月18日安监总危化［2007］81号）

表89 **安全生产管理考评表** （100分）

序号	考评项目	考评内容	考评方法和标准	标准分值	实得分值	扣分原因
1	安全生产方针和目标	按照国家有关安全生产法律法规的要求，贯彻“安全第一、预防为主、综合治理”的方针，制定符合企业实际情况的安全生产方针和目标，并认真组织实施和进行考核	①未制定印发安全生产方针和目标文件扣6分 ②安全生产方针和目标与企业实际情况不相符，或目标未具体量化扣3分 ③安全生产方针和目标落实不到位，各级管理人员有人对安全生产方针和目标不知道或不理解扣3分 ④未建立考核制度并未对安全生产方针和目标落实情况进行考核扣2分	6		
2	*安全生产管理机构及人员	配备占本企业从业人员总数1%以上，且至少1名的专职安全生产管理人员；职工总数100人以上的应设安全生产管理机构，职工总数100人以下的应在综合管理部门设安全生产管理岗位	①未配备专职安全生产管理人员扣8分 ②未按规定配备足够的专职安全生产管理人员少1人扣3分，扣完为止			

续表

序号	考评项目	考评内容	考评方法和标准	标准分值	实得分值	扣分原因
2	* 安全生产管理机构及人员		③职工总数 100 人以上未设安全生产管理机构扣 8 分 ④职工总数 100 人以下未设专门安全生产管理岗位扣 8 分	8		
3	* 安全生产责任制	明确本单位安全生产第一责任人是企业主要负责人；建立健全安全生产分管负责人、管理人员、职能部门的岗位安全生产责任制和考核制度；安全生产责任制执行情况应定期考核，并予以奖惩	①企业安全生产第一责任人不明确扣 8 分 ②未健全安全生产分管负责人、管理人员、职能部门的岗位安全生产责任制和考核制度扣 8 分 ③未定期进行考核扣 3 分 ④发现一处考核不全面、不具体，或奖惩措施不落实扣一分，扣完为止	8		
4	安全生产管理制度	制定完善的各项安全生产规章制度，并切实得到贯彻落实；根据法律、法规和标准、规范的改变，及时对各项安全生产规章制度进行修订： （1）安全生产目标管理与奖惩制度 （2）安全生产检查制度 （3）安全生产监督保证制度 （4）安全生产技术措施审批制度	①缺一项安全生产规章制度扣 2 分，扣完为止 ②有一项安全生产规章制度不完善扣 1 分，扣完为止 ③有一项安全生产规章制度没有落实扣 1 分，扣完为止 ④没有根据法律、法规和标准、规范的改变及时进行修订扣 5 分	10		

续表

序号	考评项目	考评内容	考评方法和标准	标准分值	实得分值	扣分原因
4	安全生产管理制度	（5）安全生产设施、设备管理制度 （6）事故隐患整改制度 （7）动火作业管理制度 （8）从业人员安全教育培训制度 （9）安全生产投入保障制度 （10）技术改造管理制度 （11）药剂调整管理制度 （12）重大危险源监控管理和安全评估制度 （13）黑火药、烟火药和引火线销售、购买和领用登记制度 （14）原材料购买、入库验收、使用和保管制度 （15）余药、废药安全处置制度 （16）门卫、保卫管理制度 （17）防护用品（具）管理制度 （18）职业卫生管理制度 （19）安全生产费用提取制度 （20）上下班考勤与违章登记制度				

续表

序号	考评项目	考评内容	考评方法和标准	标准分值	实得分值	扣分原因
5	安全生产操作规程	制定符合《烟花爆竹劳动安全技术规程》要求的，各工序和设备的安全操作规程；明确安全操作规程的修订时间，定期进行修订	①缺一项安全操作规程扣1分，扣完为止 ②没有明确修订时间扣3分 ③没有定期进行修订扣6分	10		
6	* 从业人员培训及资格	主要负责人、分管负责人、安全生产管理人员的安全生产知识和管理能力应当经考核合格；药物混合、造粒、筛选、装药、筑药、压药、切引、搬运等危险工序的作业人员应当接受烟花爆竹专业技术培训，并经考核合格取得资格证书；其他从业人员须经本岗位安全生产知识教育和培训并考核合格；所有从业人员应挂牌上岗	①主要负责人、分管负责人或安全生产管理人员未取得资格证书扣8分 ②发现危险工序作业人员未取得资格证书扣8分 ③发现其他从业人员1人未经安全教育培训扣1分，扣完为止 ④发现从业人员1人未挂牌上岗扣1分，扣完为止	8		
7	社会保险	依法参加工伤社会保险，为从业人员缴纳保险费	①没有依法为危险工序作业人员投保的扣3分 ②危险工序作业人员保险缺1人扣1分，扣完为止	3		
8	危险源管理	企业应及时进行危险有害因素辨识，建立危险源识别与管理制度，对重大危险源予以登记、备案，并有效监控和管理	①未进行危险有害因素辨识扣3分 ②未建立危险源识别与管理制度扣3分 ③未对重大危险源登记、备案扣3分 ④未对重大危险源有效监控和管理扣3分	3		

续表

序号	考评项目	考评内容	考评方法和标准	标准分值	实得分值	扣分原因
9	应急救援预案	按照 AQ/T 9002—2006 制订符合实际、可操作性强的事故应急救援预案；建立事故应急救援组织，配备应急救援人员和必要的应急救援器材及设备；定期演练且每年演练不少于1次	①未制定事故应急救援预案扣5分 ②主要内容不明确、操作性不强扣3分 ③未建立事故应急救援组织扣5分 ④未配备应急救援人员扣5分 ⑤没有必要的应急救援器材和设备扣5分 ⑥未定期进行演练扣3分	5		
10	技术资料档案和产品流向记录	分类建立技术资料档案和产品流向记录： （1）工厂设计说明书、平面布局图、工（库）房设计图以及竣工验收报告 （2）安全评价报告 （3）工伤事故档案 （4）教育培训档案 （5）隐患排查档案 （6）“三同时”档案 （7）设备、计量器具档案 （8）职业卫生管理档案 （9）职工奖惩档案 （10）安全管理制度及操作规程档案 （11）技术标准档案 （12）原材料档案 （13）药物检验档案 （14）产品流向记录档案	①未建立技术资料档案扣6分 ②未建立产品流向记录扣6分 ③缺一项技术资料档案扣1分，扣完为止	8		

续表

序号	考评项目	考评内容	考评方法和标准	标准分值	实得分值	扣分原因
11	安全生产费用和风险抵押金	落实安全生产费用提取制度，每年足额提取并按规定使用；按规定缴纳风险抵押金	①未落实安全生产费用提取制度，未提取或未使用扣5分 ②未足额提取并按规定使用扣3分 ③未按规定缴纳风险抵押金扣5分	5		
12	劳动用工和考勤	严禁雇用童工、精神不健康及老弱病残、孕妇等活动不便或不宜从事烟花爆竹生产作业的人员；建立职工上下班考勤制度，并严格执行	①发现雇佣1名不宜人员扣5分 ②未建立职工上下班考勤制度并未如实考勤记录扣5分 ③未严格执行考勤登记制度，缺少1天记录扣1分，扣完为止	5		
13	职业卫生管理	粉碎、混药等粉尘污染大的岗位每年组织职工做健康检查；按规定配备和使用棉制工作服和其他防护用品	①未组织职业健康检查扣3分 ②未配备棉制工作服扣3分 ③未按规定配备、使用防护用品扣2分	3		
14	日常安全检查与管理	认真落实和执行各项安全生产规章制度，日常安全检查有具体计划，有明确的目的、要求、内容，检查有记录，发现问题有整改	采取检查、访谈、询问、调阅安全检查记录等方式，检查企业执行各种规章制度和日常安全检查与管理情况 ①各项安全生产规章制度落实和执行不到位扣5分 ②没有日常安全检查计划或日常安全检查流于形式扣5分 ③日常安全管理存在明显漏洞扣5分	5		

续表

序号	考评项目	考评内容	考评方法和标准	标准分值	实得分值	扣分原因
15	职工违章处罚记录	严格执行职工违章处罚等奖惩制度，详细记录职工违章和处罚情况	①通过检查、询问和查阅有关记录，发现没有严格执行职工违章处罚等奖惩制度扣5分 ②没有记录职工违章和处罚情况或记录不详细扣5分	5		
16	* 隐患整改	对各种安全检查查出的安全隐患进行原因分析，制定整改措施及时整改，并进行验收；对重大隐患，必须采取应急防范措施，停产整改并限期解决；重大隐患及整改情况由安全技术部门及时汇总并存档	①对重大隐患问题没有认真及时进行整改扣8分 ②其他事项发现每项不合格扣3分，扣完为止	8		

注：考评项目中带 * 的为否决项，下同。

9　烟花爆竹经营企业安全生产管理考评检查表

（节选自2007年4月18日安监总危化［2007］81号）

表 90　　**安全生产管理考评表**　　（100分）

序号	考评项目	考评内容	考评方法和标准	标准分值	实得分值	扣分原因
1	安全生产方针和目标	按照国家有关安全生产法律法规的要求，贯彻“安全第一、预防为主、综合治理”的方针，制定符合企业实际情况的安全生产方针和目标，并认真组织实施和进行考核	①未制定印发安全生产方针和目标文件扣6分 ②安全生产方针和目标与企业实际情况不相符，或目标未具体量化扣3分			

续表

序号	考评项目	考评内容	考评方法和标准	标准分值	实得分值	扣分原因
1	安全生产方针和目标		③安全生产方针和目标落实不到位，各级管理人员有人不知道或不理解扣3分 ④未建立考核制度并未对安全生产方针和目标落实情况进行考核扣2分	6		
2	* 安全生产管理机构及人员	配备占本企业从业人员总数1%以上，且至少1名的专职安全生产管理人员；职工总数50人以上应设安全管理机构，职工总数50人以下的应在综合管理部门设安全管理岗位	①未配备专职安全生产管理人员扣8分 ②未按规定配备足够的专职安全生产管理人员扣3分 ③职工总数50人以下未设专门安全管理岗位扣8分 ④职工总数50人以上未设安全管理机构扣8分	8		
3	* 安全生产责任制	明确本单位安全生产第一责任人是企业主要负责人；建立健全安全生产分管负责人、管理人员、职能部门的岗位安全生产责任制和考核制度；安全生产责任制执行情况应定期考核，予以奖惩	①企业安全生产第一责任人不明确扣8分 ②未健全安全生产分管负责人、管理人员、职能部门的岗位安全生产责任制和考核制度扣8分 ③未定期进行考核扣3分 ④发现一处考核不全面、不具体，或奖惩措施不落实扣1分，扣完为止	8		

续表

序号	考评项目	考评内容	考评方法和标准	标准分值	实得分值	扣分原因
4	安全生产管理制度	制定完善的各项安全生产规章制度，并切实得到贯彻落实；根据法律、法规和标准、规范的改变，及时对各项安全生产规章制度进行修订： （1）安全生产目标管理与奖惩制度 （2）安全生产检查制度 （3）安全生产监督保证制度 （4）安全生产技术措施审批制度 （5）安全生产设施、设备管理制度 （6）事故隐患整改制度 （7）动火作业管理制度 （8）从业人员安全教育培训制度 （9）安全生产投入保障制度 （10）重大危险源监控和安全评估制度 （11）烟花爆竹产品，黑火药、烟火药、引火线等流向登记制度 （12）购买、入库验收、销售和保管制度 （13）门卫、保卫管理制度 （14）防护用品（具）管理制度	①缺一项安全生产规章制度扣1分，扣完为止 ②有一项安全生产规章制度不完善扣1分，扣完为止 ③有一项安全生产规章制度没有落实扣0.5分，扣完为止 ④没有根据法律、法规和标准、规范的改变及时进行修订扣5分	10		

续表

序号	考评项目	考评内容	考评方法和标准	标准分值	实得分值	扣分原因
4	安全生产管理制度	（15）职业卫生管理制度 （16）安全生产费用提取制度 （17）上下班考勤与违章登记制度				
5	安全生产操作规程	建立货物查验、拆箱、搬运、运输等安全操作规程；明确安全操作规程的修订时间和频次，定期进行修订	①缺一项安全操作规程扣1分，扣完为止 ②没有明确的修订时间扣3分 ③没有定期进行修订扣5分	8		
6	* 从业人员培训及资格	主要负责人、分管负责人、安全生产管理人员的安全生产知识和管理能力应当经考核合格；仓库保管员、守护员应当接受烟花爆竹专业技术培训，并经考核合格取得资格证书；其他从业人员须经本岗位安全生产知识教育和培训并考核合格；所有从业人员应挂牌上岗	①主要负责人、分管负责人或安全生产管理人员未取得资格证书扣10分 ②发现有仓库保管员、守护员未取得资格证书扣10分 ③发现其他从业人员1人未经安全教育培训扣1分，扣完为止 ④发现从业人员1人未挂牌上岗扣1分，扣完为止	10		
7	社会保险	依法参加工伤社会保险，为从业人员缴纳保险费	未依法参加工伤社会保险的扣3分	3		
8	危险源管理	应对重大危险源有效监控和管理	未对重大危险源有效监控、管理扣5分	5		

续表

序号	考评项目	考评内容	考评方法和标准	标准分值	实得分值	扣分原因
9	应急救援预案	按 AQ/T 9002—2006 制订符合实际、可操作性强的事故应急救援预案；建立事故应急救援组织，配备应急救援人员和必要的应急救援器材及设备；定期演练且每年演练不少于1次	①未制定事故应急救援预案扣5分 ②主要内容不明确、操作性不强扣3分 ③未建立事故应急救援组织扣5分 ④未配备应急救援人员扣5分 ⑤没有必要的应急救援器材和设备扣5分 ⑥未定期进行演练扣3分	5		
10	产品流向记录等资料档案	分类建立技术资料档案和产品流向记录： (1) 产品流向记录档案 (2) 库区平面布局图、库房设计图 (3) 安全评价报告 (4) 工伤事故档案 (5) 教育培训档案 (6) 隐患排查档案 (7)“三同时”档案 (8) 职工奖惩档案 (9) 安全管理制度及操作规程档案	①未建立产品流向记录档案扣9分 ②未建立技术资料档案扣9分 ③缺一项技术资料档案扣1分，扣完为止	9		
11	安全生产费用和风险抵押金	落实安全生产费用提取制度，每年足额提取并按规定使用；按规定缴纳风险抵押金	①未建立并实施安全生产费用提取制度扣5分 ②未提取或未使用扣5分 ③未足额提取并未按规定使用扣3分 ④未按规定缴纳风险抵押金扣5分	5		

续表

序号	考评项目	考评内容	考评方法和标准	标准分值	实得分值	扣分原因
12	劳动用工和考勤	严禁雇用童工、精神不健康及老弱病残、孕妇等活动不便不宜从事烟花爆竹生产作业的人员；建立职工上下班考勤制度，并严格执行	①发现雇佣1名不宜人员扣5分 ②未建立职工上下班考勤制度并未如实考勤记录扣5分 ③未严格执行考勤登记制度，缺少1天记录扣1分，扣完为止	5		
13	日常安全检查与管理	认真落实和执行各项安全生产规章制度，日常安全检查有具体计划，有明确的目的、要求、内容，检查有记录，发现问题有整改	采取检查、访谈、询问、调阅安全检查记录等方式，检查企业执行各种规章制度和日常安全检查与管理情况 ①各项安全生产规章制度落实和执行不到位扣5分 ②没有日常安全检查计划或日常安全检查流于形式扣5分 ③日常安全管理存在明显漏洞扣5分	5		
14	职工违章处罚记录	严格执行职工违章处罚等奖惩制度，详细记录职工违章和处罚情况	①通过检查、询问和查阅有关记录，发现没有严格执行职工违章处罚等奖惩制度扣5分 ②没有记录职工违章和处罚情况或记录不详细扣5分	5		
15	* 隐患整改	对事故隐患制定整改计划并及时整改；对重大隐患，必须采取应急防范措施，并停业整改，限期解决；重大隐患及整改情况及时汇总存档	①对重大隐患问题没有认真及时进行整改扣8分 ②其他事项发现每项不合格扣3分，扣完为止	8		

四、煤矿与非煤矿山安全责任标准检查表

（一）煤矿安全责任标准检查表

1 煤矿安全生产重点检查表

（选自贵州省煤矿安全生产重点检查表）

表 90 煤矿安全生产重点检查表

序号	检查项目	检查内容	检查方法	检查情况	结论	检查人员
一	安全生产许可证等“六证”情况	1. 依法取得采矿许可证、工商营业执照、安全生产许可证、煤炭生产许可证等“六证”情况；“六证”暂扣或注销或吊销情况	现场查阅相关证件及资料			
		2. 有关部门对煤矿下达的安全监管、监察指令情况				
		3. 煤矿安全生产隐患排查、治理、报告情况				
		4. 煤矿井下组织生产情况				

续表

序号	检查项目	检查内容	检查方法	检查情况	结论	检查人员
二	安全制度及安全管理机构设置情况	1. 主要负责人、管理人员及职能部门安全生产责任制建设及落实情况	现场检查，查阅相关资料			
		2. 各项安全生产管理制度建设及落实情况包括安全办公会议制度、安全教育培训制度、事故隐患排查报告和治理制度、安全技术审批制度、入井检身与出入井人员清点制度、管理人员入井带班制度、瓦斯审查制度、用工制度、事故应急救援制度等				
		3. 专职安全管理机构设置及专职安全人员配备情况				
三	人员管理情况	1. 主要负责人和安全生产管理人员培训考核情况、取得安全资格证及持证情况	现场检查，查阅相关证照及资料			
		2. 矿级管理人员带班作业和专职安全员跟班作业情况				
		3. 特种作业人员配备是否满足安全生产要求；取得特种作业操作证及持证上岗情况				
		4. 其他从业人员劳动合同情况，岗前培训制度落实情况，年度安全教育、培训计划及落实情况	现场检查，查阅相关资料			
		5. 专业技术人员配备情况，有相对稳定的安全生产技术骨干				

续表

序号	检查项目	检查内容	检查方法	检查情况	结论	检查人员
三	人员管理情况	6. 矿井、采区、工作面的下井人数符合有关规定，严禁超定员组织生产	现场检查，查阅相关资料			
		7. 严格按照《贵州省安全生产条例》的规定，依法为所有从业人员办理保险，有近期缴纳保险费用的清单				
四	安全投入情况	1. 按规定提取安全技术措施费用和风险抵押金。有明细清单	现场检查，查阅相关资料			
		2. 制定年度安全技术措施费用使用计划				
		3. 安全技术措施费用满足安全生产要求，有明细清单				
五	安全技术管理情况	1. 专业技术人员配备满足安全生产要求	现场检查，查阅相关资料			
		2. 按规定进行矿井瓦斯等级鉴定工作。有各煤层的自燃倾向性和煤尘爆炸性鉴定结果；有各煤层的煤与瓦斯突出危险性鉴定结果				
		3. 井下作业有具有针对性的《作业规程》、安全技术措施或补充措施				
		4. 有能真实反映矿井实际情况的《井上下对照图》《采掘工程平面图》《通风系统图》《供电系统图》《避灾线路图》；有年度开采计划、年度灾害预防和处理计划				

续表

序号	检查项目	检查内容	检查方法	检查情况	结论	检查人员
五	安全技术管理情况	5. 每年按规定进行通风能力和生产能力核定，并按核定的能力组织生产	现场检查，查阅相关资料			
		6. 技术资料记录齐全，档案完整规范				
六	矿井“一通三防”管理	1. 矿井具备完整的独立通风系统；矿井、采区和采掘工作面供风能力、风质、风速满足安全生产要求；矿井有同等能力的备用主要通风机；生产水平和采区实行分区通风，按规定设置专用回风道；掘进工作面使用专用局部通风机通风；矿井有反风设施；无不合理通风；通风设施齐全安全可靠；严格执行测风制度	现场检查，查阅相关资料			
		2. 按规定装备瓦斯抽放系统、安全监测监控系统、风电瓦斯闭锁装置，并可靠运行；开采有突出危险的煤层采取“四位一体”防突措施；严格执行瓦斯检查制度，无瓦斯等有毒有害气体超限作业，落实矿长、技术负责人瓦斯日报审查签字制度；配备足够的专职瓦检员和瓦斯检测仪器，瓦斯检测仪器定期校验并有相关鉴定				
		3. 矿井防尘洒水系统符合有关规定。严格执行粉尘处理、测定制度				
		4. 开采容易自燃和自燃煤层的矿井有防、灭火系统，采取综合预防煤层自燃发火的措施，井上下配备必要的消防器材				

续表

序号	检查项目	检查内容	检查方法	检查情况	结论	检查人员
七	矿井机电管理	1. 6万t及以上矿井实现双回路供电；严禁由中性点直接接地的变压器或发电机向井下直接供电；年产6万t以下的矿井采用单回路供电时有备用电源且其容量满足通风、排水和提升的要求	现场检查，查阅相关资料			
		2. 井下电气设备的选型符合防爆要求；有接地、过流、漏电保护装置				
		3. 高瓦斯、煤与瓦斯突出矿井掘进工作面的局部通风机采用“三专两闭锁”				
八	矿井运输提升管理	1. 矿井提升使用矿用提升绞车，且保险装置和深度指示器装设齐全；立井升降人员使用罐笼或带乘人间的箕斗，并装设防坠装置，斜井机械升降人员使用专用人车或架空乘人装置，专用人车装设防跑车装置，使用检测合格的钢丝绳。必须定期检查钢丝绳，并有记录	现场检查，查阅相关资料			
		2. 斜井提升跑车防护装置和防跑车装置齐全，并使用可靠				
		3. 井巷胶带、刮板、矿车运输等符合有关要求				
九	矿井防、排水系统管理	1. 矿井必须建立可靠的防、排水系统；其排水能力必须符合有关规定。地面防洪措施符合有关规定要求	现场检查，查阅相关资料			
		2. 有水害威胁的矿井必须有相应的水文地质资料，有探放水设计、安全技术措施和装备				

续表

序号	检查项目	检查内容	检查方法	检查情况	结论	检查人员
十	采掘工程管理及井巷管理	1. 矿井至少有两个独立的能够行人并直达地面的安全出口，安全出口之间的距离不得小于 30 m；井下每一水平、每一采区至少有两个便于行人的安全出口，并与直达地面的安全出口相连接；采煤工作面有两个畅通的安全出口	现场检查，查阅相关资料			
		2. 所有采面必须实行壁式采煤；坚持正常的开采顺序；采煤方法符合国家、行业的有关安全规定要求				
		3. 对不实行壁式回采的，必须有县级及以上有关部门审查的安全措施和开采方案				
		4. 掘进工作面个数符合有关要求，坚决执行“一工程一措施”制度				
		5. 矿井在用巷道断面应能满足行人、运输、通风和设置安全生产设施要求				
		6. 顶板支护形式、支护材料符合《作业规程》规定，永久性巷道和采掘工作面必须实现非木支护。裸体支护巷道必须有相应的安全措施				

续表

序号	检查项目	检查内容	检查方法	检查情况	结论	检查人员
十一	矿井其他安全管理	1. 按矿井瓦斯等级选用相应的煤矿许用炸药和雷管；爆破工应取得特种作业人员特种作业操作证	现场检查，查阅相关资料			
		2. 使用安全标识管理目录内的矿用产品，有安全标识				
		3. 矿井配备足够数量的自救器，并正常使用				
		4. 制定职业危害防治措施、综合防尘措施，建立粉尘检测制度，为从业人员配备符合国家标准或者行业标准的劳动防护用品				
十二	煤矿事故应急救援管理情况	1. 制定各类事故灾害应急救援预案；按规定进行救援演习	现场检查，查阅相关资料和设备			
		2. 建立矿山救护队或与就近的有资质的矿山救护队签订救护协议				
		3. 煤与瓦斯突出矿井和6万吨及以上的高瓦斯矿井必须配备不少于6人并经过培训合格的专、兼职辅助救护队员，并按规定配足必要装备				
		4. 矿井必须具有完善可靠的通信系统，保持矿井内外、井上下和主要生产场所、主要作业地点通信畅通				

2 煤矿安全检查表

（选自福建省煤矿安全现状综合评价
标准 2008 年版煤矿安全检查表）

（1）安全生产管理检查表

表 91　　安全生产管理检查表

序号	检查项目及内容	标准分	执行标准	评分办法	实际得分
1	**安全管理**	**100.00**			
*1.1	建立健全企业主要负责人、分管负责人、安全生产管理人员、职能部门、岗位安全生产责任制	5.0	《关于印发〈煤矿企业安全生产管理制度规定〉的通知》（煤安监办字［2004］42号）	缺一项扣1分，不符合本矿实际扣1分，扣完为止	
*1.2	企业应当根据矿井实际制定安全目标管理制度，安全奖惩制度，安全技术审批制度，事故隐患排查制度，安全检查制度，安全办公会议制度，入井人员清点，检身制度，劳动定员管理制度，主要负责人和管理人员下井跟班制度	5.0		缺一项扣1分，不符合本矿实际扣1分，扣完为止	
*1.3	企业应当根据矿井实际制定相应的采煤、掘进、机电、运输、通风、爆破作业和其他作业等各工种操作规程	5.0		缺一项扣1分，不符合本矿实际扣1分，扣完为止	

续表

序号	检查项目及内容	标准分	执行标准	评分办法	实际得分
*1.4	企业的安全投入应当符合安全生产要求，按照有关规定提取安全技术措施专项经费	3.0		无按规定提取安措经费不得分	
1.5	企业制定符合实际的年度安措计划和台账	2.0		无计划不得分；台账不完善扣1分	
*1.6	企业应当设置安全生产管理机构，配备足够数量的专职安全生产管理人员	5.0		无安全生产管理机构不得分，无专职安全生产管理人员不得分	
*1.7	企业主要负责人（法定代表人、实际控制人、矿长）必须持有有效的《生产经营单位主要负责人安全资格证书》	5.0		缺证书不得分	
1.8	分管安全生产副矿长持有有效的《生产经营单位主要负责人安全资格证书》	3.0		缺证书不得分	
*1.9	矿井至少应配备4名专职安全员，安全生产管理人员必须持有有效的《安全管理人员安全资格证书》	5.0		缺证书不得分	

续表

序号	检查项目及内容	标准分	执行标准	评分办法	实际得分
*1.10	生产矿井必须有技术管理机构，并配置不少于1名的专业技术人员，专业技术人员必须具备煤矿相关专业全日制教育中专以上学历	5.0	《福建省加强煤矿安全基础管理实施意见》（闽安监矿山［2007］183号）	未配备不得分	
*1.11	企业应当依法参加工伤保险，为全体从业人员缴纳工伤保险费；并有社会保险机构出具的《工伤保险参保证明》	5.0	《关于贯彻〈安全生产许可证条例〉做好企业参加工伤保险有关工作的通知》（闽劳社文［2005］245号）	未参加不得分	
*1.12	企业应当制定重大危险源（高瓦斯、煤尘爆炸危险、煤层自燃危险、水文地质复杂矿井等）检测、评估、监控措施和应急预案，建立主要灾害预防管理制度	3.0	《关于开展重大危险源监督管理工作的指导意见》（安监管协调字［2004］56号）	缺一项不得分，不完善扣1分	
*1.13	企业应当制定事故应急救援预案，并按照规定设立矿山救护队，配备救护装备。不具备单独设立矿山救护队条件的，应当与邻近的专业矿山救护队签订救护协议	5.0	《生产经营单位安全生产事故应急预案编制导则》（AQT 9002—2006）	未制定事故应急预案、未建立矿山救护队或未签订救护协议该项不得分	

续表

序号	检查项目及内容	标准分	执行标准	评分办法	实际得分
*1.14	企业应当建立安全教育与培训制度，制定特种作业人员培训计划、从业人员培训计划、职业危害防治计划等，做到有计划、有经费、有实施、有考核、有档案	5.0		未建立不得分，不完善扣2分	
*1.15	特种作业人员经有关业务主管部门考核合格，取得特种作业操作资格证书并持证上岗	5.0		发现特种作业人员未持有效证件上岗不得分	
*1.16	从业人员依法进行安全生产教育和培训，并经考试合格	3.0		未培训考试合格不得分	
*1.17	煤矿企业制定劳动定员标准	2.0	《关于加强煤矿企业劳动定员管理工作的通知》(闽经贸能源［2007］464号)	煤矿企业未按规定进行劳动定员的不得分	
*1.18	企业应当制定职业危害防治措施、综合防尘措施，建立粉尘检测制度，为从业人员配备符合国家标准或者行业标准的劳动防护用品	3.0		缺一项不得分，不完善扣2分	
*1.19	企业应当制定符合实际的《矿井灾害预防和处理计划》	5.0		未制定或不符合实际不得分	

续表

序号	检查项目及内容	标准分	执行标准	评分办法	实际得分
1.20	企业应当建立事故分析、处理及报告制度，并按“四不放过”原则认真调查处理事故 企业应当建立健全安全生产隐患排查、治理和报告制度，制定隐患整改措施，落实整改责任制	5.0		未建立不得分	
1.21	企业应当建立质量标准化管理制度，明确检查标准、检查周期和考核评级奖惩办法	5.0		缺一项不得分，一项不完善扣2分	
1.22	企业应当制定矿用设备、器材使用管理制度，保证在用设备、器材符合相关标准，保持完好状态 企业应当建立以技术负责人为首的技术管理体系，加强技术基础工作	3.0		未制定不得分，发现1台设备、器材未保持完好状态扣0.5分，扣完标准分为止	
*1.23	企业应当有反映实际情况的图纸：矿井地质和水文地质图，井上下对照图，巷道布置图，采掘工程平面图，通风系统图，井下运输系统图，排水、防尘、防火、压风等管路图，井下通信系统图，井上、下配电系统图，井下电气设备布置图，井下避灾路线图	8.0		缺一项图纸或图纸不符合实际不得分，一件图纸不规范扣2分，扣完标准分为止	

(2) 开采系统安全生产检查表

表 92　开采系统安全生产检查表

序号	检查项目及内容	标准分	执行标准	评分办法	实际得分
2	**开采系统**	**100.00**			
2.1	技术资料				
2.1.1	矿井必须有开采设计及安全专篇，其安全设施经煤矿安全监察部门审查同意	5.0		矿井没有开采设计及安全专篇，该小项不得分；安全设施未经煤矿安全监察部门审查同意，扣 2 分，扣完标准分为止	
2.1.2	矿井采煤工作面必须制定有符合矿井实际的作业规程及审批、贯彻记录，制定有开工前的安全检查和敲帮问顶制度，并严格执行	5.0		没有作业规程及安全检查和敲帮问顶制度不得分，没有学习、贯彻或记录每项扣 3 分，没有及时补充作业规程扣 3 分，扣完标准分为止	
2.1.3	采煤工作面初次放顶、过地质构造带及收尾时应有安全技术措施	5.0		每发现一处不符合规定扣 2 分，扣完标准分为止	

续表

序号	检查项目及内容	标准分	执行标准	评分办法	实际得分
2.1.4	每一采煤工作面开工前应由矿技术负责人牵头进行水害、顶板和“一通三防”技术论证，如存在有水患影响，必须制定详细有效的安全技术措施，同时应报县级煤炭行业管理部门（福煤集团下属公司）批准	5.0		每发现一处不符合规定扣2分，扣完标准分为止	
*2.1.5	矿井必须及时绘制所有采煤工作面实测图，图纸内容应包括周边开采状况	8.0		无实测图扣5分，实测图不切合实际扣3分，图纸内容不全扣2分，扣完标准分为止	
*2.1.6	矿井不得超层越界开采	2.0		现场核对图纸，凡有超层越界开采，则该项不得分；有超层越界的，核实是否已实测上图，是否退回界内并密闭，是否已采取留设足够的安全保护煤（岩）柱、告知相邻矿井等安全措	

续表

序号	检查项目及内容	标准分	执行标准	评分办法	实际得分
2.1.7				施。未填图的本项不得分，未采取安全措施的本项不得分	
2.2	安全出口				
*2.2.1	矿井至少有2个独立的能够行人并直达地面的安全出口，安全出口之间的距离不得小于30 m；井下每一个水平、每一采区至少有2个便于行人的安全出口，并与直达地面的安全出口相连接	8.0		不符合规定不得分	
*2.2.2	对于通达地面的安全出口及2个水平之间的安全出口同时应满足《煤矿安全规程》第19条的要求	2.0		不符合规定不得分	
*2.2.3	采煤工作面必须保持至少两个畅通的安全出口，一个通到回风巷道，另一个通到进风巷道。开采三角煤（包括开采断层带、压薄带、鸡窝煤和地质构造极为复杂的煤层）、残留煤柱，无法形成通回风巷的安全出口时，必须制定安全措施，经企业负责人批准后，按隶属关系报市、县级煤炭行业管理部门（福煤集团下属公司）审批	10.0	《关于煤矿开采三角煤、残留煤柱有关事项的通知》（闽经贸能源［2005］488号）	无两个出口或安全措施无审批不得分	

续表

序号	检查项目及内容	标准分	执行标准	评分办法	实际得分
2.2.4	井口砌碹不少于5 m，井口须标有矿井名称。井巷的岔道口必须设置路标，标明所在地点，指明通往地面安全出口的方向	5.0		每发现一处不符合扣2分，扣完标准分为止	
2.2.5	工作面安全出口与巷道衔接处的20 m范围内，必须加强支护，无断梁折柱；上下端头必须采用特殊支护	5.0		每发现一处不符合扣2分，扣完标准分为止	
2.3	开采顺序				
2.3.1	采区开采顺序必须符合《开采设计》要求；一个采区内同一煤层不得布置3个以上（含3个）采煤工作面	4.0		不符合规定不得分	
2.3.2	长壁式采煤工作面分上下面同时回采时，上下面错距应根据煤层倾角、矿山压力、支护形式、通风、瓦斯、自然发火、涌水等情况，在作业规程中明确规定	3.0		不符合规定不得分	
2.3.3	采煤工作面煤柱的留设、回采顺序合理，符合作业规程的要求	3.0		不符合规定不得分	

续表

序号	检查项目及内容	标准分	执行标准	评分办法	实际得分
2.4	支护				
2.4.1	采煤工作面必须积极推行支护改革，推广使用单体液压支柱、悬移顶梁液压支架等	5.0		未推行不得分	
2.4.2	必须按作业规程的规定及时支护，严禁空顶作业，控顶距必须符合作业规程规定，所有支架架设牢固，并有防倒柱措施	5.0		每发现一处不符合扣5分，扣完标准分为止	
2.4.3	采煤工作面严禁使用折损的坑木，在同一工作面中不得使用不同类型、不同性能的支柱；同时必须存有一定数量的备用支护材料	5.0		每发现一处或一项不符合扣2分，扣完标准分为止	
2.4.4	采煤工作面必须按作业规程规定及时架设密集支柱、丛柱或木棚、木垛等；支柱迎山角、柱距、排距、人工假顶、柱鞋、挡矸方式等必须符合作业规程规定	5.0		每发现一处或一项不符合扣2分，扣完标准分为止	
2.5	防坠				
2.5.1	在25°以上的小眼、人行道、上山和下山的上口，必须有防止人员坠落的设施	5.0		每发现一处或一项不符合扣2分，扣完标准分为止	

续表

序号	检查项目及内容	标准分	执行标准	评分办法	实际得分
2.5.2	煤仓、溜煤（矸）眼必须有防止人员、物料坠入和煤、矸堵塞的设施	5.0		每发现一处或一项不符合扣2分，扣完标准分为止	

（3）掘进系统安全生产检查表

表93　　掘进系统安全生产检查表

序号	检查项目及内容	标准分	执行标准	评分办法	实际得分
3	**井巷掘进系统**	**100.00**			
3.1	技术资料				
3.1.1	每一掘进工作面必须编制作业规程，并报矿技术主管批准，批准后的作业规程要组织作业班工人学习、贯彻，并记录在案；作业规程遇作业变化时要及时补充，并重新贯彻执行。一个采区内同一煤层不得布置5个以上（含5个）掘进工作面	10.0		没有规程不得分，没有学习、贯彻或记录每项扣3分，没有及时补充作业规程扣5分，扣完标准分为止。一个采区内同一煤层掘进工作面数不符合要求的，这一小项不得分	
3.1.2	矿井必须及时绘制所有掘进工作面实测进展图，图纸应包括周边巷道情况	5.0		每发现一处不符合扣3分，扣完标准分为止	

续表

序号	检查项目及内容	标准分	执行标准	评分办法	实际得分
3.1.3	矿井必须详细制定巷道维修及检查制度	10.0		没有制定制度不得分，制定的制度不详细扣5分	
3.1.4	矿井必须制定开工前的安全检查和敲帮问顶制度，并严格执行	5.0		每发现一处不符合规定扣3分，扣完标准分为止	
3.2	主要巷道				
*3.2.1	矿井主要巷道的净断面应能满足行人、运输、通风和设置安全生产设施的需要。矿井主要运输巷、主要风巷的净高不得低于2 m，采区上、下山和平巷的净高不得低于1.8 m，回采工作面出口20 m内巷道的净高不得低于1.6 m	10.0		每发现一处不符合不得分	
3.2.2	矿井巷道应推广使用锚杆、锚喷、锚网、锚索、砌碹或金属支架等支护，新建矿井的巷道禁止采用木支护	5.0		未推广使用不得分	
3.3	斜巷掘进				
3.3.1	开凿或延深斜井、下山时，必须在斜井、下山的上口设置防跑车装置，在掘进工作的上方设置坚固的跑车防护装置	5.0		每发现一处不符合扣5分，扣完标准分为止	

续表

序号	检查项目及内容	标准分	执行标准	评分办法	实际得分
3.3.2	向上掘进25°以上的倾斜巷道时，必须将溜煤（矸）道与人行道分开；人行道应设扶手	5.0		每发现一处不符合扣2分，扣完标准分为止	
3.4	顶板管理				
3.4.1	掘进工作面控顶距离符合作业规程要求，严禁空帮、空顶现象；临时支护形式在作业规程中要明确规定	10.0		每发现一处不符合扣5分，扣完标准分为止	
3.4.2	在松软的煤、岩层或流沙性地层中及地质破碎带掘进时，必须采取前探支护以及设置撬棍等其他安全措施	5.0		每发现一处不符合扣2分，扣完标准分为止	
3.4.3	架棚巷道掘进工作面10 m内的支护，在爆破前必须加固。修复支架时必须先检查顶、帮，并由外向里逐架进行；巷道砌碹时，碹体与顶帮之间必须充满填实；采用锚喷支护的，其锚杆质量、形式、规格、安装、混凝土标号、喷体厚度、金属网规格等必须符合施工组织设计或作业规程的规定	10.0		每发现一处不符合扣3分，扣完标准分为止	

续表

序号	检查项目及内容	标准分	执行标准	评分办法	实际得分
3.5	巷修工作				
3.5.1	矿井必须设置维修机构、配足维修人员，巷道维修施工作必须有安全技术措施	10.0		每发现一处不符合扣5分，扣完标准分为止	
3.5.2	主要进回风巷无明显的失修现象，无严重失修	10.0		每发现一处不符合扣5分，扣完标准分为止	

(4) 通风系统安全生产检查表

表 94　　通风系统安全生产检查表

序号	检查项目及内容	标准分	执行标准	评分办法	实际得分
4	**通风系统**	**100.00**			
4.1	通风系统				
*4.1.1	矿井具备完整的独立通风系统，矿井、采区、采掘工作面通风能力满足安全生产要求，生产水平和采区实行分区通风	10.0		不符合不得分	

续表

序号	检查项目及内容	标准分	执行标准	评分办法	实际得分
4.1.2	改变全矿井通风系统时，必须编制通风设计及安全措施，由企业技术负责人审批；掘进巷道贯通（包括通风小眼）时，必须按《煤矿安全规程》规定，下达贯通预透通知书和编制安全技术措施，经矿技术负责人审批并向施工队伍贯彻签字，编制内容符合现场实际，贯通后有反馈贯通时间和风流调整情况	10.0		改变全矿井通风系统无报批手续的扣4分；掘进巷道贯通无编制安全技术措施、编制内容不符合实际或贯通后无反馈贯通时间和风流调整情况的，每发现一处扣2分	
4.1.3	通风系统中没有不符合《煤矿安全规程》规定的串联通风、扩散通风、采空区通风	10.0		每一处不符合扣2分	
*4.1.4	矿井使用安装在地面的矿用主要通风机进行通风，并有同等能力的备用主要通风机；矿井有反风设施	5.0		不符合不得分	
4.1.5	新安装的主要通风机投入使用前，必须进行一次通风机性能检测和试运转工作，以后每5年至少进行一次性能检测；通风机性能检测必须由有资质单位进行，并出具检测报告	5.0		没检测、无检测报告或检测不合格的均不得分	

续表

序号	检查项目及内容	标准分	执行标准	评分办法	实际得分
4.1.6	矿井每旬组织1次全面测风，井巷中的风速符合《煤矿安全规程》规定，井下各作业地点不得出现微风、无风作业；采掘工作面温度不得超过26℃，机电硐室不得超过30℃；矿井有效风量率不低于85%	10.0		未按规定组织测风的或发现微风、无风作业以及井巷无风速测定记录、采掘工作面和机电硐室无风量和温度测定记录的该项不得分。风速、温度每不符合一处扣1分。矿井有效风量率每低于标准1%扣1分	
4.1.7	主要通风机房内装有直通矿调度室的电话、水柱计、电流表、轴承温度计（主要适用于离心式通风机）以及反风操作系统图、司机岗位责任制、操作规程和运行记录	5.0		根据实际缺一项扣1分。运行记录不齐全的一处扣1分	
4.1.8	采空区以及报废巷道必须及时封闭。密闭使用不燃性材料建筑，严密不漏风，密闭内有水的设反水池或反水管	5.0		未按规定设置密闭的一处扣2分。密闭质量不合格的一处扣1分	

续表

序号	检查项目及内容	标准分	执行标准	评分办法	实际得分
4.1.9	控制风流的风门、反风门、风窗（含调节风门）和风桥设置位置合理，墙体用不燃性材料建筑且严密不漏风；风门每组不少于2道，并可自动关闭，前后5 m巷道支护良好；反风设施（含反风门）每季度检查1次，每年进行1次反风演习，并有反风演习报告	5.0		不符合一处扣1分；反风设施无按规定进行检查的扣1分，无按规定进行反风演习或无演习报告的扣1分	
4.1.10	测风站有明显标识；安设的位置和数量合理；记录牌内容齐全，数据填写准确及时	5.0		不符合一处扣1分；缺少1处扣1分	
4.2	局部通风				
4.2.1	使用局部通风机通风的工作面，局部通风机必须符合《煤矿安全规程》规定	10.0		不符合不得分	
4.2.2	局部通风机设备齐全，吸风口有风罩和整流器，高压部位有衬垫，通风机必须垫高或吊挂，离地面（轨面）高度大于0.3 m	5.0		局部通风机设备不齐全一处扣2分，高压部位漏风的一处扣1分，垫高不够一处扣1分	

续表

序号	检查项目及内容	标准分	执行标准	评分办法	实际得分
4.2.3	局部通风机和启动装置必须安装在进风巷道中，距回风口不得小于10 m，不发生循环风	5.0		发现循环风该项不得分。安装位置不符合一处扣1分	
4.2.4	采用阻燃性材料制作的导风筒	5.0		使用非阻燃材料的风筒该项不得分	
4.2.5	风筒出口风量和到工作面的距离符合作业规程的规定	5.0		作业规程无规定的一处扣2分；不符合作业规程规定的一处扣1分	

(5) 瓦斯管理和安全监控系统检查表

表95　　瓦斯管理和安全监控检查表

序号	检查项目及内容	标准分	执行标准	评分办法	实际得分
5	**瓦斯管理系统**	**100.00**			
5.1	瓦斯管理				
*5.1.1	矿井每年进行瓦斯等级鉴定	10.0	《瓦斯等级鉴定规范》（AQ 1025—2006）	不符合不得分	
*5.1.2	实行瓦斯检查制度和矿长、技术负责人瓦斯日报审查签字制度	10.0		不符合不得分	

续表

序号	检查项目及内容	标准分	执行标准	评分办法	实际得分
*5.1.3	配备足够的专职瓦斯检查员和瓦斯检测仪器，瓦斯检测仪器定期校验并由有资质的检测机构检定	10.0	配备专职瓦检员不少于4人；矿井的每个独立采区应至少2台瓦检仪在用，1台瓦检仪备用	不符合不得分	
5.1.4	配备足够的风表，风表定期校验并由有资质的检测机构检定	10.0	在用的高、中和微速风表至少各配备1台，且有相应型号和数量的备用风表	少配1台扣2分，无按规定检定的该项不得分	
5.1.5	矿井测风记录和瓦斯检查记录必须按规定认真填写，记录必须“三对口”；测风的次数和瓦斯检查的次数必须符合《煤矿安全规程》规定	5.0	记录要认真填写在记录牌、记录本和测风测气日报表上	不符合一处扣1分；检查次数不符合一处扣2分，扣完标准分为止	
5.1.6	临时停工的地点，不得停风，否则必须切断电源、设置栅栏、贴示警标，禁止人员进入	10.0		不符合一处扣5分	
5.1.7	矿井必须有因停电和检修主要通风机（局部通风机）停止运转或通风系统遭到破坏以后恢复通风、排除瓦斯和送电的安全措施	5.0		不符合该项不得分	

续表

序号	检查项目及内容	标准分	执行标准	评分办法	实际得分
5.1.8	恢复已封闭的停工区或采掘工作接近这些地点时，必须事先排除其中积聚的瓦斯；排除瓦斯工作必须制定安全技术措施	5.0		无制定安全技术措施的该项不得分；措施不完整或措施无贯彻的一处扣5分	
5.1.9	严禁在停风或瓦斯超限的区域内作业	5.0		一处不符合该项不得分	
5.1.10	采掘工作面和其他作业地点无瓦斯超限作业，无瓦斯积聚（瓦斯浓度在2%或以上，体积达到0.5 m^3），当发生瓦斯积聚时，必须及时处理	5.0		有瓦斯超限作业的或瓦斯积聚未及时处理的该项不得分	
5.2	安全监控系统				
*5.2.1	矿井必须装备矿井安全监控系统	5.0	符合《福建省煤矿安全监控系统装备联网和维护使用指导意见》（闽煤安监综合［2008］18号）要求	不符合不得分	
5.2.2	安全监控系统的安装使用必须符合相关规定要求	4.0	符合《福建省煤矿安全监控系统装备联网和维护使用指导意见》（闽煤安监综合［2008］18号）要求	未按规定安装使用的，不符合一处扣1分	

续表

序号	检查项目及内容	标准分	执行标准	评分办法	实际得分
5.2.3	煤矿应建立安全监控设备检修室，负责本矿安全监控设备的安装、调校、维护和简单维修工作。安全监控设备必须定期进行调试、校正，每月至少1次。未建立检修室的小型煤矿应将安全监控仪器送到检修中心进行调校和维修	3.0	安全监控设备检修室或检修中心的建立应符合有关规定要求	不符合不得分	
5.2.4	安全监控系统的监测日报表必须报矿长和技术负责人审阅	2.0		未审阅不得分	
5.2.5	采用催化燃烧原理的甲烷传感器、便携式甲烷检测报警仪等，每隔10天必须使用校准气体和空气样，按产品使用说明书的要求调校一次	3.0	甲烷传感器、便携式甲烷检测报警仪等的定期调校要有记录	未按规定时间调校或调校无记录的该项不得分；调校不全面的，每少一台次扣1分	
5.2.6	煤矿安全监控系统的分站、传感器等装置在井下连续运行6～12个月，必须升井检修，并强制计量检定	5.0		不符合该项不得分	
5.2.7	煤矿应建立安全监控管理机构。安全监控管理机构由煤矿主要技术负责人领导，并应配备足够的人员	3.0		未建立管理机构该项不得分。配备的人员不能满足煤矿安全监控实际需要的每少一人扣1分	

(6) 防尘系统和防灭火系统检查表

表 96　　防尘系统和防灭系统检查表

序号	检查项目及内容	标准分	执行标准	评分办法	实际得分
6	**防尘系统和防、灭火系统**	**100.00**			
6.1	防尘系统				
*6.1.1	矿井要有完善的防尘供水系统	10.0		不符合不得分	
6.1.2	防尘水源、水量、水压、水池容量符合要求	5.0		防尘水量、水压、水池容量不符合一处扣1分	
6.1.3	矿井主要运输道，采区运输巷，采区回风道，胶带斜井，胶带运输平巷，上、下山，采煤工作面上、下平巷，掘进巷道，溜煤眼翻车机，输送机转载点等处均要设置防尘管路，胶带斜井和胶带运输平巷管路每隔50 m设一个三通阀门，其他管路每隔100 m设一个三通阀门	10.0		不符合一处扣1分	
6.1.4	井下所有运煤转载点必须有完善的喷雾装置，采煤工作面进回风巷、主要进风大巷及进风斜井和掘进工作面都必须安装净化水幕，采煤工作面距上下出口不超过30 m，掘进工作面距迎头不超过50 m，水幕应封闭全断面，灵敏可靠，雾化好，使用正常	5.0		不符合一处扣1分	

续表

序号	检查项目及内容	标准分	执行标准	评分办法	实际得分
6.1.5	开采有煤尘爆炸性危险的煤层，按规定安设使用隔爆设施	5.0	隔爆设施的安设地点、数量、规格质量符合《煤矿安全规程》要求	不符合一处扣1分	
6.1.6	采掘工作面采用湿式凿岩，按规定进行矿井作业场所粉尘检测工作，制定职业危害防治措施，并为从业人员提供符合标准的劳动防护用品	5.0		无湿式凿岩扣2分，无粉尘检测的扣2分；无职业危害防治措施的扣1分，劳动保护用品不合格的一处扣1分，扣完小项分为止	
6.2	防、灭火系统				
*6.2.1	有各煤层自燃倾向性和煤尘爆炸性的鉴定结果	5.0		不符合不得分	
6.2.2	矿井必须按规定设置消防水池和井下消防管路系统，地面消防水池必须经常保持不小于200 m^3 的水量	5.0		消防管路铺设不符合一处扣1分。地面消防水池的水量不符合扣3分	
6.2.3	木料场、矸石山、炉灰场距离进风井不得小于80 m。木料场距离矸石山不得小于50 m；井口周边20 m内无杂草，井口外20 m内不得有可燃物和火源	5.0		不符合一处扣2分	

续表

序号	检查项目及内容	标准分	执行标准	评分办法	实际得分
*6.2.4	井上、井下配备必要的消防器材	10.0	符合《煤矿安全规程》第225、226条规定	不符合的不得分	
6.2.5	进风井口应装设防火铁门，如果不设防火铁门，必须有防止烟火进入矿井的安全措施；井下机电硐室装有向外开的防火铁门，且必须采用不燃性材料支护	5.0		井下机电硐室采用可燃材料支护的该项不得分。无防火铁门又无安全措施的不得分，无防火铁门有安全措施的扣2分；防火铁门不合格的一处扣1分	
6.2.6	严格执行入井人员检身制度，严禁入井人员携带烟草和点火物品下井；井下不准存放使用剩余的汽油、煤油和变压器油；严禁将剩油、废油泼洒在井巷和硐室内	5.0		入井检身制度执行不严、人员携带烟草和点火物品下井的该项不得分。井下的油料使用、储存和管理不符合一处扣2分	
6.2.7	井下禁止使用汽油发动机和柴油发动机；严禁明火明电照明	5.0		不符合一处该项不得分	

续表

序号	检查项目及内容	标准分	执行标准	评分办法	实际得分
6.2.8	如果必须在井下主要硐室、主要进风巷和井口房内进行电焊、气焊和喷灯焊接等工作，每次必须制定安全措施并贯彻到具体责任人	5.0		无制定安全措施的或有措施无贯彻的不得分，措施执行不严格的扣 2 分	
＊6.2.9	矿井配备足够数量的自救器	5.0		不符合不得分	
＊6.2.10	开采自燃煤层的矿井有防、灭火系统，采取综合预防煤层自然发火的措施	10.0		不符合不得分	

(7) 电气、压风系统检查表

表 97　　电气、压风系统检查表

序号	检查项目及内容	标准分	执行标准	评分办法	实际得分
7	**电气、压风系统**	**100.00**			
7.1	供电系统				
＊7.1.1	矿井由双回路电源线路供电；严禁井下配电变压器中性点直接接地，严禁由中性点直接接地的变压器或发电机向井下直接供电；年产 6 万吨以下的矿井采用单回路供电时，必须有满足通风、排水、提升要求的备用电源	8.0		不符合要求该项不得分	

续表

序号	检查项目及内容	标准分	执行标准	评分办法	实际得分
7.1.2	矿井两回路电源线路上都不得分接任何负荷，10 kV 及以下的矿井架空电源线路不得共杆架设，线路上严禁装设负荷定量器，正常情况下，矿井电源应分列运行，一回路运行时另一回路必须带电备用，若其中一路使用小水电，必须保证其可靠性；使用备用电源必须制定详细定期试运转制度，专人专管，确保可靠，并有运行、检查的详细记录	3.0		双回路中使用小水电扣 1 分，备用电源容量不足扣 2 分，缺备用电源试运行记录或无专人管理的扣 1 分。本项扣完为止	
7.1.3	井下各水平中央变（配）电所、主排水泵房和下山开采的采区排水泵房的供电线路，不得少于两回路。主要通风机、提升人员的立井绞车应有双回路供电。矿井供电能力满足安全生产要求	4.0		一处达不到要求扣 2 分	
*7.1.4	地面变电所和井下中央变电所的高压馈电线上，应装设有选择性的合格的接地保护装置。直接向井下供电的高压馈电线上，严禁装设自动重合闸	3.0		一处不合格该项不得分	

续表

序号	检查项目及内容	标准分	执行标准	评分办法	实际得分
＊7.1.5	井下低压馈电线上，装设可靠的检漏保护装置或有选择性的漏电保护装置	3.0		一处不合格该项不得分	
＊7.1.6	井下配电网络均应装设可靠的过流和短路保护装置；井下由采区变电所、移动变电站或配电点引出的馈电线上，应装设短路、过负荷和漏电保护装置	4.0		一处不合格该项不得分	
7.1.7	井下使用合格的矿用阻燃电缆，电缆的接头、连接及电缆选用、敷设、吊挂应符合有关规定	4.0	符合《煤矿安全规程》第466、467、468、469、471、472条规定	使用非阻燃电缆该项不得分，其余一处不符合要求扣1分	
7.1.8	井上各架空线（包括入井口）按规定装设防雷电装置，每年雨季前，必须对避雷装置进行检查试验，并具检测报告	2.0		一处达不到要求扣0.5分，扣完标准分为止	
7.1.9	配备操作高压的绝缘用具，主要是高压绝缘台、高压绝缘手套、高压绝缘胶鞋、高压验电笔（或高压测电笔）、高压操作棒	2.0		缺一项扣0.5分，扣完标准分为止	

续表

序号	检查项目及内容	标准分	执行标准	评分办法	实际得分
7.2	电气设备及其保护				
*7.2.1	井下电气设备的选型符合防爆要求。硐室外严禁使用油浸式低压电气设备	2.0		一处不合格不得分	
*7.2.2	使用安全标识管理目录内的矿用产品应有安全标识	3.0		一处不合格不得分	
7.2.3	井下使用的防爆电气设备不得有失爆现象	3.0		发现一处不合格扣1分	
7.2.4	煤矿井下设备的选用应符合《煤矿安全规程》第444条规定，并有“产品合格证”，实施煤矿矿用产品安全标识后购买的煤矿井下设备还应有“煤矿矿用产品安全标识”，严禁使用国家明令淘汰的机电设备。井下电气设备、电缆等检修、搬迁应符合《煤矿安全规程》第445条规定	2.0		一处不合格扣0.5分	
*7.2.5	井下高压电动机、动力变压器的高压控制设备，应具有短路、过负荷、接地和欠压释放保护。40 kW及以上电动机应采用真空电磁起动器控制，低压电动机的控制设备，应具有短路、过负荷、单相断线、漏电闭锁保护装置及远程控制装置。煤电钻使用综合保护装置及专用电缆	3.0		一处不合格该项不得分	

续表

序号	检查项目及内容	标准分	执行标准	评分办法	实际得分
7.2.6	井下电气设备的保护接地和接地装置应符合有关规定	3.0	符合《煤矿安全规程》第482、483、484、485、486、487条规定	井下没有主接地极扣2分，井下主接地极不符合规定扣2分，其余一处达不到要求扣1分	
7.2.7	容易碰到的和裸露的带电体及机械外露的转动和传动部分必须加装护罩或遮栏等防护设施	2.0		一处达不到要求扣1分	
7.2.8	由地面直接入井的轨道、管路，必须在井口附近将金属体进行不少于两处的良好的集中接地	3.0		一处达不到要求扣1分	
7.2.9	电气设备、绝缘油和电缆的安全运行、检查、试验、整定和测定应符合有关规定	3.0	《煤矿安全规程》第488、489、490、491条规定	少一种试验记录扣0.2分，少一次检查试验记录扣0.5分	
7.2.10	线路馈电开关的保护装置的整定应符合《矿井低压电网短路保护装置的整定细则》的要求	2.0		不符合扣1分	
7.2.11	机电设备硐室应符合有关规定	2.0	符合《煤矿安全规程》第460、461、462、463、464、465条规定	一处达不到要求扣1分	

续表

序号	检查项目及内容	标准分	执行标准	评分办法	实际得分
7.2.12	接地电网接地电阻测定每季度应进行一次，测量电阻值应符合《煤矿安全规程》规定	2.0		发现不符合一处扣1分	
7.2.13	主要电气设备绝缘电阻的检查，以及配电系统继电保护装置检查整定，应每6个月不少于一次	2.0		发现不符合一处扣1分	
7.3	照明通讯以及信号				
7.3.1	井下照明和信号装置，应采用具有短路、过载和漏电保护的照明信号综合保护装置配电	3.0	矿井照明和信号必须符合《煤矿安全规程》第473、479条规定	无综合保护扣2分，其余一处达不到扣1分	
7.3.2	井下不得使用明火明电照明。严禁用电机车架空线作照明电源	2.0		发现不符合一处扣1分	
7.3.3	矿灯应集中管理，保持完好	2.0	矿灯管理及矿灯房应符合《煤矿安全规程》第475、476、477条规定	一处达不到要求扣2分，发现一盏矿灯不完好扣1分	
*7.3.4	矿井应有通达矿内外、井上下和重要场所、主要作业地点的通讯系统	3.0	通讯系统必须符合《煤矿安全规程》第478、481条规定	矿井未建立通讯系统或不符合规定的，该项不得分	

续表

序号	检查项目及内容	标准分	执行标准	评分办法	实际得分
7.3.5	矿井必须备有井上、下配电系统图，井下电气设备布置示意图和电力、电话、信号、电机车等线路平面敷设示意图，并随着情况变化定期填绘；矿井必须建立设备定期查验、检测、维护、保养和检修制度，保证设备完好；完善供电系统和规章制度，保证矿井用电安全	3.0		缺一项扣1分	
7.4	矿井压风系统				
*7.4.1	空压机必须安装在地面，并且从空压机风包处开始安装符合要求的压风管路到井下各掘进工作面	3.0	《关于所有煤矿必须立即安装和完善井下通讯、压风、防尘供水系统的紧急通知》(安监总煤行［2007］167号)	不符合要求该项不得分	
7.4.2	装设在地面的固定式空压机的风包应设在室外阴凉处，周边不得有可燃物	2.0		一处不合格扣1分	
7.4.3	空压机必须经有检测资质的单位检测，并有合格的检测报告	2.0		没有检测或检测不合格不得分	

续表

序号	检查项目及内容	标准分	执行标准	评分办法	实际得分
7.4.4	装设在地面的空气压缩机应设在阴凉处，周边不得有可燃物	2.0		一处不合格扣1分	
7.4.5	空压机风包必须装有动作可靠的安全阀和放水阀，并有检查孔；空压机风包经过有关部门检验合格，并有检验报告	2.0		一处不合格扣1分	
7.4.6	空压机的吸口必须设置过滤装置；空压机必须使用闪点不低于215℃的压缩机油	2.0		一处不合格扣1分	
7.4.7	空压机必须有压力表、安全阀、断油（断水）保护装置和温度保护装置	2.0		一处不合格扣1分	
7.4.8	单缸空压机的排气温度不得超过190℃，双缸不得超过160℃	2.0		一处不合格扣1分	
7.4.9	安全阀、压力表必须定期校准；安全阀动作压力不得超过额定压力1.1倍	3.0		一处不合格扣1分	
7.4.10	空压机的机械和电气防护应符合规范要求	1.0		一处不合格该项不得分	
7.4.11	空压机须定期检修，保证设备完好	1.0		一处不合格该项不得分	

（8）提升、运输系统检查表

表 98　　　　　　提升、运输系统检查表

序号	检查项目及内容	标准分	执行标准	评分办法	实际得分
8	**提升、运输系统**	**100.00**			
8.1	矿井主要提升绞车及装置				
*8.1.1	矿井提升使用矿用提升绞车，且保险装置和深度指示器装设齐全；提人的提升机（或绞车）必须使用检测合格的钢丝绳，专为提物用的钢丝绳的检验必须符合有关规定	3.0	符合《煤矿安全规程》第 398 条规定	不符合要求该项不得分	
8.1.2	矿井主要提升机（或绞车）必须经有检测资质的单位检测，并有合格的检测报告	3.0		没有检测或检测不合格不得分	
8.1.3	矿井主要提升机必须有开始减速时能自动示警的警铃以及不离开座位即可操作的常用闸和保险闸，且动作可靠	3.0		不具备保险闸不得分，不能正常工作每项扣 1 分	
8.1.4	提升系统定期进行检查和技术性能测试；主要部件定期探伤；罐笼防坠器、斜井人车防坠器定期试验；并有检测检验报告	3.0		不合格一项扣 0.5 分，缺项扣 1 分	

续表

序号	检查项目及内容	标准分	执行标准	评分办法	实际得分
8.1.5	矿井主要提升装置严禁超载和超速运行。箕斗提升采用定重装置	2.0		达不到要求不得分	
8.1.6	提升装置的各部分由专职人员按规定检查	2.0		查检查记录，每缺一项扣1分	
8.1.7	提升信号齐全可靠，符合《煤矿安全规程》规定。提升信号与提升机闭锁	2.0		每缺一处或一处不合格扣1分	
8.1.8	提升系统安全保护装置齐全可靠	2.0		缺一处或一处不合格扣1分，扣完标准分为止	
8.1.9	提升钢丝绳的连接装置必须使用桃形块或楔形块	2.0		一处不合格扣1分	
8.1.10	检查钢丝绳提升安全系数、钢丝绳直径与绞车滚筒、天轮直径的比值应符合《煤矿安全规程》规定	3.0		一处不合格扣1分	
8.1.11	钢丝绳有检查制度、日常检修制度、定期保养制度和事故分析追究制度，并有记录	2.0		缺一项制度扣1分，记录不全扣1分，扣完标准分为止	
8.1.12	检查天轮、地滚磨损情况，以及滚筒衬垫状况	2.0		缺项或一项不合格扣1分	

续表

序号	检查项目及内容	标准分	执行标准	评分办法	实际得分
8.1.13	相关图纸等资料符合有关规定	2.0	符合《煤矿安全规程》第436条规定	除第5条外，缺一条扣0.5分	
8.1.14	提升容器、连接装置、钢丝绳必须保存有厂家合格证、检验证书等资料	2.0		缺一条扣0.5分	
8.1.15	绞车房硐室环境状况，设备总体直观评价	2.0		评定环境、设备总体状况，一般扣1分，差扣2分	
8.2	倾斜井巷及平巷运输				
8.2.1	倾斜井巷内使用串车平车场提升时：①在上部车场入口安设能够控制车辆进入摘挂钩地点的阻车器。②在上部平车场接近变坡点处，设置能够阻止未连钩的车辆滑入斜巷的阻车器。③在变坡点下方略大于1列车长度的地点，设置能够防止未连钩的车辆继续往下跑车的挡车栏。④在倾斜井巷内安设能够将运行中断绳脱钩的车辆阻止住的防跑车装置	5.0		无防护装置扣3分；一处不合格扣2分	
8.2.2	倾斜井巷使用绞车提升时做到井巷上端有足够的过卷距离	3.0		一处不合格扣1分	

续表

序号	检查项目及内容	标准分	执行标准	评分办法	实际得分
8.2.3	倾斜井巷运输用的钢丝绳连接装置和矿车连接装置，有符合《煤矿安全规程》规定的性能测试	3.0		任何一种未试验扣1分；发现使用不合格装置，该项不得分	
8.2.4	倾斜井巷运输时，矿车之间的连接、矿车与钢丝绳之间的连接，使用不能自行脱落的连接装置	3.0		未使用防脱销和三环链不得分，一处不合格扣1分	
8.2.5	串车提升的各车场设信号硐室及躲避硐；斜井提升时，严禁蹬钩、行人	2.0		一处不合格扣1分	
8.2.6	调度绞车要安装牢固，长期使用的要打水泥基础或地锚固定，临时绞车应使用四压、两戗柱固定	2.0		一台不合格扣1分	
8.2.7	轨道及道岔铺设质量符合《煤矿安全规程》第353、354条规定	2.0		一处不合格扣1分	
8.3	机车运输				
8.3.1	矿井采用机械运输必须符合《煤矿安全规程》第347、361条	3.0		一处不合格扣1分	
8.3.2	列车和单独机车必须前有照明，后有红灯	2.0		不符合规定一处扣1分	

续表

序号	检查项目及内容	标准分	执行标准	评分办法	实际得分
8.3.3	电机车架空线的悬挂高度和间距与巷道或棚梁的距离、绝缘子的悬吊符合《煤矿安全规程》第356、357条规定	2.0		一处不合格扣0.5分	
8.3.4	机车的闸、灯、警铃（喇叭）、连接装置和撒砂装置齐全、可靠	3.0		1台不合格扣1分	
8.3.5	列车的制动距离每年至少测定一次并有测定报告	2.0		未测定不得分，检测时间不符合扣1分	
8.3.6	机车运行时必须有用矿灯发送紧急停车信号的规定	2.0		未规定或不按规定执行的均不得分	
8.3.7	不回电的轨道和架线电机车回电轨道之间必须加以绝缘	2.0		一处不合格扣1分	
8.3.8	使用架线电机车的主要运输巷道支护，必须使用不燃性材料	2.0		一处不合格扣1分	
8.3.9	人力推车时，一次只准推一辆车。严禁在矿车两侧推车。巷道坡度大于7‰时，严禁人力推车	2.0		发现一次扣1分	
8.4	胶带输送机运输				
*8.4.1	井下采用滚筒驱动带式输送机运输时，使用矿用阻燃胶带	3.0		达不到要求不得分	

续表

序号	检查项目及内容	标准分	执行标准	评分办法	实际得分
*8.4.2	滚筒驱动带式输送机装设驱动滚筒防滑保护、堆煤保护、防跑偏装置和防撕裂保护装置；应装设温度、烟雾保护和自动洒水装置；在主要运输巷道内的在机头和机尾装设防护栏；在倾斜井巷使用的装设制动装置，上运时同时装设防逆转装置；巷道中行人跨越输送机处应设置过桥	2.0		不符合规定不得分	
8.4.3	装设带式输送机巷道中应每隔 50 m 设置消防支管和阀门	2.0		一处达不到要求扣 0.5 分	
8.5	井下机械运送人员				
8.5.1	垂高超过 50 m、主运输平巷长度超过 1 500 m 应采用机械运送人员上下班，严禁使用矿车运送人员	2.0		缺一项扣 1 分	
*8.5.2	斜井机械升降人员使用专用人车或架空乘人装置，专用人车必须有顶盖，必须装设可靠的防坠器，应使用检测合格的钢丝绳	3.0		一处达不到要求不得分	
8.5.3	每班运送人员前，必须检查人车的连接装置、保险链和防坠器并有记录，必须先放空车一次	2.0		未检查试验扣 1 分，记录不全的扣 1 分	

续表

序号	检查项目及内容	标准分	执行标准	评分办法	实际得分
8.5.4	倾斜井巷使用的专用人车必须有跟车人，跟车人必须坐在设有手动防坠器把手或制动器把手的位置上；必须装设跟车人能随时发送紧急停车信号的装置	3.0		一处达不到要求不得分	
8.5.5	人员上下车地点应有照明	1.0		无照明不得分	
8.5.6	运人斜井各车场设有信号和候车硐室。乘车人员必须遵守乘车制度，严禁扒、蹬、跳车	2.0		一处不合格扣1分，其余各项一处不合格扣0.5分	
8.5.7	用架空乘人装置运送人员时符合规定	2.0	《煤矿安全规程》第368条	距离不合格一处扣0.5分，其余1处不合格扣1分	
8.5.8	有机械运送人员的设备，在现场必须张挂乘人或其他运人设备的管理制度	3.0		无管理制度不得分，不张挂或一处违章扣1分	

（9）防治水系统检查表

表99　　防治水系统检查表

序号	检查项目及内容	标准分	执行标准	评分办法	实际得分
9	**矿井防治水系统**	**100.00**			
*9.1	地面和井下有排水系统	5.0		无建立排水系统该项不得分	
9.2	矿井须建立水害防治责任制，明确责任人；同时认真编制防治水规划、年度防治水计划和雨季“三防”计划，并组织实施	5.0		缺一项扣2分，扣完为止	
*9.3	井口和工业场地内主要建筑物低于当地历年最高洪水位的必须修筑堤坝、沟渠，疏通水路或采取其他有效措施	5.0		未修筑堤坝、沟渠，疏通水路或采取其他有效措施不得分	
9.4	每年雨季前必须对防治水工作进行全面检查，有可能发生滑坡或泥石流的地段，必须有相应的安全措施	5.0		无检查记录扣2分，无相应措施扣3分	
9.5	定期收集、调查、核对井田范围内相邻煤矿和废弃老窑、采空区的情况，并在井上、下对照图，采掘工程平面图和矿井综合水文地质图，矿井充水性图等图件上标出其位置、开采范围、开采年限、积水情况等	5.0		无调查不得分；调查资料不齐全，缺一项扣2分	

续表

序号	检查项目及内容	标准分	执行标准	评分办法	实际得分
9.6	井口附近或塌陷区内外的地表水体可能溃入井下时，应遵守《煤矿安全规程》第256条规定	5.0		缺一项扣2分	
9.7	严禁将矸石等废弃物堆放在山洪、河流可能冲刷到的地段，矿井应有避免淤塞河床、沟渠而造成洪水泛滥的措施	5.0		废弃物乱堆放不得分，无措施扣2分	
9.8	查明与井田内的河流、湖泊、溶洞、含水层等有水力联系的导水断层、裂隙(带)、陷落柱的确切位置和主要含水层厚度、水压等	5.0		缺一项扣2分	
9.9	防隔水煤柱的留设应符合《煤矿安全规程》第259条规定，严禁在各种防隔水煤柱中进行采掘	5.0		乱采防隔水煤柱不得分，留设防隔水煤柱无标注范围扣3分	
9.10	水文地质条件复杂或有突水淹井危险的矿井（涌水量 > $600\ m^3/h$），必须在井底车场周围和其他有突水危险地区的附近设置防水闸门	5.0	防水闸门应当符合《煤矿安全规程》第273、274条规定	矿井水文地质条件未判明的不得分，未按规定设置的扣3分，设置不规范扣2分	

续表

序号	检查项目及内容	标准分	执行标准	评分办法	实际得分
9.11	矿井主排水设备必须经有资质单位检测合格；主要泵房至少有2个出口，一个出口用斜巷通到井筒，并应高出泵房底板7 m以上；另一出口通井底车场，且应设防水防火门。泵房和水仓的连接通道应设置可靠的控制闸门	5.0		主排水设备未检测扣1分，出口不符合要求扣2分，控制闸门、防水防火门缺一道扣2分	
9.12	主要泵房必须有双回路供电，同时必须有工作、备用和检修的水泵，井下工作水泵的能力应能在20 h内排出矿井24 h的正常涌水量。临时排水系统必须保证有足够的排水能力	5.0		缺一项扣2分，排水能力不足不得分	
9.13	必须有工作和备用的排水管，工作水管能力应能配合水泵在20 h内排出矿井24 h的正常涌水量	5.0		无备用排水管扣2分，工作水管能力不符合要求不得分	
9.14	井下主要水仓必须有主仓和副仓，正常涌水量在每小时1 000 m^3以下时，水仓容积不得小于8 h的矿井正常涌水量	5.0		无副水仓扣2分，水仓容积不符合要求扣2分	

续表

序号	检查项目及内容	标准分	执行标准	评分办法	实际得分
9.15	每年雨季前必须对井下排水设备进行全面检修和联合排水试验；水仓、沉淀池和水沟中的淤泥，每年雨季前必须清理1次	5.0		缺一项扣2分	
9.16	矿井必须建立水文地质观测点记录台账，矿井涌水量每月观测1～3次；井巷出水点的位置及水量，有积水的井巷及采空区的积水范围、标高和积水量，必须绘在采掘工程平面图、矿井充水性图上。采掘工作面遇到《煤矿安全规程》第286条指定的情况之一时，必须确定探水线进行探水	5.0		无观测台账不得分；涌水量观测次数：水文地质简单矿井为1次，中等以上矿井为3次，次数不够扣1分；无在有关图件上绘制积水范围、无确定探水线不得分；绘制不规范扣1分	
*9.17	矿井应配备探放水设备	5.0		无探放水设备不得分	
9.18	井下探放水必须编制设计和采取安全措施并专人负责	5.0		无设计无措施和专人负责不得分	

续表

序号	检查项目及内容	标准分	执行标准	评分办法	实际得分
9.19	矿井必须坚持“预测预报，有疑必探，先探后掘，先治后采”的十六字原则，严格落实“防、堵、疏、排、截”五项综合治理措施，认真做好水害分析预报；水文地质复杂的矿井每月定期开展水害隐患排查，其他矿井每季度至少开展一次水害隐患排查。查出的水害隐患，要落实责任，采取切实可行的防治措施	3.0		未无水害隐患排查报告（水害调查报告）扣2分，无按时排查扣2分，无采取防治措施（防治水方案）扣2分，无落实责任扣2分，扣完为止	
*9.20	矿井应按有关规定建立矿井水文地质基础资料档案，档案内容包括防治水机构、水害预报制度、水害应急预案、年度防治水计划和雨季“三防”计划、水害排查记录、水害分析报告、采掘工作面安全论证报告、水文地质观测点记录台账、从业人员专项安全培训台账、水文地质图件等。《煤矿企业矿井水害分析报告》须经县级以上煤炭行业管理部门评审，并有明确是否有水患结论	5.0	《关于贯彻落实省领导重要批示精神，进一步做好煤矿水害防治的通知》（闽安委办［2007］40号）	缺一项扣2分，扣完为止	

续表

序号	检查项目及内容	标准分	执行标准	评分办法	实际得分
9.21	矿井必须加强职工防治水知识教育，特别是透水预兆、应急措施知识的普及教育	2.0		无教育记录不得分	

（10）爆破管理系统检查表

表 100　　爆破管理系统检查表

序号	检查项目及内容	标准分	执行标准	评分办法	实际得分
10	**爆破管理**	**100.00**			
10.1	管理制度				
10.1.1	矿井火工器材库应制定爆炸材料存储、运输、领退以及雷管编号管理制度和爆炸材料丢失处理办法，并在矿井生产中严格执行	10.0		每发现一处不符合规定扣 2 分，扣完标准分为止	
10.1.2	矿井爆破应制定有作业说明书	10.0	符合《煤矿安全规程》第 317 条要求	没有制定作业说明书不得分；其余不符合规定每发现一处扣 3 分，扣完标准分为止	
10.2	爆炸材料储存				
10.2.1	爆炸材料库必须经公安部门验收合格，并符合《煤矿安全规程》有关规定	5.0		不符合规定不得分	

续表

序号	检查项目及内容	标准分	执行标准	评分办法	实际得分
10.2.2	有公安部门颁发的《爆破作业许可证》、购买证；库房管理人员应持《民爆物品仓库管理员资格证》上岗	5.0		不符合规定不得分	
10.2.3	爆炸材料必须放置在爆炸材料库内。炸药、雷管应按有关规定分开储存，其最大容量不得超过规定要求；临时发放点应符合规程要求	10.0		每发现一处不符合规定扣 3 分，扣完标准分为止	
10.2.4	爆破材料库应设置围墙，配备监控系统，配置防、灭火器材及安装避雷装置	5.0		不符合规定不得分	
10.2.5	炸药和雷管在运输和井下临时存放过程中，应分别装在不同的坚实加锁的木箱内；爆破时必须把爆炸材料箱放到警戒线以外的安全地点	5.0		每发现一处不符合扣 2 分，扣完标准分为止	
10.3	爆炸材料运输				
10.3.1	地面运输爆炸材料时，应遵守《民用爆炸物品安全管理条例》（国务院令第 466 号）《煤矿安全规程》第 310 条规定	5.0		每发现一处不符合扣 2 分，扣完标准分为止	

续表

序号	检查项目及内容	标准分	执行标准	评分办法	实际得分
10.3.2	井下运送爆炸材料必须遵守《煤矿安全规程》第 312～314 条规定	5.0		每发现一处不符合规定扣 2 分，扣完标准分为止	
10.4	井下爆破作业				
*10.4.1	矿井井下爆破必须按瓦斯等级选用相应的煤矿许用炸药和雷管	10.0		不符合规定不得分	
10.4.2	电雷管发放使用前，必须用电雷管检测仪逐个作全电阻检查，并将两脚线相扭成短路	5.0		每发现一处不符合规定扣 2 分，扣完标准分为止	
*10.4.3	矿井井下爆破作业必须由持《爆破作业人员许可证（爆破员）》专职爆破工担任，按规定布置炮眼、装药、连线、爆破和设置警戒线；爆破母线符合标准要求，不得有接头，严禁采用固定母线放炮	5.0		没有专职爆破工不得分；其他发现一处不符合扣 2 分，扣完标准分为止	
10.4.4	井下爆破必须使用矿用防爆型发爆器，严禁明电、明火爆破；发爆器钥匙必须由爆破员随身携带	5.0		未使用矿用防爆型发爆器该项不得分；发现发爆器钥匙未随身携带一次扣 2 分，扣完标准分为止	

续表

序号	检查项目及内容	标准分	执行标准	评分办法	实际得分
10.4.5	严禁在电气设备、导电体旁和坐在炮药箱上装配引爆药卷。电雷管只允许由药卷顶部装放，严禁用电雷管代替竹、木棍扎眼。电雷管插入药卷后，应用脚线装药卷缠住，并将电雷管脚线扭结成短路	5.0		每发现一处不符合扣2分，扣完标准分为止	
10.4.6	炮眼封泥严禁用煤粉、块状材料或其他可燃性材料作炮眼封泥。无封泥、封泥不足或不实的炮眼严禁爆破，严禁裸露爆破	5.0		每发现一处不符合扣2分，扣完标准分为止	
10.4.7	处理瞎炮（包括残爆）必须符合《煤矿安全规程》第342条要求	5.0		不符合规定不得分	

填表说明：

1. 评价人员根据查阅制度等资料图纸和现场检查，对照检查项目、内容和执行标准予以评分，对扣分项应在“实际得分栏”中简明扼要备注扣分原因；

2. 其中带“*”必备项目，可按照评分办法予以扣分，但是其中任何一小项不合格，该检查项目即不合格，其单元及评价总体结论即不合格。

（二）非煤矿山安全责任标准检查表

3 非煤矿山企业安全生产现场检查表

（选自2008年吉林省安监局非煤矿山企业
安全生产现场检查表）

（1）露天矿山

表101　　露天矿山生产现场检查表

序号	检查项目及内容	检查结果		备注
		合格	不合格	
1	**台阶构成的安全要求**			
1.1	松散的岩土，机械铲装、不爆破，台阶高度不大于机械的最大控制高度			
1.2	坚硬稳固的矿岩，机械铲装台阶高度不大于机械最大挖掘高度的1.5倍			
1.3	砂状的矿岩，人工开采台阶高度不大于1.8 m			
1.4	松软的矿岩，人工开采台阶高度不大于3.0 m			
1.5	坚硬稳固的矿岩，人工开采台阶高度不大于6.0 m			
1.6	最小工作平台宽度应符合设计规定			
1.7	最终边坡角应符合设计要求。边坡要形成台阶，两个生产台阶可以并段，要有安全、清扫平台			
2	**爆破安全**			
2.1	穿孔爆破作业：穿孔设备能满足台阶高度或分层高度的要求。严禁使浅孔扩壶爆破			

续表

序号	检查项目及内容	检查结果		备注
		合格	不合格	
2.2	爆堆高度：挖掘机或前装机铲装时，爆堆高度不大于机械最大挖掘高度的1.5倍			
3	**排土场**			
3.1	排土场排土工艺、排土顺序、阶段高度、总堆置高度、安全平台宽度、总边坡角及相邻阶段同时作业的超前堆置距离符合设计要求			
3.2	有以下现象属危险级排土场，应停产整治： ①易发生泥石流的山坡排土场，下游有采矿场、工业场地（厂区）、居民点、铁路、道路、输电网线、耕种区、水域、隧道涵洞、旅游景区、固定标识及永久性建筑等设施，未采取切实有效的防治措施的 ②山坡汇水面积大而未修筑排水沟或排水沟被严重堵塞的 上述情况应按照 GB 16423—2006 中 5.7.26 的要求采取措施			
4	**电气安全**			
4.1	从变电所至采场边界以及采场内爆破安全地带的供电线路，应使用固定线路			
4.2	移动式电气设备，应使用矿用橡套电缆			

检查结论： 检查人签名：　　（单位盖章） 年　月　日	企业意见： 负责人签名：　　（单位盖章） 年　月　日

（2）地下矿山

表 102　　地下矿山生产现场检查表

序号	检查项目及内容	检查结果		备注
		合格	不合格	
1	**安全出口**			
1.1	每个矿井至少应有两个独立的直达地面的安全出口，安全出口的间距应不小于 30 m			
1.2	除开拓中段和生产探矿中段除外，每个生产水平（中段），均应至少有两个便于行人的安全出口，并与通往地面的安全出口相通			
2	**矿山井巷**			
2.1	一般竖井应设梯子间，上下相邻平台的梯子孔错开布置，梯子间与提升间应全部分开			
2.2	行人的运输斜井应设人行道，人行道应符合下列要求： ①有效宽度，不小于 1.0 m ②斜井坡度为 10°～15°时，设人行踏步；15°～35°时设踏步及扶手 ③提升时不应有人员通行			
2.3	行人的水平运输巷道应设人行道，其有效净高应不小于 1.9 m，巷道有效宽度应符合下列规定： ①人力运输的巷道，不小于 1.8 m ②机车运输的巷道，不小于 2.1 m ③调车场及人员乘车场，两侧人行道均不小于 1.0 m			
2.4	无轨运输的斜坡道，应设人行道或躲避硐室。行人的无轨运输水平坑道应设人行道，人行道有效净高不小于 1.9 m，有效宽度不小于 1.2 m			

续表

序号	检查项目及内容	检查结果		备注
		合格	不合格	
2.5	竖井与各中段的连接处，应有足够的照明和设置高度不小于 1.5 m 的栅栏或金属网，并应设置阻车器，进出口设栅栏门			
2.6	天井、溜井、地井和漏斗口，应设有标识、照明、格筛			
3	**采矿方法**			
3.1	每个采区（盘区、矿块），均应有两个便于行人的安全出口			
3.2	溜矿井不应放空。人员不应直接站在溜井、漏斗的矿石上或进入溜井与漏斗内处理堵塞			
3.3	回采作业，应事先处理顶板和两帮的浮石，确认安全方准进行			
3.4	应建立顶板分级管理制度。对顶板不稳固的采场，应有监控手段和处理措施			
3.5	地表塌陷区应设明显标识和栅栏，通往塌陷区的井巷应封闭，人员不应进入塌陷区和采空区			
3.6	采用留矿法、空场法采矿的矿山，应采取充填、隔离或强制崩落围岩的措施，及时处理采空区			
3.7	采用的采矿方法应遵守 6.2.2 中的各项安全规定			
4	**运输和提升**			
4.1	内燃设备，应使用低污染的柴油发动机，每台设备应有废气净化装置，净化后的废气中有害物质的浓度应符合 GBZ1、GBZ2 的有关规定			

续表

序号	检查项目及内容	检查结果		备注
		合格	不合格	
4.2	供人员上、下的斜井，垂直深度超过 50 m 的，应设专用人车运送人员。斜井用矿车组提升时，不应人货混合串车提升			
4.3	专用人车应有顶棚，并装有可靠的断绳保险器			
4.4	垂直深度超过 50 m 的竖井用作人员出入口时，应采用罐笼或电梯升降人员			
4.5	用于升降人员和物料的罐笼，应遵守下列规定： ①罐笼须装设能打开的活顶盖 ②罐内要装设扶手 ③罐笼两端出入口，应装设高度不小于 1.2 m 的罐门或罐帘 ④罐笼内须设阻车器 ⑤升降人员的罐笼，必须装设安全可靠的防坠器			
4.6	提升容器的导向槽（器）与罐道之间的间隙： 木罐道，每侧应不超过 10 mm			
4.7	不应用普通箕斗升降人员			
4.8	提升系统的各部分，包括提升容器、连接装置、防坠器、罐耳、罐道、阻车器、天轮和钢丝绳，以及提升机的各部分（包括卷筒、制动装置、深度指示器、防过卷装置、限速器、传动装置、电动机和控制设备以及各种保护装置和闭锁装置等），每天应由专职人员检查一次，每月应由矿机电部门组织有关人员检查一次；发现问题应立即处理，并将检查结果和处理情况记录存档			

续表

序号	检查项目及内容	检查结果		备注
		合格	不合格	
4.9	提升保护装置，竖井提升系统应设过卷保护装置，过卷高度应符合有关规定；提升井架（塔）内应设置过卷挡梁和楔形罐道；提升装置的各部分，每天应由专业人员检查一次，每月应由矿机电部门组织有关人员检查一次，发现问题应立即处理，并将检查结果和处理情况记入提升装置记录簿			
4.10	提升钢丝绳，悬挂时及使用中定期检验的安全系数应符合安全规定，并设记录簿			
4.11	对提升钢丝绳，除每日进行检查外，应每周进行一次详细检查，每月进行一次全面检查。所有检查结果，均应记录存档			
5	**通风防尘**			
5.1	矿山应建立机械通风系统			
5.2	矿井风量、风速和风质应符合安全规程要求			
5.3	风筒口与工作面的距离：压入式通风应不超过10 m；抽出式通风应不超过5 m；混合式通风，压入风筒的出口应不超过10 m，抽出风筒的入口应滞后压入风筒的出口5 m以上			
5.4	防尘用水，应采用集中供水方式，水质应符合卫生标准要求，储水池容量应不小于一个班的耗水量			

续表

序号	检查项目及内容	检查结果		备注
		合格	不合格	
6	**供电系统**			
6.1	井下电气设备不应接零。井下应采用矿用变压器，若用普通变压器，其中性点不应直接接地，变压器二次侧的中性点不应引出载流中性线（N线）。地面中性点直接接地的变压器或发电机，不应用于向井下供电			
6.2	水平巷道或倾角 45°以下的巷道，应使用钢带铠装电缆。竖井或倾角大于 45°的巷道，应使用钢丝铠装电缆			
7	**防、排水系统**			
7.1	矿井（竖井、斜井、平硐等）井口的标高，应高于当地历史最高洪水位 1 m 以上。工业场地的地面标高，应高于当地历史最高洪水位			
7.2	矿区及其附近的积水或雨水有可能侵入井下时，应根据具体情况，采取下列措施： ①矿区受河流、洪水威胁时，应修筑防水堤坝；河流穿过矿区的，应采用留保安矿柱或充填法采矿的方法保护河床不塌陷或将河流改道至开采影响范围以外 ②地面塌陷、裂缝区的周围，应设截水沟和挡水围堤 ③影响矿区安全的落水洞、岩溶漏斗、溶洞等，均应严密封闭			
7.3	矿山企业应调查核实矿区范围内的小矿井、老井采空区，现有生产井中的积水区、含水层、岩溶带、地质构造等详细情况，并填绘矿区水文地质图			用于水文地质条件复杂的矿井

续表

序号	检查项目及内容	检查结果		备注
		合格	不合格	
7.4	对积水的旧井巷、老采区、流砂层、各类地表水体、沼泽、强含水层、强岩溶带等不安全地带，应留设防水矿（岩）柱。防水矿（岩）柱的尺寸由设计确定，在设计规定的保留期内不应开采或破坏。在上述区域附近开采时，应事先制定预防突然涌水的安全措施			
7.5	相邻的井巷或采区，如果其中之一有涌水危险，则应在井巷或采区间留出隔离安全矿柱，矿柱尺寸由设计确定			
7.6	井下主要排水设备，至少应由同类型的三台泵组成			
检查结论： 检查人签名：（单位盖章） 年 月 日		企业意见： 负责人签名：（单位盖章） 年 月 日		

（3）尾矿库

表 103　　尾矿库生产现场检查表

序号	检查项目及内容	检查结果		备注
		合格	不合格	
1	**防洪安全**			
1.1	最小干滩长度是否满足设计要求 一等库：150 m 二等库：100 m 三等库：70 m 四等库：50 m 五等库：40 m			

续表

序号	检查项目及内容	检查结果		备注
		合格	不合格	
1.2	防洪构筑物是否有变形、位移、损毁、淤堵、排水能力是否满足要求			
2	**坝体安全**			
2.1	尾矿坝的外坡比检查： 初期坝为 1：1.5～1：1.75 堆积坝为 1：3.0～1：4.0 尾矿坝的外坡比要符合设计要求			
2.2	坝体位移检查（该项通过企业监测数据和观察获得）： 要求坝的位移量变化应均衡，无突变现象，且应逐年减小；当位移量变化出现突变或有增大趋势时，应查明原因，妥善处理			
2.3	检查坝体有无滑坡、裂缝、沼泽化、流土、管涌、冲沟等不良现象			
2.4	坝体浸润线位置检查： 查明坝面浸润线出逸点位置、范围和形态			
2.5	坝体排渗设施检查： 查明排渗设施是否完好，排渗效果及排水水质			
2.6	坝体渗漏检查： 查明有无渗漏出逸点，出逸点的位置、形态、流量及含沙量			
2.7	坝面保护设施检查： 坝肩截水沟、坝坡排水沟破损、断裂和磨蚀，沟内淤堵等 坝坡土石覆盖保护层或植被状况			

续表

序号	检查项目及内容	检查结果		备注
		合格	不合格	
3	库区安全检查： 周边山体滑坡、塌方和泥石流的情况 违章爆破、采石、建筑、尾矿回采、外来尾矿、排废石、放牧、开垦等			

检查结论： 检查人签名：　　　（单位盖章） 年　月　日	企业意见： 负责人签名：　　　（单位盖章） 年　月　日

（4）小型露天采石场

表 104　　小型露天采石场生产现场检查

序号	检查项目及内容	检查结果		备注
		合格	不合格	
1	工作坡面最高点与最低点的垂直距离（最大开采高度）不超过 50 m			
2	相邻采石场之间应当设置大于 30 m 的隔离带；隔离带矿体只能由一方开采。相邻采石场进行爆破作业，应当约定实施爆破的时间			
3	作业单位应当采用台阶式开采，严禁采用扩壶爆破、掏底崩落等开采方式			
4	必须采用中深孔爆破，爆破时分层高度不得超过 20 m。凿岩平台宽度不得小于 4 m；最终边坡角不得超过 60°			

续表

序号	检查项目及内容	检查结果		备注
		合格	不合格	
5	采石场上部需要剥离的，剥离面应当超前开采工作面 4 m 以上			
检查结论： 检查人签名：　　（单位盖章） 年　月　日		企业意见： 负责人签名：　　（单位盖章） 年　月　日		

（5）重大危险源

表 105　　重大危险源检查表

序号	检查项目及内容	检查结果		备注
		合格	不合格	
1	汽油：储罐区、储罐 ≥ 20 T			
2	煤油：储罐区、储罐 ≥ 100 T			
3	雷管、导爆管：库区、库 ≥ 1 T			
4	铵梯炸药、乳化炸药：库区、库≥50 T			
5	氰化钾、氰化钠：库区、库≥1 kg			
6	蒸气锅：额定蒸气压力大于2.5 MPa（25 kg/cm^2），且额定≥10 T/h			
7	热水锅炉：额定出水温度大于等于120℃，且额定功率≥14 MW			
8	金属非金属地下矿山，符合下列条件之一者： 1）瓦斯矿井 2）水文地质条件复杂的矿井 3）有自燃发火危险的矿井 4）有冲击地压危险的矿井			

续表

序号	检查项目及内容	检查结果		备注
		合格	不合格	
9	尾矿库：全库容≥100×10^4 m^3 或者坝高≥30 m 的（即四等库以上）			

检查结论：	企业意见：
检查人签名：　　（单位盖章） 年　月　日	负责人签名：　　（单位盖章） 年　月　日

4　金属非金属地下矿山企业安全生产检查表

（节选自 2007 年北京市安全生产监督管理局金属非金属矿山安全生产监督管理暂行办法）

（1）地下矿山开采企业安全生产检查表（安全管理方面）

表 106　地下矿山开采企业安全生产检查表（安全管理方面）

检查单位：			检查时间：		
开采矿种：		联系电话：	主要负责人姓名：		
序号	检查项目	检查内容	检查标准	检查方法	检查结果
一	安全机构及人员	1. 设置安全生产管理机构、配备工作人员	有下发的文件	查看有关文件资料	
		2. 各队、班组应设立专（兼）职安全员	有专（兼）职人员	查看有关文件资料	

续表

检查单位：			检查时间：		
开采矿种：		联系电话：	主要负责人姓名：		
序号	检查项目	检查内容	检查标准	检查方法	检查结果
二	规章制度	1. 安全生产责任制。包括主要负责人、分管负责人、安全生产管理人员、安全管理部门、重要岗位（提升运输、供配电、水泵房、主扇风机房、炸药库）的安全生产责任制	规章制度齐全、符合安全生产法律法规的要求	查看有关文件资料	
		2. 安全生产有关制度。包括安全检查制度、职业危害（粉尘、有毒有害气体等）预防制度、职工安全教育培训制度、生产安全事故管理制度、重大危险源（提升运输设备、爆破器材库）监控和重大事故隐患整改制度、设备（指主提升机、绞车、主扇、压风机等）安全管理制度、安全生产档案管理制度、安全生产奖惩制度	规章制度齐全、符合安全生产法律法规的要求	查看有关文件资料	
		3. 作业安全规程。包括掘进迎头和采矿工作面作业规程	每个掘进头和每个采场都有作业规程并有针对性和操作性	查看有关文件资料	
		4. 操作规程。绞车操作工、爆破工、金属焊接（切割）工、信号工、通风工、电工、矿井泵工、尾矿工、机动车司机必须有操作规程	操作规程齐全、有针对性和操作性	查看有关文件资料	

续表

检查单位：			检查时间：		
开采矿种：		联系电话：	主要负责人姓名：		
序号	检查项目	检查内容	检查标准	检查方法	检查结果
三	安全投入	提取和使用安全生产费用	按《高危行业企业安全生产费用财务管理暂行办法》执行	查看有关财务报表、台账	
四	安全培训	1. 矿山企业主要负责人及分管安全、生产、技术的负责人资格证书	有有效的安全资格证书，且在有效期内	查看全部证书	
		2. 安全生产管理人员资格证书	有有效的安全资格证书，且在有效期内	查看全部证书	
		3. 各种特种作业人员资格证书	有有效的安全资格证书，且在有效期内	按一定比例抽查证书	
		4. 职工培训情况	培训时间和内容符合安全生产法律法规要求	查看培训计划、记录及考核结果	
五	图纸资料	地质图（水文地质图和工程地质图）、矿山总平面布置图、采掘工程平面图、井上和井下对照图、通风系统图、提升运输系统图、供配电系统图、防排水系统图、避灾线路图	有具有资质的设计单位设计的图纸，且图纸的设计、审查、校核、批准等手续齐全	抽查图纸资料	

续表

检查单位：			检查时间：		
开采矿种：		联系电话：	主要负责人姓名：		
序号	检查项目	检查内容	检查标准	检查方法	检查结果
六	检测检验	提升设备、尾矿库、排土场、爆破器材库等易发生事故的场所、设施、设备，有登记档案和检测检验记录	有登记档案和检测检验记录	查看文件资料及记录	
七	安全评价	依法进行安全评价	具有资质的单位进行安全评价，评价中发现的问题进行整改	查看评价报告及整改记录	
八	应急救援	1. 有透水、冒顶片帮(特别是大面积冒顶)、中毒窒息及坠井等事故的应急救援预案	齐全并符合有关规定	查看有关文件资料	
		2. 建立专职或兼职应急救援组织，也可与邻近的事故应急救援组织签订救护协议，配备必要的应急救援器材、设备	有文件，器材、设备齐全	查看有关文件资料及器材、设备	

（2）地下矿山开采企业安全生产检查表（地面生产系统）

表 107　地下矿山开采企业安全生产检查表（地面生产系统）

检查单位：			检查时间：		
开采矿种：		联系电话：	主要负责人姓名：		
序号	检查项目	检查内容	检查标准	检查方法	检查结果
一	供配电	定期对机电设备进行检查、维修，检漏装置必须灵敏可靠	检查维修周期符合要求	查看资料	
二	通风	1. 必须建立完善的通风系统	有主扇，有相同规格和型号的备用电机，有测量风压、风量、电流、电压和轴承温度的仪表，有每班对扇风机运转情况检查的记录	查看现场及运转记录	
		2. 井下各用风地点风速、风量和风质必须满足安全规程要求	符合规程要求	查看检测记录等资料	
		3. 井下炸药库和充电硐室，要有独立的回风道，井下所有机电硐室必须供给新鲜风流	符合规程要求	查看图纸资料	
		4. 开采与煤伴生、共生的金属与非金属矿床的通风条件，应当符合煤矿开采有关安全规程要求	符合煤矿安全规程要求	查看资料	

续表

检查单位：			检查时间：		
开采矿种：		联系电话：	主要负责人姓名：		
序号	检查项目	检查内容	检查标准	检查方法	检查结果
三	防排水	1. 矿井井口的标高必须高于当地历史最高洪水位1 m以上，并有防止地表水进入井口的措施	符合规程要求	查看设计资料	
		2. 对接近水体而又有断层通过或与水体有联系的可疑地段，必须有探放水措施	符合规程要求	查看有无探放水作业规程和探放水记录	
四	爆破作业	爆炸物品的储存、购买、运输、使用和清退登记制度	符合《民用爆炸物品安全管理条例》规定	查看资料	
五	保安矿柱	按设计规定，保安矿柱、岩柱在规定的期限内不得开采	符合设计要求	查看图纸资料	
六	空气压缩机	安全阀、压力调节器、断水（油）保护装置和信号，空压机和风包的温度保护装置	安全装置齐全、动作可靠，温度符合规定要求	查看现场	
七	提升运输	1. 斜井提升运输有必要的挡车装置	符合规程要求	查看现场	
		2. 竖井提升运输防过卷和防坠等安全保护装置	齐全有效	查看现场	
		3. 提升运输信号齐全、灵敏、可靠，安全标识齐全	齐全有效	查看现场	

续表

检查单位：			检查时间：		
开采矿种：		联系电话：	主要负责人姓名：		
序号	检查项目	检查内容	检查标准	检查方法	检查结果
七	提升运输	4. 提升设备必须有能独立的工作制动和紧急制动的系统，其操作系统必须设在司机操作台	装置齐全、动作可靠	查看现场	
		5. 提升钢丝绳定期检测记录	检测周期符合规程要求，悬挂时安全系数必须符合安全要求	查看现场	
		6. 竖井提升容器之间、提升容器与井壁或罐道梁之间的最小间隙	符合规程要求	查看现场	

（3）地下矿山开采企业安全生产检查表（地下生产系统）

表 108　地下矿山开采企业安全生产检查表（地下生产系统）

检查单位：			检查时间：		
开采矿种：		联系电话：	主要负责人姓名：		
序号	检查项目	检查内容	检查标准	检查方法	检查结果
一	安全出口	1. 矿井的每个生产水平（中段）和各个采区（盘区）至少有两个能行人的安全出口并与直达地面的出口相通	符合规程要求	查看现场	
		*2. 提升竖井作为安全出口时，必须有保障行人安全的梯子间	符合规程要求	查看现场	

续表

检查单位：			检查时间：		
开采矿种：		联系电话：	主要负责人姓名：		
序号	检查项目	检查内容	检查标准	检查方法	检查结果
一	安全出口	3. 井口及行人巷道要有明显的安全出口标识	符合规程要求	查看现场	
二	通风防尘	1. 掘进工作面和通风不良采场必须安设局部通风设备	局扇位置符合规程要求	查看现场	
		2. 废弃井巷应设栅栏和标识，防止人员进入	符合规程要求	查看现场	
		3. 井下炸药库和充电硐室，要有独立的回风道，井下所有机电硐室必须供给新鲜风流	符合规程要求	查看现场	
		4. 凿岩必须采取湿式作业。湿式作业有困难的地方应采取干式捕尘或有效防尘措施	符合规程要求	查看现场	
三	爆破作业	1. 爆破前必须有明确的警戒信号，与爆破无关的人员必须撤离作业地点	符合规程要求	查看现场	
		2. 爆破后，爆破员必须按规定的等待时间进入爆破地点，检查有无冒顶、危石、支护破坏和盲炮，如有以上现象应及时处理，经当班安全员确认安全后，方可进入作业地点	符合规程要求	查看现场	

续表

检查单位：			检查时间：		
开采矿种：		联系电话：	主要负责人姓名：		
序号	检查项目	检查内容	检查标准	检查方法	检查结果
四	采掘作业	1. 井巷支护和采场管理能保证作业场所安全	符合规程要求	查看现场	
		2. 井巷断面能满足行人、运输、通风和安全设施、设备的安装、维修及施工的需要	符合规程要求	查看现场	
		3. 竖井与各中段的连接处、天井、溜井和漏斗必须有标识、照明、护栏或格筛、盖板等防坠措施	符合规程要求	查看现场	
五	提升运输	1. 斜井提升运输必须设常闭式防跑车装置和必要的挡车装置	装置齐全有效	查看现场	
		2. 提升运输信号齐全、灵敏、可靠，安全标识齐全	装置齐全有效	查看现场	
六	供配电	1. 井下所有电气设备及其金属外壳、电缆的配件、金属外皮等都应有接地保护，禁止接零或中性点直接接地	符合规程要求	查看现场	
		2. 井下所有作业地点、安全通道和通往作业地点的人行道，都应有照明	符合规程要求	查看现场	

续表

检查单位：			检查时间：		
开采矿种：		联系电话：	主要负责人姓名：		
序号	检查项目	检查内容	检查标准	检查方法	检查结果
七	防排水	*1. 对接近水体而又有断层通过或与水体有联系的可疑地段，必须有探放水措施	符合规程要求	查看现场	
		*2. 井下主要排水设备及排水管路的型号和数量符合规程的要求	符合规程要求	查看现场	
八	消防措施	井下中央变电所、爆破器材库等有消防制度，消防器材充足且在有效期内	符合规程要求	查看现场，抽查有关记录情况	

五、建筑施工与建材企业安全责任标准检查表

（一）建筑施工安全检查标准（JGJ 59—1999）

1 总则、检查分类与评分方法及检查评分表

（1999年3月30日建设部颁布，
自1999年5月1日起执行）

总　则

1.0.1　为了科学地评价建筑施工安全生产情况，提高安全生产工作和文明施工的管理水平，预防伤亡事故的发生，确保职工的安全和健康，实现检查评价工作的标准化、规范化，制定本标准。

1.0.2　本标准适用于建筑施工企业及其主管部门对建筑施工安全工作的检查和评价。

1.0.3　本标准主要采用安全系统工程原理，结合建筑施工中伤亡事故规律，依据国家有关法律法规、标准和规程而编制。

1.0.4　在按本标准检查时，除应符合本标准外，尚应符合国家现行有关强制性标准的规定。

检查分类与评分方法

2.0.1　对建筑施工中易发生伤亡事故的主要环节、部位和工艺等的完成情况做安全检查评价时，应采用检查评分表的形式，分为安全管理、文明工地、脚手架、基坑支护与模板工程、“三宝”“四口”防护、施工用电、物料提升机与外用电梯、塔吊、起重吊装和施工机具共十项分项检查评分表和一张检查评分汇总表。

注：1.“三宝”系指安全帽、安全带和安全网。

2.“四口”系指通道口、预留洞口、楼梯口、电梯井口。

2.0.2　在安全管理、文明施工、脚手架、基坑支护与模板工程、施工用电、物料提升机与外用电梯、塔吊和起重吊装八项检查评分表中，设立了保证项目和一般项目，保证项目应是安全检查的重点和关键。

2.0.3　各分项检查评分表中，满分为100分。表中各检查项目得分应为按规定检查内容所得分数之和。每张表总得分应为各自表内各检查项目实得分数之和。

2.0.4　在检查评分中，遇有多个脚手架、塔吊、龙门架与井字架等时，则该项得分应为各单项实得分数的算术平均值。

2.0.5　检查评分不得采用负值。各检查项目所扣分数总和不得超过该项应得分数。

2.0.6　在检查评分中，当保证项目中有一项不得分或保证项目小计得分不足40分时，此检查评分表不应得分。

2.0.7　汇总表满分为100分。各分项检查表在汇总表中所占的满分分值应分别为：安全管理10分、文明施工20分、脚手架10分、基坑支护与模板工程10分、“三宝”“四口”防护10分、施工用电10分、物料提升机与外用电梯10分、塔吊10分、起重吊装5分和施工机具5分。

2.0.8　多人对同一项目检查评分时，应按加权评分方法确定分值。权数的分配原则应为：专职安全人员为0.6，其他人员为0.4。

2.0.9　建筑施工安全检查评分，应以汇总表的总得分及保证项目达标与否，作为对一个施工现场安全生产情况的评价依据，分为优良、合格、不合格3个等级。

（1）优良

保证项目分值均应达到第2.0.6条规定得分标准，汇总表得分值应在80分及其以上。

（2）合格

1）保证项目分值均应达到第2.0.6条规定得分标准，汇总表得分值应在70分及其以上；

2）有一分表未得分，但汇总表得分值必须在75分及其以上；

3）当起重吊装检查评分表或施工机具检查评分表未得分，但汇总表得分值在80分及其以上。

（3）不合格

1）汇总表得分值不足70分；

2）有一分表未得分，且汇总表得分在75分以下；

3）当起重吊装检查评分表或施工机具检查评分表未得分，且汇总表得分值在80分以下。

检查评分表

3.0.1　建筑施工安全检查评分汇总表主要内容应包括：安全管理、文明施工、脚手架、基坑支护与模板工程、“三宝”及“四口”防护、施工用电、物料提升机与外用电梯、塔吊、起重吊装和施工机具10项。该表所示得分作为对一个施工现场安全生产情况的评价依据。

3.0.2　安全管理检查评分表是对施工单位安全管理工作的评价。检查的项目应包括：安全生产责任制、目标管理、施工组织设计、分部（分项）工程安全技术交底、安全检查、安全教育、班前安全活动、特种作业持证上岗、工伤事故处理和安全标识10项内容。

3.0.3　文明施工检查评分表是对施工现场文明施工的评价。

检查的项目应包括：现场围挡、封闭管理、施工场地、材料堆放、现场宿舍、现场防火、治安综合治理、施工现场标牌、生活设施、保健急救、社区服务 11 项内容。

3.0.4　脚手架检查评分表分为落地式外脚手架检查评分表、悬挑式脚手架检查评分表、门型脚手架检查评分表、挂脚手架检查评分表、吊篮脚手架检查评分表、附着式升降脚手架安全检查评分表等 6 种脚手架的安全检查评分表。

3.0.5　基坑支护安全检查评分表是对施工现场基坑支护工程的安全评价。检查的项目应包括：施工方案、临边防护、坑壁支护、排水措施、坑边荷载、上下通道、土方开挖、基坑支护变形监测和作业环境 9 项内容。

3.0.6　模板工程安全检查评分表是对施工过程中模板工作的安全评价。检查的项目应包括：施工方案、支撑系统、立柱稳定、施工荷载、模板存放、支拆模板、模板验收、混凝土强度、运输道路和作业环境 10 项内容。

3.0.7　“三宝”“四口”防护检查评分表是对安全帽、安全网、安全带、楼梯口、电梯井口、预留洞口、坑井口、通道口及阳台、楼板、屋面等临边使用及防护情况的评价。

3.0.8　施工用电检查评分表是对施工现场临时用电情况的评价。检查的项目应包括：外电防护、接地与接零保护系统、配电箱、开关箱、现场照明、配电线路、电器装置、变配电装置和用电档案 9 项内容。

3.0.9　物料提升机（龙门架、井字架）检查评分表是对物料提升机的设计制作、搭设和使用情况的评价。检查的项目应包括：架体制作、限位保险装置、架体稳定、钢丝绳、楼层卸料平台防护、吊篮、安装验收、架体、传动系统、联络信号、卷扬机操作棚和避雷 12 项内容。

3.0.10　外用电梯（人货两用电梯）检查评分表是对施工现场外用电梯的安全状况及使用管理的评价。检查的内容应包括：

安全装置、安全防护、司机、荷载、安装与拆卸、安装验收、架体稳定、联络信号、电气安全和避雷10项内容。

3.0.11 塔吊检查评分表是塔式起重机使用情况的评价。检查的项目应包括：力矩限制器、限位器、保险装置、附墙装置与夹轨钳、安装与拆卸、塔吊指挥、路基与轨道、电气安全、多塔作业和安装验收10项内容。

3.0.12 起重吊装安全检查评分表是对施工现场起重吊装作业和起重吊装机械的安全评价。检查的项目应包括：施工方案、起重机械、钢丝绳与地锚、吊点、地耐力、起重作业、高处作业、作业平台、构件堆放、警戒和操作工12项内容。

3.0.13 施工机具检查评分表是对施工中使用的平刨、圆盘锯、手持电动工具、钢筋机械、电焊机、搅拌机、气瓶、翻斗车、潜水泵和打桩机械10种施工机具安全状况的评价。

2 检查表

表109 **建筑施工安全检查评分汇总表**

企业名称：				经济类型：						资质等级：			
单位工程（施工现场）名称	建筑面积 m^2	结构类型	总计得分（满分分值100分）	项目名称及分值									
				安全管理（满分分值为10分）	文明施工（满分分值为20分）	脚手架（满分分值为10分）	基坑支护与模板工程（满分分值为10分）	『三宝』『四口』防护（满分分值为10分）	施工用电（满分分值为10分）	物料提升与外用电梯（满分分值为10分）	塔吊（满分分值为10分）	起重吊装（满分分值为5分）	施工机具（满分分值为5分）

续表

企业名称：	经济类型：	资质等级：
评语：		
检查单位	负责人	项目经理

年　　月　　日

表 110　　　　安全管理检查评分表

序号	检查项目		扣分标准	应得分数	扣减分数	实得分数
1	保证项目	安全生产责任制	未建立安全责任制的扣 10 分 各级各部门未执行责任制的扣 4～6 分 经济承包中无安全生产指标的扣 10 分 未制定各工种安全技术操作规程的扣 10 分 未按规定配备专（兼）职安全员的扣 10 分 管理人员责任制考核不合格的扣 5 分	10		
2		目标管理	未制定安全管理目标（伤亡控制指标和安全达标、文明施工目标）的扣 10 分 未进行安全责任目标分解的扣 10 分 无责任目标考核规定的扣 8 分 考核办法未落实或落实不好的扣 5 分	10		
3		施工组织设计	施工组织设计中无安全措施，扣 10 分 施工组织设计未经审批，扣 10 分 专业性较强的项目，未单独编制专项安全施工组织设计，扣 8 分 安全措施不全面，扣 2～4 分 安全措施无针对性，扣 6～8 分 安全措施未落实，扣 8 分	10		

续表

序号	检查项目		扣分标准	应得分数	扣减分数	实得分数
4	保证项目	分部（分项）工程安全技术交底	无书面安全技术交底扣10分 交底针对性不强扣4～6分 交底不全面扣4分 交底未履行签字手续扣2～4分	10		
5		安全检查	无定期安全检查制度扣5分 安全检查无记录扣5分 检查出事故隐患整改做不到定人、定时间、定措施扣2～6分 对重大事故隐患整改通知书所列项目未如期完成扣5分	10		
6		安全教育	无安全教育制度扣10分 新入厂工人未进行三级安全教育扣10分 无具体安全教育内容扣6～8分 变换工种时未进行安全教育扣10分 每有1人不懂本工种安全技术操作规程扣2分 施工管理人员未按规定进行年度培训的扣5分 专职安全员未按规定进行年度培训考核或考核不合格的扣5分	10		
7	一般项目	班前安全活动	未建立班前安全活动制度，扣10分 班前安全活动无记录，扣2分	10		

续表

序号	检查项目		扣分标准	应得分数	扣减分数	实得分数
8	一般项目	特种作业持证上岗	1人未经培训从事特种作业，扣4分 1人未持操作证上岗，扣2分	10		
9		工伤事故处理	工伤事故未按规定报告，扣3～5分 工伤事故未按事故调查分析规定处理，扣10分 未建立工伤事故档案，扣4分	10		
10		安全标识	无现场安全标识布置总平面图，扣5分 现场未按安全标识总平面图设置安全标识的，扣5分	10		
检查项目合计				100		

表111　　文明施工检查评分表

序号	检查项目		扣分标准	应得分数	扣减分数	实得分数
1	保证项目	现场围挡	在市区主要路段的工地周围未设置高于2.5 m的围挡扣10分 一般路段的工地周围未设置高于1.8 m的围挡扣10分 围挡材料不坚固、不稳定、不整洁、不美观扣5～7分 围挡没有沿工地四周连续设置的扣3～5分	10		

续表

序号	检查项目		扣分标准	应得分数	扣减分数	实得分数
2	保证项目	封闭管理	施工现场进出口无大门的扣3分 无门卫和无门卫制度的扣3分 进入施工现场不佩戴工作卡的扣3分 门头未设置企业标识的扣3分	10		
3		施工场地	工地地面未做硬化处理的扣5分 道路不畅通的扣5分 无排水设施、排水不通畅的扣4分 无防止泥浆、污水、废水外流或堵塞下水道和排水河道措施的扣3分 工地有积水的扣2分 工地未设置吸烟处、随意吸烟的扣2分 温暖季节无绿化布置的扣4分	10		
4		材料堆放	建筑材料、构件、料具不按总平面布局堆放的扣4分 料堆未挂名称、品种、规格等标牌的扣2分 堆放不整齐的扣3分 未做到工完场地清的扣3分 建筑垃圾堆放不整齐，未标出名称、品种的扣3分 易燃易爆物品未分类存放的扣4分	10		
5		现场宿舍	在建工程兼作住宿的扣8分 施工作业区与办公、生活区不能明显划分的扣6分 宿舍无保暖和防煤气中毒措施的扣5分 宿舍无消暑和防蚊虫叮咬措施的扣3分 无床铺、生活用品放置不整齐的扣2分 宿舍周围环境不卫生、不安全的扣3分	10		

续表

序号	检查项目		扣分标准	应得分数	扣减分数	实得分数
6	保证项目	现场防火	无消防措施、制度或无灭火器材的扣10分 灭火器材配置不合理的扣5分 无消防水源（高层建筑）或不能满足消防要求的扣8分 无动火审批手续和动火监护措施的扣5分	10		
7	一般项目	治安综合治理	生活区未给工人设置学习和娱乐场所的扣4分 未建立治安保卫制度的、责任未分解到人的扣3～5分 治安防范措施不力，常发生失盗事件的扣3～5分	8		
8		施工现场标牌	大门口处挂的“五牌一图”、内容不全，缺1项扣2分 标牌不规范、不整齐的，扣3分 无安全标语，扣5分 无宣传栏、读报栏、黑板报等，扣5分	8		
9		生活设施	厕所不符合卫生要求，扣4分 无厕所，随地大小便，扣8分 食堂不符合卫生要求，扣8分 无卫生责任制，扣5分 不能保证供应卫生饮水的，扣10分 无淋浴室或淋浴室不符合要求，扣5分 生活垃圾未及时清理，未装容器，无专人管理的，扣3～5分	8		
10		保健急救	无保健医药箱的扣5分 无急救措施和急救器材的扣8分 无经培训的急救人员，扣4分 未开展卫生防病宣传教育的，扣4分	8		
11		社区服务	无防粉尘、防噪声措施扣5分 夜间未经许可施工的扣8分 现场焚烧有毒、有害物质的扣5分 未建立施工不扰民措施的扣5分	8		
检查项目合计					100	

表 112　　　　落地式外脚手架检查评分表

序号	检查项目		扣分标准	应得分数	扣减分数	实得分数
1	保证项目	施工方案	脚手架无施工方案的扣 10 分 脚手架高度超过规范规定，无设计计算书或未经审批的扣 10 分 施工方案，不能指导施工的扣 5～8 分	10		
2		立杆基础	每 10 延长米立杆基础不平、不实、不符合方案设计要求的扣 2 分 每 10 延长米立杆缺少底座、垫木的扣 5 分 每 10 延长米无扫地杆的扣 5 分 每 10 延长米木脚手架立杆不埋地或无扫地杆的扣 5 分 每 10 延长米无排水措施的扣 3 分	10		
3		架体与建筑结构拉结	脚手架高度在 7 m 以上，架体与建筑结构拉结，按规定要求每少一处的扣 2 分 拉结不坚固的每一处扣 1 分	10		
4		杆体间距与剪刀撑	每 10 延长米立杆、大横杆、小横杆间距超过规定要求的每一处扣 2 分 不按规定设置剪刀撑的每一处扣 5 分 剪刀撑未沿脚手架高度连续设置或角度不符合要求的扣 5 分	10		
5		脚手架与防护栏杆	脚手板不满铺，扣 7～10 分 脚手板材质不符合要求，扣 7～10 分 每有一处探头板扣 2 分 脚手架外侧未设置密目式安全网的，或网间不严密，扣 7～10 分 施工层不设 1.2 m 高防护栏杆和挡脚板，扣 5 分	10		
6		交底与验收	脚手架搭设前无交底，扣 5 分 脚手架搭设完毕未办理验收手续，扣 10 分 无量化的验收内容，扣 5 分	10		

续表

序号	检查项目		扣分标准	应得分数	扣减分数	实得分数
7	一般项目	小横杆设置	不按立杆与大横杆交点处设置小横杆的每有一处，扣 2 分 小横杆只固定一端的每有一处，扣 1 分 单排架子小横杆插入墙内小于 24 cm 的每有一处，扣 2 分	10		
8		杆件搭接	木立杆、大横杆每一处搭接小于 1.5 m，扣 1 分 钢管立杆采用搭接的每一处扣 2 分	5		
9		架体内封闭	施工层以下每隔 10 m 未用平网或其他措施封闭的扣 5 分 施工层脚手架内立杆与建筑物之间未进行封闭的扣 5 分	5		
10		脚手架材质	木杆直径、材质不合要求的扣 4～5 分 钢管弯曲、锈蚀严重的扣 4～5 分	5		
11		通道	架体不设上下通道的扣 5 分 通道设置不符合要求的扣 1～3 分	5		
12		卸料平台	卸料平台未经设计计算扣 10 分 卸料平台搭设不符合设计要求扣 10 分 卸料平台支撑系统与脚手架连接的扣 8 分 卸料平台无限定荷载标牌的扣 3 分	10		
检查项目合计				100		

表 113　　　悬挑式外脚手架检查评分表

序号	检查项目		扣分标准	应得分数	扣减分数	实得分数
1	保证项目	施工方案	脚手架无施工方案、设计计算书或未经上级审批的扣 10 分 施工方案中搭设方法不具体的扣 6 分	10		

续表

序号	检查项目		扣分标准	应得分数	扣减分数	实得分数
2	保证项目	悬挑梁及架体稳定	外挑杆件与建筑结构连接不牢固的每有一处扣5分 悬挑梁安装不符合设计要求的每有一处扣5分 立杆底部固定不牢的每有一处扣3分 架体未按规定与建筑结构拉结的每有一处扣5分	20		
3	保证项目	脚手板	脚手板铺设不严、不牢，扣7～10分 脚手板材质不符合要求，扣7～10分 每有一处探头板，扣2分	10		
4	保证项目	荷载	脚手架荷载超过规定，扣10分 施工荷载堆放不均匀每有一处，扣5分	10		
5	保证项目	交底与验收	脚手架搭设不符合方案要求，扣7～10分 每段脚手架搭设后，无验收资料，扣5分 无交底记录，扣5分	10		
6	一般项目	杆件间距	每10延长米立杆间距超过规定，扣5分 大横杆间距超过规定，扣5分	10		
7	一般项目	架体防护	施工层外侧未设置1.2 m高防护栏杆和未设18 cm高的踏脚板，扣5分 脚手架外侧不挂密目式安全网或网间不严密，扣7～10分	10		
8	一般项目	层间防护	作业层下无平网或其他防护措施的扣10分 防护不严密扣5分	10		
9	一般项目	脚手架材质	杆件直径、型钢规格及材质不符合要求扣7～10分	10		
检查项目合计				100		

表 114　　门型脚手架检查评分表

序号	检查项目		扣分标准	应得分数	扣减分数	实得分数
1	保证项目	施工方案	脚手架无施工方案，扣 10 分 施工方案不符合规范要求，扣 5 分 脚手架高度超过规范规定、无设计计算书或未经上级审批，扣 10 分	10		
2		架体基础	脚手架基础不平、不实、无垫木，扣 10 分 脚手架底部不加扫地杆，扣 5 分	10		
3		架体稳定	不按规定间距与墙体拉结的每有一处扣5 分 拉结不牢固的每有一处扣 5 分 不按规定设置剪刀撑的扣 5 分 不按规定高度作整体加固的扣 5 分 门架立杆垂直偏差超过规定的扣 5 分	10		
4		杆件、锁件	未按说明书规定组装，有漏装杆件和锁件的扣 6 分 脚手架组装不牢、每一处紧固不合要求的扣 1 分	10		
5		脚手板	脚手板不满铺，离墙大于 10 cm 以上的扣 5 分 脚手板不牢、不稳、材质不合要求的扣5 分	10		
6		交底与验收	脚手架搭设无交底，扣 6 分 未办理分段验收手续，扣 4 分 无交底记录，扣 5 分	10		
7	一般项目	架体防护	脚手架外侧未设置 1.2 m 高防护栏杆和 18 cm高的挡脚板，扣 5 分 架体外侧未挂密目式安全网或网间不严密，扣 7～10 分	10		
8		材质	杆件变形严重的扣 10 分 局部开焊的扣 10 分 杆件锈蚀、未刷防锈漆的扣 5 分	10		

续表

序号	检查项目		扣分标准	应得分数	扣减分数	实得分数
9	一般项目	荷载	施工荷载超过规定的扣 10 分 脚手架荷载堆放不均匀的每有一处扣 5 分	10		
10		通道	不设置上下专用通道的扣 10 分 通道设置不符合要求的扣 5 分	10		
检查项目合计				100		

表 115　　挂脚手架检查评分表

序号	检查项目		扣分标准	应得分数	扣减分数	实得分数
1	保证项目	施工方案	脚手架无施工方案、设计计算书，扣10 分 施工方案未经审批，扣 10 分 施工方案措施不具体、指导性差，扣 5 分	10		
2		制作组装	架体制作与组装不符合设计要求，扣17～20 分 悬挂点无设计或设计不合理，扣 20 分 悬挂点部件制作及埋设不合设计要求，扣 15 分 悬挂点间距超过 2 m，每有一处扣 20 分	20		
3		材质	材质不符合设计要求、杆件严重变形、局部开焊，扣 12 分 杆件、部件锈蚀未刷防锈漆，扣 4～6 分	10		
4		脚手板	脚手板铺设不满、不牢扣 8 分 脚手板材质不符合要求的扣 6 分 每有一处探头板的扣 8 分	10		
5		交底与验收	脚手架进场无验收手续，扣 12 分 第一次使用前未经荷载试验，扣 8 分 每次使用前未经检查验收或资料不全，扣 6 分 无交底记录，扣 5 分	10		

续表

序号	检查项目		扣分标准	应得分数	扣减分数	实得分数
6	一般项目	荷载	施工荷载超过 1 kN 的扣 5 分 每跨（不大于 2 m）超过 2 人作业的扣 10 分	15		
7		架体防护	施工层外侧未设置 1.2 m 高防护栏杆和未做 18 cm 高的踏脚板，扣 5 分 脚手架外侧未用密目式安全网封闭或封闭不严，扣 12～15 分 脚手架底部封闭不严密，扣 10 分	15		
8		安装人员	安装脚手架人员未经专业培训，扣 10 分 安装人员未系安全带，扣 10 分	10		
检查项目合计				100		

表 116　吊篮脚手架检查评分表

序号	检查项目		扣分标准	应得分数	扣减分数	实得分数
1	保证项目	施工方案	无施工方案、无设计计算书或未经上级审批，扣 10 分 施工方案不具体、指导性差，扣 5 分	10		
2		制作组装	挑梁锚固或配重等抗倾覆装置不合格，扣 10 分 吊篮组装不符合设计要求扣 7～10 分 电动（手扳）葫芦使用非合格产品，扣 10 分 吊篮使用前未经荷载试验，扣 10 分	10		
3		安全装置	升降葫芦无保险卡或失效的扣 20 分 升降吊篮无保险绳或失效的扣 20 分 无吊钩保险的扣 8 分 作业人员未系安全带或安全带挂在吊篮升降用的钢丝绳上扣 17～20 分	20		

续表

序号	检查项目		扣分标准	应得分数	扣减分数	实得分数
4	保证项目	脚手板	脚手板铺设不满、不牢，扣5分 脚手板材质不合要求，扣5分 每有一处探头板，扣2分	5		
5		升降操作	操作升降的人员不固定和未经培训，扣10分 升降作业时有其他人员在吊篮内停留，扣10分 两片吊篮连在一起同时升降无同步装置或虽有但达不到同步的，扣10分	10		
6	一般项目	交底与验收	每次提升后未经验收上人作业的扣5分 提升及作业未经交底的扣5分	5		
7		防护	吊篮外侧防护不符合要求的扣7～10分 外侧立网封闭不整齐的扣4分 单片吊篮升降两端头无防护的扣10分	10		
8		防护顶板	多层作业无防护顶板的扣10分 防护顶板设置不符合要求，扣5分	10		
9		架体稳定	作业时吊篮未与建筑结构拉牢，扣10分 吊篮钢丝绳斜拉或吊篮离墙空隙过大，扣5分	10		
10		荷载	施工荷载超过设计规定的扣10分 荷载堆放不均匀的扣5分	10		
检查项目合计				100		

表 117　附着式升降脚手架（整体提升架或爬架）检查评分表

序号	检查项目		扣分标准	应得分数	扣减分数	实得分数
1	保证项目	使用条件	未经建设部组织鉴定并发放生产和使用证的产品，扣 10 分 不具有当地建筑安全监督管理部门发放的准用证，扣 10 分 无专项施工组织设计，扣 10 分 安全施工组织设计未经上级技术部门审批的扣 10 分 各工种无操作规程的扣 10 分	10		
2		设计计算	无设计计算书的扣 10 分 设计计算书未经上级技术部门审批的扣 10 分 设计荷载未按承重架 3.0 kN/m^2、装饰架 2.0 kN/m^2、升降状态 0.5 kN/m^2 取值的扣 10 分 压杆长细比大于 150，受拉杆件的长细比大于 300 的扣 10 分 主框架、支撑框架（桁架）各节点的各杆件轴线不汇交于一点的扣 6 分 无完整的制作安装图的扣 10 分	10		
3		架体构造	无定型（焊接或螺栓连接）的主框架的扣 10 分 相邻两主框架之间的架体无定型（焊接或螺栓连接）的支撑框架（桁架）的扣 10 分 主框架间脚手架的立杆不能将荷载直接传递到支撑框架上的扣 10 分 架体未按规定构造搭设的扣 10 分 架体上部悬臂部分大于架体高度的 1/3，且超过 4.5 m 的扣 8 分 支撑框架未将主框架作为支座的扣 10 分	10		
4		附着支撑	主框架未与每个楼层设置连接点的扣 10 分 钢挑架与预埋钢筋环连接不严密的扣 10 分 钢挑架上的螺栓与墙体连接不牢固或不符合规定的扣 10 分 钢挑架焊接不符合要求的扣 10 分	10		

续表

序号	检查项目		扣分标准	应得分数	扣减分数	实得分数
5	一般项目	升降装置	无同步升降装置或有同步升降装置但达不到同步升降的扣 10 分 索具、吊具达不到 6 倍安全系数的扣 10 分 有两个以上吊点升降时，使用手拉葫芦（导链）的扣 10 分 升降时架体只有一个附着支撑装置的扣 10 分 升降时架体上站人的扣 10 分	10		
6		防坠落、导向防倾斜装置	无防坠装置的扣 10 分 防坠装置设在与架体升降的同一个附着支撑装置上，且无两处以上的扣 10 分 无垂直导向和防止左右、前后倾斜的防倾装置的扣 10 分 防坠装置不起作用的扣 7～10 分	10		
7		分段验收	每次提升前，无具体的检查记录的扣 6 分 每次提升后、使用前无验收手续或资料不全的扣 7 分	10		
8		脚手板	脚手板铺设不严不牢的扣 3～5 分 离墙空隙未封严的扣 3～5 分 脚手板材质不符合要求的扣 3～5 分	10		
9		防护	脚手架外侧使用的密目式安全网不合格的扣 10 分 操作层无防护栏杆的扣 8 分 外侧封闭不严的扣 5 分 作业层下方封闭不严的扣 5～7 分	10		
10		操作	不按施工组织设计搭设的扣 10 分 操作前未向现场技术人员和工人进行安全交底的扣 10 分 作业人员未经培训，未持证上岗又未定岗位的扣 7～10 分 安装、升降、拆除时无安全警戒线的扣 10 分 荷载堆放不均匀的扣 5 分 升降时架体上有超过 2 000 N 重的设备的扣 10 分	10		
检查项目合计				100		

表 118　　　　基坑支护安全检查评分表

序号	检查项目		扣分标准	应得分数	扣减分数	实得分数
1	保证项目	施工方案	基础施工无支护方案的扣 20 分 施工方案针对性差不能指导施工的扣 12～15 分 基坑深度超过 5 m 无专项支护设计的扣 20 分 支护设计及方案未经上级审批的扣 15 分	20		
2		临边防护	深度超过 2 m 的基坑施工无临边防护措施的扣 10 分 临边及其他防护不符合要求的扣 5 分	10		
3		坑壁支护	坑槽开挖设置安全边坡不符合安全要求的扣 10 分 特殊支护的做法不符合设计方案的扣 5～8 分 支护设施已产生局部变形又未采取措施调整的扣 6 分	10		
4		排水措施	基坑施工未设置有效排水措施的扣 10 分 深基础施工采用坑外降水，无防止临近建筑危险沉降措施的扣 10 分	10		
5		坑边荷载	积土、料具堆放距槽边距离小于设计规定的扣 10 分 机械设备施工与槽边距离不符合要求，又无措施的扣 10 分	10		
6	一般项目	上下通道	人员上下无专用通道的扣 10 分 设置的通道不符合要求的扣 6 分	10		
7		土方开挖	施工机械进场未经验收的扣 5 分 挖土机作业时，有人员进入挖土机作业半径内的扣 6 分 挖土机作业位置不牢、不安全的扣 10 分 司机无证作业的扣 10 分 未按规定程序挖土或超挖的扣 10 分	10		

续表

序号	检查项目		扣分标准	应得分数	扣减分数	实得分数
8	一般项目	基坑支护变形监测	未按规定进行基坑支护变形监测的扣 10 分 未按规定对毗邻建筑物和重要管线和道路进行沉降观测的扣 10 分	10		
9		作业环境	基坑内作业人员无安全立足点的扣 10 分 垂直作业上下无隔离防护措施的扣 10 分 光线不足未设置足够照明的扣 5 分	10		
检查项目合计				100		

表 119　　模板工程安全检查评分表

序号	检查项目		扣分标准	应得分数	扣减分数	实得分数
1	保证项目	施工方案	模板工程无施工方案或施工方案未经审批的扣 10 分 未根据混凝土输送方法制定有针对性安全措施的扣 8 分	10		
2		支撑系统	现浇混凝土模板的支撑系统无设计计算的扣 6 分 支撑系统不符合设计要求的扣 10 分	10		
3		立柱稳定	支撑模板的立柱材料不符合要求的扣 6 分 立柱底部无垫板或用砖垫高的扣 6 分 不按规定设置纵横向支撑的扣 4 分 立柱间距不符合规定的扣 10 分	10		
4		施工荷载	模板上施工荷载超过规定的扣 10 分 模板上堆料不均匀的扣 5 分	10		
5		模板存放	大模板存放无防倾倒措施的扣 5 分 各种模板存放不整齐、过高等不符合安全要求的扣 5 分	10		

续表

序号	检查项目		扣分标准	应得分数	扣减分数	实得分数
6	保证项目	支拆模板	2 m以上高处作业无可靠立足点的扣8分 拆除区域未设置警戒线且无监护人的扣5分 留有未拆除的悬空模板的扣4分	10		
7	一般项目	模板验收	模板拆除前未经拆模申请批准的扣5分 模板工程无验收手续的扣6分 验收单无量化验收内容的扣4分 支拆模板未进行安全技术交底的扣5分	10		
8		混凝土强度	模板拆除前无混凝土强度报告的扣5分 混凝土强度未达规定提前拆模的扣8分	10		
9		运输道路	在模板上运输混凝土无走道垫板的扣7分 走道垫板不稳不牢的扣3分	10		
10		作业环境	作业面孔洞及临边无防护措施的扣10分 垂直作业上下无隔离防护措施的扣10分	10		
检查项目合计				100		

表120　“三宝”“四口”防护检查评分表

序号	检查项目	扣分标准	应得分数	扣减分数	实得分数
1	安全帽	有1人不戴安全帽的扣5分 安全帽不符合标准的每发现一项扣1分 不按规定佩戴安全帽的有1人扣1分	20		
2	安全网	在建工程外侧未用密目安全网封闭的扣25分 安全网规格、材质不符合要求的扣25分 安全网未取得建筑安全监督管理部门准用证的扣25分	25		

续表

序号	检查项目	扣分标准	应得分数	扣减分数	实得分数
3	安全带	每有1人未系安全带的扣5分 有1人安全带系挂不符合要求的扣3分 安全带不符合标准，每发现一条扣2分	10		
4	楼梯口、电梯井口防护	每一处无防护措施的扣6分 每一处防护措施不符合要求或不严密的扣3分 防护设施未形成定型化、工具化的扣6分 电梯井内每隔两层（不大于10 m）少一道平网的扣6分	12		
5	预留洞口、坑井防护	每一处无防护措施，扣7分 防护设施未形成定型化、工具化的扣6分 每一处防护措施不符合要求或不严密的扣3分	13		
6	通道口防护	每一处无防护棚，扣5分 每一处防护不严，扣2～3分 每一处防护棚不牢固、材质不符合要求，扣3分	10		
7	阳台、楼板、屋面等临边防护	每一处临边无防护的扣5分 每一处临边防护不严、不符合要求的扣3分	10		
检查项目合计			100		

表121　　　　施工用电检查评分表

序号		检查项目	扣分标准	应得分数	扣减分数	实得分数
1	保证项目	外电防护	小于安全距离又无防护措施的扣20分 防护措施不符合要求、封闭不严密的扣5～10分	20		

续表

序号	检查项目		扣分标准	应得分数	扣减分数	实得分数
2	保证项目	接地与接零保护系统	工作接地与重复接地不符合要求的扣 7～10 分 未采用 TN—S 系统的扣 10 分 专用保护零线设置不符合要求的扣 5～8 分 保护零线与工作零线混接的扣 10 分	10		
3		配电箱开关箱	不符合“三级配电两级保护”要求的扣 10 分 开关箱（末级）无漏电保护或保护器失灵，每一处扣 5 分 漏电保护装置参数不匹配，每发现一处扣 2 分 电箱内无隔离开关每一处扣 2 分 违反“一机、一闸、一漏、一箱”的每一处扣 5～7 分 安装位置不当、周围杂物多等不便操作的每一处扣 5 分 闸具损坏、闸具不符合要求的每一处扣5 分 配电箱内多路配电无标记的每一处扣 5 分 电箱下引出线混乱每一处扣 2 分 电箱无门、无锁、无防雨措施的每一处扣 2 分	20		
4		现场照明	照明专用回路无漏电保护扣 5 分 灯具金属外壳未作接零保护的每 1 处扣2 分 室内线路及灯具安全高度低于 2.4 m 未使用安全电压供电的扣 10 分 潮湿作业未使用 36 V 以下安全电压的扣 10 分 使用 36 V 安全电压照明线路混乱和接头处未用绝缘布包扎扣 5 分 手持照明灯未使用 36 V 及以下电源供电扣 10 分	10		

续表

序号	检查项目		扣分标准	应得分数	扣减分数	实得分数
5	一般项目	配电线路	电线老化、破皮未包扎的每一处扣 10 分 线路过道无保护的每一处扣 5 分 电杆、横担不符合要求的扣 5 分 架空线路不符合要求的扣 7～10 分 未使用五芯线（电缆）的扣 10 分 使用四芯电缆外加一根线替代五芯电缆的扣 10 分 电缆架设或埋设不符合要求的扣 7～10 分	15		
6		电器装置	闸具、熔断器参数与设备容量不匹配、安装不合要求的每一处扣 3 分 用其他金属丝代替熔丝的扣 10 分	10		
7		变配电装置	不符合安全规定的扣 3 分	5		
8		用电档案	无专项用电施工组织设计的扣 10 分 无地极阻值摇测记录的扣 4 分 无电工巡视维修记录或填写不真实的扣4 分 档案乱、内容不全、无专人管理的扣 3 分	10		
检查项目合计				100		

表 122　物料提升机（龙门架、井字架）检查评分表

序号	检查项目		扣分标准	应得分数	扣减分数	实得分数
1	保证项目	架体制作	无设计计算书或未经上级审批扣 9 分 架体制作不符合设计要求和规范要求的扣 7～9 分 使用厂家生产的产品，无建筑安全监督管理部门准用证的扣 9 分	9		

续表

序号	检查项目		扣分标准	应得分数	扣减分数	实得分数
2	保证项目	限位保险装置	吊篮无停靠装置的扣9分 停靠装置未形成定型化的扣5分 无超高限位装置的扣9分 使用摩擦式卷扬机超高限位采用断电方式的扣9分 高架提升机无下极限限位器、缓冲器或无超载限制器的每一项扣3分	9		
3		架体稳定缆风绳与建筑结构连接	架高20 m以下时设一组，20～30 m设两组，少一组扣9分 缆风绳不使用钢丝绳的扣9分 钢丝绳直径小于9.3 mm或角度不符合45°～60°的扣4分 地锚不符合要求的扣4～7分 连墙杆的位置不符合规范要求的扣5分 连墙杆连接不牢的扣5分 连墙杆与脚手架连接的扣9分 连墙杆材质或连接做法不符合要求的扣5分	9		
4		钢丝绳	钢丝绳磨损已超过报废标准的扣8分 钢丝绳锈蚀、缺油的扣2～4分 绳卡不符合规定的扣2分 钢丝绳无过路保护的扣2分 钢丝绳拖地，扣2分	8		
5		楼层卸料平台防护	卸料平台两侧无防护栏杆或防护不严的扣2～4分 平台脚手板搭设不严、不牢的扣2～4分 平台无防护门或不起作用的每一处扣2分 防护门未形成定型化、工具化的扣4分 地面进料口无防护棚或不符合要求的扣2～4分	8		

续表

序号	检查项目		扣分标准	应得分数	扣减分数	实得分数
6	保证项目	吊篮	吊篮无安全门的扣 8 分 安全门未形成定型化、工具化的扣 4 分 高架提升机不使用吊笼的扣 4 分 违章乘坐吊篮上下的扣 8 分 吊篮提升使用单根钢丝绳的扣 8 分	8		
7		安装验收	无验收手续和责任人签字的扣 9 分 验收单无量化验收内容的扣 5 分	9		
8	一般项目	架体	架体安装拆除无施工方案的扣 5 分 架体基础不符合要求的扣 2～4 分 架体垂直偏差超过规定的扣 5 分 架体与吊篮间隙超过规定的扣 3 分 架体外侧无立网防护或防护不严的扣4 分 摇臂把杆未经设计的或安装不符合要求或无保险绳的扣 8 分 井字架开口处未加固的扣 2 分	10		
9		传动系统	卷扬机地锚不牢固，扣 2 分 卷筒钢丝绳缠绕不整齐，扣 2 分 第一个导向滑轮距离小于 15 倍卷筒宽度的扣 2 分 滑轮翼缘破损或与架体柔性连接，扣3 分 卷筒上无防止钢丝绳滑脱保险装置，扣 5 分 滑轮与钢丝绳不匹配的扣 2 分	9		
10		联络信号	无联络信号的扣 7 分 信号方式不合理、不准确的扣 2～4 分	7		
11		卷扬机操作棚	卷扬机无操作棚的扣 7 分 操作棚不符合要求的扣 3～5 分	7		

续表

序号	检查项目		扣分标准	应得分数	扣减分数	实得分数
12		避雷	防雷保护范围以外无避雷装置的扣7分 避雷装置不符合要求的扣4分	7		
检查项目合计				100		

表123　　外用电梯（人货两用电梯）检查评分表

序号	检查项目		扣分标准	应得分数	扣减分数	实得分数
1	保证项目	安全装置	吊笼安全装置未经试验或不灵敏的扣10分 门连锁装置不起作用的扣10分	10		
2		安全防护	地面吊笼出入口无防护棚的扣8分 防护棚材质搭设不符合要求的扣4分 每层卸料口无防护门的扣10分 有防护门不使用的扣6分 卸料台口搭设不符合要求的扣6分	10		
3		司机	司机无证上岗作业的扣10分 每班作业前不按规定试车的扣5分 不按规定交接班或无交接记录的扣5分	10		
4		荷载	超过规定承载人数无控制措施的扣10分 超过规定重量无控制措施的扣10分 未加配重载人的扣10分	10		
5		安装与拆卸	未制定安装拆卸方案的扣10分 拆装队伍没有取得资格证书的扣10分	10		
6		安装验收	电梯安装后无验收或拆装无交底的扣10分 验收单上无量化验收内容的扣5分	10		

续表

序号	检查项目		扣分标准	应得分数	扣减分数	实得分数
7	一般项目	架体稳定	架体垂直度超过说明书规定的扣7～10分 架体与建筑结构附着不符合要求的扣7～10分 架体附着装置与脚手架连接的扣10分	10		
8		联络信号	无联络信号，扣10分 信号不准确，扣6分	10		
9		电气安全	电气安装不符合要求的扣10分 电气控制无漏电保护装置的扣10分	10		
10		避雷	在避雷保护范围外无避雷装置的扣10分 避雷装置不符合要求的扣5分	10		
检查项目合计				100		

表124　　塔吊检查评分表

序号	检查项目		扣分标准	应得分数	扣减分数	实得分数
1	保证项目	力矩限制器	无力矩限制器，扣13分 力矩限制器不灵敏，扣13分	13		
2		限位器	无超高、变幅、行走限位的每项扣5分 限位器不灵敏的每项扣5分	13		
3		保险装置	吊钩无保险装置，扣5分 卷扬机滚筒无保险装置，扣5分 上人爬梯无护圈或护圈不符合要求，扣5分	7		

续表

序号	检查项目		扣分标准	应得分数	扣减分数	实得分数
4	保证项目	附墙装置与夹轨钳	塔吊高度超过规定不安装附墙装置的扣10分 附墙装置安装不符合说明书要求的扣3～7分 无夹轨钳，扣10分 有夹轨钳不用每一处扣3分	10		
5		安装与拆卸	未制定安装拆卸方案的扣10分 作业队伍没有取得资格证的扣10分	10		
6		塔吊指挥	司机无证上岗，扣7分 指挥无证上岗，扣4分 高塔指挥不使用旗语或对讲机的扣7分	7		
7	一般项目	路基与轨道	路基不坚实、不平整、无排水措施，扣3分 枕木铺设不符合要求，扣3分 道钉与接头螺栓数量不足，扣3分 轨距偏差超过规定的，扣2分 轨道无限位阻挡器，扣5分 高塔基础不符合设计要求，扣10分	10		
8		电气安全	行走塔吊无卷线器或失灵，扣6分 塔吊与架空线路小于安全距离又无防护措施，扣10分 防护措施不符合要求，扣2～5分 道轨无接地、接零，扣4分 接地、接零不符合要求，扣2分	10		
9		多塔作业	两台以上塔吊作业、无防碰撞措施，扣10分 措施不可靠，扣3～7分	10		
10		安装验收	安装完毕无验收资料或责任人签字的扣10分 验收单上无量化验收内容，扣5分	10		
检查项目合计				100		

表 125　　起重吊装安全检查评分表

序号	检查项目		扣分标准	应得分数	扣减分数	实得分数
1	保证项目	施工方案	起重吊装作业无方案，扣 10 分 作业方案未经上级审批或方案针对性不强，扣 5 分	10		
2		起重机 起重机械 起重扒杆	起重机无超高和力矩限制器，扣 10 分 吊钩无保险装置，扣 5 分 起重机未取得准用证，扣 20 分 起重机安装后未经验收，扣 15 分 起重扒杆无设计计算书或未经审批，扣 20 分 扒杆组装不符合设计要求，扣 17～20 分 扒杆使用前未经试吊，扣 10 分	20		
3		钢丝绳与地锚	起重钢丝绳磨损、断丝超标的扣 10 分 滑轮不符合规定的扣 4 分 缆风绳安全系数小于 3.5 倍的扣 8 分 地锚埋设不符合设计要求，扣 5 分	10		
4		吊点	不符合设计规定位置的扣 5～10 分 索具使用不合理、绳径倍数不够的扣5～10 分	10		
5		司机、指挥	司机无证上岗的扣 10 分 非本机型司机操作的扣 5 分 指挥无证上岗的扣 5 分 高处作业无信号传递的扣 10 分	10		
6	一般项目	地耐力	起重机作业路面地耐力不符合说明书要求的扣 5 分 地面铺垫措施达不到要求的扣 3 分	5		
7		起重作业	被吊物体重量不明就吊装的扣 3～6 分 有超载作业情况的扣 6 分 每次作业前未经试吊检验的扣 3 分	6		

续表

序号	检查项目		扣分标准	应得分数	扣减分数	实得分数
8	一般项目	高处作业	结构吊装未设置防坠落措施的扣9分 作业人员不系安全带或安全带无牢靠悬挂点的扣9分 人员上下无专设爬梯、斜道的扣5分	9		
9		作业平台	起重吊装人员作业无可靠立足点的扣5分 作业平台临边防护不符合规定的扣2分 作业平台脚手板不满铺的扣3分	5		
10		构件堆放	楼板堆放超过1.6 m高度的扣2分 其他物件堆放高度不符合规定的扣2分 大型构件堆放无稳定措施的扣3分	5		
11		警戒	起重吊装作业无警戒标识，扣3分 未设专人警戒，扣2分	5		
12		操作工	起重工、电焊工无安全操作证上岗的每一人扣2分	5		
检查项目合计				100		

表126　　　　施工机具检查评分表

序号	检查项目	扣分标准	应得分数	扣减分数	实得分数
1	平刨	平刨安装后无验收合格手续，扣5分 无护手安全装置，扣5分 传动部位无防护罩扣5分 未做保护接零、无漏电保护器的，各扣5分 无人操作时未切断电源的扣3分 使用平刨和圆盘锯合用一台电机的多功能木工机具的，平刨和圆盘锯两项扣20分	10		

续表

序号	检查项目	扣分标准	应得分数	扣减分数	实得分数
2	圆盘锯	电锯安装后无验收合格手续扣 5 分 无锯盘护罩、分料器、防护挡板安全装置和传动部位无防护每缺一项的扣 5 分 未做保护接零、无漏电保护器的，各扣 5 分 无人操作时未切断电源的扣 3 分	10		
3	手持电动工具	Ⅰ类手持电动工具无保护接零的扣 10 分 使用Ⅰ类手持电动工具不按规定穿戴绝缘用品的扣 5 分 使用手持电动工具随意接长电源线或更换插头的扣 5 分	10		
4	钢筋机械	机械安装后无验收合格手续的扣 5 分 未做保护接零、无漏电保护器的各扣 5 分 钢筋冷拉作业区及对焊作业区无防护措施的扣 5 分 传动部位无防护的扣 3 分	10		
5	电焊机	电焊机安装后无验收合格手续的扣 5 分 未做保护接零、无漏电保护器的各扣5 分 无二次空载降压保护器或无触电保护器的扣 5 分 一次线长度超过规定或不穿管保护的扣 5 分 电源不使用自动开关的扣 3 分 焊把线接头超过 3 处或绝缘老化的扣5 分 电焊机无防雨罩的扣 4 分	10		

续表

序号	检查项目	扣分标准	应得分数	扣减分数	实得分数
6	搅拌机	搅拌机安装后无验收合格手续的扣5分 未做保护接零、无漏电保护器的各扣5分 离合器、制动器、钢丝绳达不到要求的每项扣3分 操作手柄无保险装置的扣3分 搅拌机无防雨棚和作业台不安全的扣4分 料斗无保险挂钩或挂钩不使用的扣3分 传动部位无防护罩的扣4分 作业平台不平稳的扣3分	10		
7	气瓶	各种气瓶无标准色标的扣5分 气瓶间距小于5 m、距明火小于10 m又无隔离措施的各扣5分 乙炔瓶使用或存放时平放的扣5分 气瓶存放不符合要求的扣5分 气瓶无防震圈和防护帽的每一个扣2分	10		
8	翻斗车	翻斗车未取得准用证的扣5分 翻斗车制动装置不灵敏的扣5分 无证司机驾车的扣5分 行车载人或违章行车的每发现一次扣5分	10		
9	潜水泵	未做保护接零、无漏电保护器的各扣5分 保护装置不灵敏、使用不合理的扣5分	10		
10	打桩机械	打桩机未取得准用证和安装后无验收合格手续的扣5分 打桩机无超高限位装置的扣5分 打桩机行走路线地耐力不符合说明书要求的扣5分 打桩作业无方案的扣5分 打桩操作违反操作规程的扣5分	10		
检查项目合计			100		

（二）建材企业安全责任标准检查表

3 水泥生产企业安全生产规范化管理评估评分检查表

（节选自广东省水泥生产企业安全生产规范化管理评估评分检查表）

表 127 水泥生产企业安全生产规范管理评估评分检查表

序号	评估项目	评估内容和安全管理要求	满分	评分标准
一	安全生产组织机构及人员要求120分	1. 从业人员超过 300 人的，设置安全管理机构（包括决策、执行、监督机构）及配备专职安全生产管理人员；从业人员在 300 人以下的，配备专职或者兼职安全生产管理人员，或委托有资质的工程技术人员提供安全生产管理服务 ＊从业人员指企业在册人员。承包（承租）方人员不在此列，但企业应与承包（承租）方签订劳务合同，并将各自的安全责任在合同中约定	35	不符合规定要求的不得分；500 人以上的企业，未设立义务消防队的扣 15 分
		2. 企业主要经营管理者（主要负责人）应当参加安全教育培训考核，并取得安全资质，持证上岗 ＊主要负责人指安全生产第一责任人和直接责任人	30	企业安全生产第一责任人未取得安全资质、持证上岗的不得分；第一责任人有参加行业安全教育培训并取得安全资质，但直接责任人未取得安全资质的扣 15 分

续表

序号	评估项目	评估内容和安全管理要求	满分	评分标准
一	安全生产组织机构及人员要求120分	3. 从业人员300人以下的，聘任不少于1名专职或兼职注册安全主任；从业人员300人以上至500人以下的聘任不少于1名注册安全主任；从业人员500人以上1 000人以下的，按不少于从业人员人数的4‰的比例聘任不少于2名专职注册安全主任；从业人员1 000人以上的，超过部分按不少于从业人员人数的2‰的比例加聘专职注册安全主任；从业人员1 500人以上的，必须聘任不少于1名高级注册安全主任 在聘用的注册安全主任中，中级以上的注册安全主任比例应当不少于1/3	30	不符合规定要求的不得分
		4. 按规定任命各级安全生产（防火）责任人 *各级指公司、车间、班组级	25	不符合规定要求的不得分；每缺1项（指人员缺位）扣5分，直至扣完25分为止
二	安全生产管理制度150分	1. 建立企业负责人、各级管理人员、从业人员安全生产（消防）岗位责任制	25	制度不全的每缺1项扣5分，直至扣完25分为止
		2. 安全教育培训制度	15	没有制度的不得分；有制度无培训记录的扣10分；记录不全的扣5分
		3. 安全考核及奖惩制度	15	没有制度的不得分；制度内容可操作性和有效性较差的扣5分

续表

序号	评估项目	评估内容和安全管理要求	满分	评分标准
二	安全生产管理制度150分	4. 建立企业安全生产工作档案及档案管理制度	10	没有建立档案制度的不得分；档案记录不全的扣5分
		5. 事故隐患的整改和事故管理制度（按有关规定定期对现有生产设备进行安全检查、安全评估，发现的隐患及时提出整改措施，并完成整改工作）	20	无制度或有制度不落实的均不得分；有检查、评估，但无记录的扣10分；没有完成安全隐患整改的扣15分
		6. 安全生产规程 (1) 各种设备的安全技术规程 (2) 各岗位的安全操作规程，并上墙上架	20	没有规程的不得分；规程不完整的每缺1项扣2分，直至扣完20分为止；未上墙上架的扣5分
		7. 危险物品的安全管理制度	10	没有制度的不得分；制度不全或无记录的扣5分
		8. 设备安全管理制度	10	无制度的不得分；制度不全的每缺一项扣2分，直至扣完10分为止
		9. 定期召开安全生产专题会议制度（每季度不少于1次，并有会议记录）	15	无制度的或有制度不落实的不得分；无会议记录的扣5分；要求有企业主要负责人出席会议，缺席一次扣5分，直至扣完15分为止 ＊主要负责人定义同上
		10. 劳保用品的采购、验收、保管、发放、使用、更换、报废等管理制度	10	每缺一项扣2分，扣完10分为止

续表

序号	评估项目	评估内容和安全管理要求	满分	评分标准
三	从业人员安全管理150分	1. 企业按规定与从业人员签订劳动合同，并有安全责任条款的内容	20	有在册员工未签订劳动合同的，本项不得分；合同无劳动保护和安全生产责任条款内容的扣15分
		2. 员工入厂必须经过厂部、车间、班组三级安全教育、培训方可上岗	15	有员工入厂未经过三级安全教育的不得分，经过三级安全教育、培训但没有记录的扣10分
		3. 窑工、化验人员等参加过有资质的专业培训单位组织的安全培训，经考核合格后方能上岗；其他从业人员须参加有资质的安全管理人员实施的经常性安全教育培训活动或委托有安全培训资质的单位进行培训	30	近两年窑工、化验工没有经过培训（包括安全和专业技术）的每人次扣2分；其他从业人员近两年没有经过安全教育、培训的，1人次扣1分。两项合计扣完30分为止。无培训证书或培训记录视同未经培训
		4. 特种作业人员经过专门安全作业培训，并经考核合格取得特种作业操作资格证，且资格证在有效期内方可从事特种作业	15	特种作业人员无证上岗的不得分
		5. 岗位作业人员熟悉并遵守作业操作规程	25	经抽查不熟悉规程的每人次扣2分，扣完25分为止。抽查人数每个单位应不少于10人

续表

序号	评估项目	评估内容和安全管理要求	满分	评分标准
三	从业人员安全管理150分	6. 企业消防安全责任人须取得消防安全培训上岗证	10	评估上一年发生火灾事故或消防安全责任人无证上岗的不得分
		7. 岗位作业人员掌握紧急情况下应急措施的操作	15	现场抽查1人次不合格扣1分，直至扣完15分为止。抽查人数每个单位应不少于10人
		8. 企业为员工缴纳职工工伤保险	20	未全员缴纳工伤保险的不得分
四	生产工艺及设施要求115分	1. 建构筑物 （1）建筑结构符合国家标准和有关规定 （2）新建、改建、扩建、室内装修项目及燃油（气）锅炉等设施必须经消防审核并验收合格后方可投入使用 （3）不得在设有车间或仓库的建筑内设宿舍或饭堂 （4）普通仓库与车间应分楼层设置，确因生产需要而同层时，应用实体砖墙分隔到顶 （5）车间、仓库、办公室、员工宿舍不得用可燃材料装修、分隔 （6）孔洞口，楼板、机坑等临边应有防护设施 （7）建构筑物应按规定安装避雷装置	30	前一年内出现房屋倒塌（不可抗拒因素除外）的不得分；危房没有修复或维护而存在安全隐患的扣20分；短边0.2 m以上的孔洞口、楼板和机坑的临边没有设置防护设施的每处扣2分，扣完30分为止；其他不符合要求的，每处扣5分，扣完30分为止

续表

序号	评估项目	评估内容和安全管理要求	满分	评分标准
四	生产工艺及设施要求115分	2. 仓储设施 （1）危险化学品必须储存在专用仓库内，并由专人管理 （2）堆放易潮物品仓库的地面必须高于本厂区的基准面，并作防潮防雨淋设施 （3）易燃液体储罐应采取全埋地下式设置，并安装避雷及防静电装置 （4）纸袋、引火柴等易燃、易潮物资仓库应有防火防潮设施	25	不符合要求的每处扣5分，扣完25分为止
		3. 安全通道 （1）厂房安全出口不得少于2个，工作期间不得上锁，疏散门应向疏散方向开启；每个疏散门上方须安装疏散指示和应急照明灯 （2）疏散通道应有明显逃生标识，疏散走道的楼梯最小宽度不小于1.1 m；确实达不到1.1 m的，须备有第二条逃生通道 （3）防火间距、消防通道不得被占用 （4）事故多发岗位应设安全隔离区（带）	30	不符合要求的每处扣5分，扣完30分为止
		4. 生产工艺过程 （1）采用的生产工艺技术不是国家淘汰的生产工艺 （2）原材料、燃料应分类堆放；人工堆、取料的，块状物料的最大直径不得大于0.5 m （3）工艺布局合理，物料流向顺畅 （4）易燃易爆环节应设置温度、CO检测、报警、阀门及灭火装置 （5）氧气、乙炔等易燃易爆物品按规定存放	30	采用国家明令淘汰生产工艺的不得分；工艺生产环节、原燃材料堆放、使用和半成品、成品的输送存在安全隐患的，每一处扣5分，扣完30分为止

续表

序号	评估项目	评估内容和安全管理要求	满分	评分标准
五	机电设备要求135分	1. 主机设备（指窑、磨）不是国家淘汰的生产装备	20	使用国家明令禁止淘汰设备从事生产经营的不得分
		2. 机械设备、电气设备的选用及安装符合国家标准和有关规定，设备档案完整	15	不符合要求的每处扣2分，直至扣完15分；设备档案不全的扣5分
		3. 特种设备由专业单位生产，经取得专业资质的检测、检验机构检测、检验合格，取得安全使用证或安全标识后方可投入使用，并定期检验合格（特种设备包括：起重机械、锅炉、压力容器、厂内机动车以及国家规定的其他特种设备）	20	有特种设备未取得检验、检测合格证的不得分；没有定检的每一处扣2分，直至扣完20分为止
		4. 机械设备安全状态 （1）机械设备、设施、工具、配件等完整无缺陷 （2）机械设备的防护、保险、信号等装置无缺陷 （3）裸露的齿轮、轴等高速旋转部件及高度在2 m以下的链传动、传动带应有防护罩	25	设备磨损和锈蚀严重，存在安全隐患的每处扣5分；没设防护装置、保安设备的每一处扣5分，扣完25分为止
		5. 电气设备 （1）易燃易爆场所必须用防爆电器 （2）线路应按规范敷设，架空电缆严禁跨越高温区域 （3）电气设备、开关、插座不得安装在可燃材料上 （4）每层厂房应设立电源开关箱，使用自动空气开关，在电源开关箱及电源线路下不应堆放可燃物品 （5）仓库内除了固定的照明外，不允许使用其他电器。可燃物品仓库，不准使用碘钨灯和超过60 W的白炽灯，照明灯开关应设在库外 （6）机床局部照明灯及使用行灯电压不得超过36 V	30	电气设备老化严重，存在安全隐患的扣20分；其他不符合要求的每一项扣5分，扣完30分为止

续表

序号	评估项目	评估内容和安全管理要求	满分	评分标准
五	机电设备要求135分	6. 机电设备按规定进行经常性维护、保养，并定期检测，保证正常运转，经维护、保养、检测后应当做好记录，建立设备档案，并由有关人员签字	15	设备“跑、冒、滴、漏”及腐蚀现象严重的不得分；有实施无记录扣5分
		7. 机械和电气设备进行维修（抢修）时，应有安全防护措施，并遵照执行	10	无安全防护措施不得分，有措施未严格执行的扣8分
六	作业场所与职业卫生130分	1. 生产场所 （1）生产车间存放的易燃、易爆、易腐蚀、剧毒等危险品不得超过1天用量；使用危险物品的车间与其他车间要作防火分隔 （2）生产场所应有明显的安全警示标识 （3）生产场所的地面不得有积水、油污和杂物	15	危险品存放不符合要求的不得分；警示标识、环境整洁、采光通风等有影响安全生产的环节的，每一项扣5分，扣完15分为止
		2. 对产生职业病危害的作业岗位，应当在醒目位置设置公告栏、警示标识；对产生严重职业病危害的作业场所，除设置警示标识外，还要说明产生职业病危害的种类、后果、预防措施	15	公告栏、警示标识每缺一项扣5分；警示标识内容不符合要求的，每缺一项扣2分，以上两项均以扣完15分为止
		3. 按规定对从事可能导致职业病的劳动者，组织上岗前、在岗期间和离岗时的职业健康检查。有毒、有害作业职工每年至少体检一次，无害作业职工每2年至少体检一次，并建立职工健康档案	20	对可能产生严重职业病危害的岗位，没有按要求进行上岗前、在岗期间和离岗时，进行健康检查的，或无害作业职工未按要求体检的，每人次扣2分，扣完20分为止；有按要求进行体检，但没有建立职工健康档案的扣10分

续表

序号	评估项目	评估内容和安全管理要求	满分	评分标准
六	作业场所与职业卫生130分	4. 粉尘和废气各主要排放点均设环保设备，排放指标达到国家标准要求；噪声源采取隔声或消声措施，噪声声级符合标准或规定要求	25	近期经检测排放的粉尘或废气浓度达不到国家标准的不得分；各主要排放点少设一处环保设备或环保设备不能有效运行的扣5分，扣完25分为止；主要噪声源声级超标每处扣5分（凭有关部门的检测报告进行评分）
		5. 高温、高空、清理料库等有限空间作业按规定采取安全防护措施；对操作和使用放射性同位素仪和设备的人员，必须按有关规定进行防护	20	没有按规定设置防护措施的每项扣5分，扣完20分为止
		6. 易中毒场所的防毒设施符合规定要求；易燃场所的防火设施符合规定要求	15	化验室、烧成车间等应有防毒、防火设施，发现一处没有的扣5分，每发现一处防火设施不符合规定的扣5分，以上两项均以扣完15分为止
		7. 为从业人员提供符合国家标准或行业标准的劳动保护用品，并监督、教育从业人员按照使用规则佩戴、使用	20	不符合规定要求不得分；现场检查时每发现1人次未配备专业劳动保护用品扣1分，直至扣完20分为止
七	安全生产投入95分	1. 有保障年度安全生产项目实施的专项经费预算及购置、更新、改造、维修设备设施的开支计划，并得到落实	40	没有保障安全生产项目实施的专项费用开支的，不得分；未足额提取安全费用的扣25分
		2. 有重大危险源评估、事故隐患监控和整改的投入	30	没有投入的不得分；有投入但无计划，或计划不完全落实的扣20分

续表

序号	评估项目	评估内容和安全管理要求	满分	评分标准
七	安全生产投入95分	3. 有购买劳保用品、职工体检和培训的投入；并建立劳保用品专项经费管理制度	25	按规定购买劳保用品、职工体检和培训，每缺一人次扣2分，直至扣完25分为止
八	事故预防与处理105分	1. 对重大危险源、事故隐患，必须登记建档、评估，制定应急预案。对危险源要采取相应的防范、监控措施；对事故隐患，采取整改措施，并有记录	30	评估前一年发生过造成人员死亡或重伤2人次（含2人次）以上的安全事故，被职能部门责令限期整改，整改措施不完全落实的或经整改仍达不到要求的，本项不得分；危险源没有开展评估的不得分；重大事故隐患没有报有关部门备案的不得分；没有对事故隐患整改的不得分；事故隐患整改不完全的扣20分；重大危险源没有建立档案并实施监控的扣20分
		2. 制定有针对性、可操作性强的事故应急救援预案。内容包括：领导机构，事故防范措施，事故应急处理程序，救护和善后，并按规定报有关部门备案	15	没有建立预案的不得分；有预案不符合要求扣10分
		3. 按照事故应急预案组织演练，并及时修订预案	15	未定期组织演练的不得分；修订时每一处不符合要求的扣5分，扣完15分为止
		4. 事故发生后，按规定及时如实地报告和处理	20	不按规定上报的不得分；事故不及时报告和处理的扣15分
		5. 事故的调查处理符合国家和省的有关规定，严格按照“四不放过”原则要求落实，并建立事故档案	25	不符合要求的不得分

续表

序号	评估项目	评估内容和安全管理要求	满分	评分标准
九	承发包（外包）与租赁管理50分	1. 没有将生产经营项目、场所、设备发包（外包）或者租赁给不具备安全生产条件或者相应资质的单位和个人	25	不符合要求不得分
		2. 生产经营项目、场所有多个承包单位、承租单位的，应当与承包单位、承租单位签订专门的安全生产管理协议，或者在承包合同、租赁合同中约定各自的安全生产管理职责，对承包单位、承租单位的安全工作统一协调、管理	25	不符合要求的不得分；检查承包合同或协议，所签订的安全生产管理协议不完善的扣 15 分；查记录资料，没有对租赁单位安全生产进行监督检查或没有对安全生产工作统一协调、管理的扣 20 分

注：本安全生产规范化管理评估项目中，序号一至八为规定的安全生产规范化管理评估项目，必须逐项开展评估；序号九为企业自选安全评估项目，凡有承发包（外包）与租赁行为的水泥生产企业，应将序号九列入安全评估项目。

4 水泥生产企业安全生产规范化管理现场评估汇总表

（节选自广东省水泥生产企业安全生产规范化管理现场评估汇总表）

表 128　水泥生产企业安全生产规范化管理现场评估汇总表

项目	序号	安全评估项目	满分	实得分	备注
必须评估项目	一	安全生产组织机构及人员要求	120		
	二	安全生产管理制度	150		

续表

项目	序号	安全评估项目	满分	实得分	备注
必须评估项目	三	从业人员安全管理	150		
	四	生产工艺及设施要求	115		
	五	机电设备要求	135		
	六	作业场所职业卫生	130		
	七	安全生产投入	95		
	八	事故预防与处理	105		
	必须评估项目得分小计（满分 1 000 分）				
自选评估项目	九	承发包（外包）与租赁管理	50		
	自选评估项目得分小计（满分 50 分）				
必须评估项目与自选评估项目合计得分					
评估总得分		评估等级			

说明：1. 计算评估总得分的要求：

(1) 没有选择自选评估项目的，评估总得分＝必须评估项目得分小计；

(2) 自选评估项目的，评估总得分采取加权平均法计算，计算公式：评估总得分＝（必须评估项目得分小计＋自选评估得分小计）÷必选、自选项目的序号满分值之和×1 000。

2. 评估等级划分标准：

A 级，总得分≥850 分；　　B 级，850 分＞总得分≥ 750 分；

C 级，750 分＞总得分≥600 分；　　D 级，总得分＜600 分。

5 陶瓷生产企业安全生产规范化管理现场评估检查表

（节选自广东省陶瓷生产企业安全生产规范化管理现场评估检查表）

表 129　陶瓷生产企业安全生产规范化管理现场评估检查表

评估项目	标准内容要求	专家现场检查记录	满分	得分
一			100	
安全生产组织机构及人员要求	1. 从业人员超过 300 人的，设置安全生产管理机构或配备专职安全生产管理人员；从业人员在 300 人以下的，配备专职或者兼职安全生产管理人员，或委托有资质的工程技术人员提供安全生产管理服务		30	
	2. 企业主要经营管理者（主要负责人）按规定参加安全生产教育培训考核，并取得安全资质，持证上岗		20	
	3. 从业人员 300 人以下的，聘任不少于 1 名专职或兼职注册安全主任；从业人员 300 人以上至 500 人以下的，聘任不少于 1 名专职注册安全主任；从业人员 500 人以上 1 000 人以下的，按不少于从业人员人数 4‰的比例聘任不少于 2 名专职注册安全主任；从业人员 1 000 人以上的，超过部分按不少于从业人员人数的 2‰的比例加聘注册安全主任；从业人员 1 500 人以上的，必须聘任不少于 1 名高级注册安全主任 在聘任的注册安全主任中，中级以上注册安全主任比例应当不少于 1/3		30	
	4. 按规定明确各级安全生产责任人和防火责任人		20	

续表

评估项目	标准内容要求	专家现场检查记录	满分	得分
二			100	
安全生产管理制度	1. 建立安全生产责任制（签订安全责任书，包括主要负责人、主管人员、职能部门、生产车间、班组等安全生产责任制）		10	
	2. 建立安全教育培训制度		10	
	3. 建立安全生产检查、考核及奖惩制度		5	
	4. 建立企业安全生产工作档案及管理制度		5	
	5. 建立事故隐患整改制度（按有关规定定期对现有生产设备进行评估，发现事故隐患及时提出整改措施，并完成整改工作）		10	
	6. 建立安全技术规程和岗位安全操作规程，并上墙上架或员工人手一册		10	
	7. 建立设备安全管理制度		5	
	8. 建立消防安全管理制度，并落实防火责任制		10	
	9. 建立危险物品安全管理制度		10	
	10. 建立事故管理制度（事故报告、调查、处理、档案管理等）		10	

续表

评估项目	标准内容要求	专家现场检查记录	满分	得分
安全生产管理制度	11. 建立定期召开安全生产专题会议制度（每月不少于1次或安委会会议不少于每季度1次，并有会议记录）		5	
	12. 建立劳保用品的采购、验收、保管、发放、使用、更换、报废和劳保用品专项经费等管理制度		10	
三			100	
从业人员安全管理	1. 企业按规定与从业人员签劳动合同，并有安全责任条款的内容		10	
	2. 员工入厂必须经过厂部、车间、班组三级安全教育、培训，并经考核合格才能上岗作业		15	
	3. 特种作业人员应当经专门安全作业培训并考核合格，取得特种作业操作资格证，且资格证在有效期内方可从事特种作业		15	
	4. 岗位作业人员熟悉并遵守作业操作规程		15	
	5. 相关岗位作业人员应熟悉消防设备的使用		10	
	6. 岗位作业人员掌握紧急情况下的应急措施		15	
	7. 企业为全部员工缴纳职工工伤保险		20	

续表

评估项目	标准内容要求	专家现场检查记录	满分	得分
四			130	
厂区安全管理	1. 建构筑物 (1) 建筑结构符合国家标准和有关规定；新建、改建、扩建、室内装修项目及燃油（气）锅炉等设施必须经消防审核并验收合格后方可投入使用。(5分) (2) 不得在设有车间或仓库的建筑内设宿舍或饭堂。(5分) (3) 煤气站、油站、配气站的主厂房与辅助设施应符合建筑防火安全要求。(5分) (4) 厂房、仓库、烟囱等高大建筑物及易燃、易爆等危险设施，应按国家标准安装避雷设施，防雷装置应按规定定期检测，确保防雷设施完好。(5分) (5) 普通仓库与车间应分楼层设置，确因生产需要而同层时，应用实体砖墙分隔到顶。(5分) (6) 车间、仓库、办公室、员工宿舍不得用可燃材料装修、分隔。(5分) (7) 厂区内的坑、沟、池、井，应设置安全盖板或安全防护栏。(5分) (8) 厂房内的开启式侧窗应设在常年主导风向迎风面的墙上，距地面的高度一般不低于1m。(5分) (9) 产尘车间地面应平整防滑，坡向排水系统，并应设有冲洗地面和墙壁的设施。(5分) (10) 多层厂房应有防止含尘空气串联的各项隔离措施。(5分)		50	
	2. 仓储设施 (1) 危险化学品必须储存在专用仓库内，并由专人管理。(10分) (2) 堆放易潮物品仓库的地面必须高于本厂区的基准面，并有防潮防雨淋设施。(10分)		40	

续表

评估项目	标准内容要求	专家现场检查记录	满分	得分
厂区安全管理	(3) 易燃液体储罐设置应符合消防防火要求，并安装避雷及防静电装置。(10分) (4) 库房结构应避免粉尘扩散和便于运输。库房应间隔成若干间储藏室，并设有运输通道和通风设施。(10分)			
	3. 道路与通道 (1) 厂房安全出口不得少于2个，工作期间不得上锁，疏散门应向疏散方向开启，每个疏散门上方须安装疏散指示和应急照明灯。(5分) (2) 疏散通道应有明显逃生标识，疏散走道的楼梯最小宽度不小于1.1 m；确实达不到1.1 m的，须备有第二条逃生通道。(5分) (3) 防火间距、消防通道不得被占用。(5分) (4) 事故多发岗位应设安全隔离区(带)。(3分) (5) 厂区道路、人行道、车道应平整畅通，有足够的照明。(2分)		20	
	4. 安全标识和安全警示 (1) 厂区内主要危险源或危险场所，应有警告标识；各种射线源、高压供电设施、易于泄漏煤气（或天然气体）等可燃气体，以及其他严重危险区域，应设有相应色灯或声响警告信号 (2) 厂区各道口处应有明显的警告标志、信号装置或栅栏；生产场所的通道、出口、地面等的设施、标识符合安全要求		20	
五			130	
	1. 生产工艺 (1) 采用的生产工艺技术不是国家淘汰的生产工艺。(5分)		40	

续表

评估项目	标准内容要求	专家现场检查记录	满分	得分
	(2) 工艺布局合理，物料流向顺畅。工艺设备应尽量采用竖向布置的形式，减少粉料和坯料的中转环节，缩短运输距离。(5分) (3) 防尘设施必须做到和主体工程同时设计、同时施工、同时投产和使用，并应保证良好的运行使用状态。(10分) (4) 粉尘散发严重的工序不应设有定位操作工。(10分) (5) 易燃易爆环节应设置温度、危险气体检测、报警、阀门及灭火装置。(10分)			
生产工艺与设备、设施安全	2. 设备、设施 (1) 不使用国家规定淘汰的生产、储存机械设备、设施。(10分) (2) 生产装备布置、电气设备的选用及安装符合国家有关规定和国家标准。(10分) (3) 爆炸和火灾危险场所电力装置设置应符合 GB 50058 的要求。(10分) (4) 热风炉应有技术档案，检查情况、检修计划及其执行情况均应归档，除日常检查外，应当每月检查1次热风炉及其附件。(8分) (5) 特种设备由专业单位生产，并经取得专业资质的检测、检验机构检测、检验合格，取得安全使用证或安全标识后方可投入使用，并定期检验合格使用。(10分) (6) 对安全设备进行经常性维护、保养，并定期检测，保证正常运转。经维护、保养、检测后应当做好记录，并由有关人员签字。设备档案完整。(8分) (7) 各裸露的转动或快速移动部分，应设有结构可靠的安全防护罩、防护栏杆或防护挡板。(6分)		70	

续表

评估项目	标准内容要求	专家现场检查记录	满分	得分
生产工艺与设备、设施安全	(8) 起重作业应遵守 GB 6067 的规定，起重机械应标明起重吨位，应装设卷扬限制器、起重量控制器、行程限制器、缓冲装置和自动连锁装置以及启动事故、超载的信号装置。(4 分) (9) 未涉及上述设备、设施的其他生产设施，应参照以上标准执行。(4 分)			
	3. 防尘设施 (1) 设备选型应尽量采用防尘效果较好或产尘少的工艺设备。(5 分) (2) 尘源如有散发粉尘的设备和作业点都应设密闭罩或敞口吸风罩，防止粉尘逸出。(5 分) (3) 除尘系统的排风管出口应高出屋面 1.5 m，排风管的位置应设在厂房主导风向的下风侧。(5 分) (4) 除尘器工作状态应保证正常，除尘效率应达到设计要求。(3 分) (5) 风管的布置应力求顺直，减少阻力，管道的连接应以焊接为主，做到密封。(2 分)		20	
六			90	
公用工程与安全	1. 三废排放应符合环保要求		20	
	2. 电气设备的金属外壳、底座、传动装置，金属电线管、配电盘以及配电装置的金属构件，遮栏和电缆线的金属外包皮等，均应采用保护接地或接零		10	
	3. 主电室、配电室、主电缆隧道和电缆夹层应设有自动报警器，烟雾火警信号器监视装置；应采取防火墙防火门间隔和电缆穿线孔遇火能自动封闭的建筑措施，并按有关标准设置警示标识		10	

续表

评估项目	标准内容要求	专家现场检查记录	满分	得分
公用工程与安全	4. 厂内机动车辆等特种机械设备应符合有关管理规定和安全技术要求，并领取使用合格证才能投入运行，运行应建立维修保养制度		10	
	5. 锅炉、压力容器应按规定申报检验和定期检测。各种安全防护保险和信号装置应完好可靠，符合有关安全技术要求，并按规定建立锅炉、压力容器安全管理制度及管理台账		20	
	6. 消防给水和重点设备、设施符合《建筑设计防火规范》要求，并经公安消防部门验收合格		10	
	7. 消防设施、器材有专人负责管理，消防器材设置在明显和便于使用的地点，周围不准存放其他无关物品		10	
七			80	
作业场所职业卫生	1. 有毒、有害作业点应设置有效的通风、换气等设施，产尘车间的通风以局部排风为主，将粉尘在产尘地点直接捕集起来净化后排至室外。吸尘、排烟管应保证无泄漏		10	
	2. 粉尘、废气、噪声不得超过国家卫生标准。定期测定产尘点空气中的粉尘浓度，发现超标时应及时采取解决措施		30	
	3. 高温车间如烧成车间、卫生瓷注浆车间及锅炉房、干燥器、干燥塔等处应合理布置热源，做好送风降温、通风换气工作，并应加强个人防护		10	
	4. 为从业人员提供符合国家标准或行业标准的劳动保护用品，并监督、教育从业人员按照使用规则佩戴、使用		10	

续表

评估项目	标准内容要求	专家现场检查记录	满分	得分
作业场所职业卫生	5. 对产生职业病危害的作业岗位，应当在醒目位置设置公告栏、警示标识；对产生严重职业危害的作业场所，除设置警示标识外，还要说明产生职业病危害的种类、后果、预防及应急救治措施		10	
	6. 按规定对从事可能导致职业病危害的劳动者，组织上岗前、在岗期间和离岗时的职业健康检查，如发现早期尘肺病患者应该及时调离。从事有毒、有害作业的职工每年至少体检 1 次，从事无害作业的职工每 2 年至少体检 1 次，并建立职工健康档案		10	
八			80	
作业现场安全管理	1. 煤气区的作业应遵守 GB 6222—2005 的规定，各类带煤气作业地点应分别悬挂醒目的警告标识。煤气危险区，如对热风炉煤气发生设施附近的 CO 浓度应定期测定，对作业环境进行监测		20	
	2. 生产车间存放的易燃、易爆、易腐蚀、剧毒等危险品不得超过 1 天用量；使用危险物品的车间与其他车间要作防火分隔		10	
	3. 生产场所应有明显的安全警示标识		10	
	4. 生产场所的地面不得有积水、油污和杂物；压滤机下面应构筑接水围框；定时用吸尘器或湿法清扫车间地面、平台和各种设备		5	

续表

评估项目	标准内容要求	专家现场检查记录	满分	得分
作业现场安全管理	5. 油站、气站、煤气站等易燃易爆场所应控制点火源和可燃物浓度		5	
	6. 设备布置、材料物品的放置、人流与物流的流向及通道、作业人员的操作空间符合安全要求和方便操作，有符合紧急疏散要求、标识明显并保持通畅的通道和出口		5	
	7. 正确使用、保养和检查维护生产设备设施，使其处于完好技术状态		5	
	8. 高空作业场所应设置防护栏；作业人员应配备个体防护用品		5	
	9. 采用喷雾法施釉时，应在吸风罩或通风柜内作业，喷雾的“雾粒”必须全部喷射在吸风罩内		5	
	10. 执行危险作业审批制度。进入危险有害区域作业，应配备安全防护用具，做好监护和应急救援		10	
九			60	
安全生产投入	1. 有为员工合理配置岗位劳保用品和确保职工体检、培训的投入，合理提取防暑降温费用（含防暑降温设备配置和清饮费）		20	
	2. 有年度安全生产项目专项经费预算及购置、更新、维修设备设施的开支计划，并得到落实		20	
	3. 完成重大危险源、事故隐患的登记建档和检测评估、整改、监控等投入		20	

续表

评估项目	标准内容要求	专家现场检查记录	满分	得分
十			100	
事故预防与处理	1. 对危险源、事故隐患，必须登记建档、检测评估、监控管理，制定应急预案。对危险源要采取相应的防范、监控措施；对事故隐患，采取整改措施，并做好记录		30	
	2. 制定针对性强、可操作性强的事故应急救援预案。内容包括：领导机构，事故防范措施，事故应急处理程序，救护和善后，并按规定报有关部门备案		25	
	3. 事故应急预案应定期组织演练，并及时修订完善预案		20	
	4. 事故发生后，按规定及时如实地报告和处理		15	
	5. 事故的调查处理符合国家和省的有关规定，严格按照“四不放过”原则要求落实，并建立事故档案		10	
十一			30	
承发包（外包）与租赁管理	1. 不得将生产经营项目、场所、设备发包（外包）或者租赁给不具备安全生产条件或者不具备相应资质的单位和个人		15	
	2. 生产经营项目、场所有多个承包单位、承租单位的，应当与承包单位、承租单位签订专门的安全生产管理协议，或者在承包合同、租赁合同中约定各自的安全生产管理职责，对承包单位、承租单位的安全生产工作统一协调、管理，并督促承包单位、承租单位与其从业人员签订劳动合同和安全责任书		15	

6 陶瓷生产企业安全生产规范化管理现场评估汇总表

（节选自广东省陶瓷生产企业安全生产规范化管理现场评估汇总表）

表 130　陶瓷生产企业安全生产规范化管理现场评估汇总表

项目	序号	安全评估项目	项目总分值	扣除未评估项目后的分值	实得分
评估项目	一	安全生产组织机构人员及要求	100		
	二	安全生产管理制度	100		
	三	从业人员安全管理	100		
	四	厂区安全管理	130		
	五	生产工艺与设备、设施安全	130		
	六	公用工程与安全	90		
	七	作业场所职业卫生	80		
	八	作业现场安全管理	80		
	九	安全生产投入	60		
	十	事故预防与处理	100		
	十一	承发包（外包）与租赁管理	30		
		小计	1 000		
评估等级					

说明：

1. 评估得分的具体计算方式如下：

评估总得分＝评估项目实得分÷评估实有项目总分×1 000

（评估项目中企业实际未有该项内容的不记分）。

2. 评估等级划分标准：

A级，总得分≥850；　　B级，850＞总得分≥750；

C级，750＞总得分≥600；　　D级，总得分＜600。

六、交通运输与装卸作业安全责任标准检查表

（一）交通运输安全责任标准检查表

1 交通运输企业安全管理检查表

（节选自原国家安全生产监督管理局制定的《交通运输企业安全检查表》）

表 131　　交通运输企业安全管理检查表

单位：　　　　　　　　　　　　　　　　年　月　日

序号	检查内容和标准	检查方法	检查结果		评价及意见
			是	否	
1. 安全管理机构					
1.1	安全生产领导组织机构健全，定期研究安全生产工作重大问题	查资料 听汇报			
1.2	党政工团齐抓共管，安全工作分工明确、各尽其责	查资料 听汇报			
1.3	设有安全生产工作职能机构，按规定配备专（兼）职安全管理人员	查资料 听汇报			
1.4	建立健全工会劳动保护监督检查组织网络及配备专（兼）职人员	查资料			

续表

序号	检查内容和标准	检查方法	检查结果		评价及意见
			是	否	
2. 安全规章制度					
2.1	建立全员安全生产责任制	看资料			
2.1.1	法人代表的第一安全责任、分管领导的直接安全责任、其他领导的综合治理安全责任条款具体、明确，并认真履行	查资料			
2.1.2	各部门、岗位、工种的全员安全生产工作责任制条款具体、明确、完善，并认真履行	查资料 看现场			
2.1.3	层层直至个人签订《安全责任状》，缴纳安全生产保证金，《安全责任状》中有能全面反映其工作职责的内容	查资料			
2.1.4	建立并执行安全生产目标管理制度	查资料			
2.1.5	建立保证目标实现的具体工作计划、措施等	查资料			
2.1.6	制定安全目标的考核办法	查资料			
2.1.7	进行年度安全目标考核、总结、评比	查资料			
2.2	建立健全各项安全管理制度	查资料			
2.2.1	建立各级安全生产办公会议（例会）制度	查资料			
2.2.2	安全职能部门定期召开工作例会，研究安全生产工作，定期组织安全生产检查等安全活动	查资料			
2.2.3	建立安全生产检查制度、隐患整改制度	查资料			
2.2.4	建立安全行政责任追究制度（或实施细则）	查资料			
2.2.5	建立危险源点和职业危害监控制度	查资料 看现场			
2.2.6	建立事故统计、报告、调查、分析、处理制度	查资料			

续表

序号	检查内容和标准	检查方法	检查结果		评价及意见
			是	否	
2.2.7	建立安全生产工作考评、奖惩制度	查资料			
2.2.8	按照有关法律、法规制定化学危险物品的运输、储存、使用、监管制度	查资料 看现场			
2.2.9	制定相关消防、求生制度及应急预案	查资料 看现场			
2.2.10	建立机驾等特种岗位工作人员培训、上岗、教育审查等安全管理制度	查资料			
2.2.11	建立所有投入营运生产的车、船、机械、设备安全技术管理制度	查资料 看现场			
2.2.12	制定岗位、工种、车辆运行线路操作规程，并在相应岗位公示	看资料			
2.2.13	建立劳动防护用品管理、发放、使用制度	查资料 看现场			
2.2.14	建立安全生产值日、巡查制度	查记录			
2.2.15	建立安全生产培训教育制度	查资料			

3. 安全宣传、教育与培训

3.1	重视安全文化建设，安全生产氛围浓厚，安全宣传形式多样，效果明显	查资料 现场了解			
3.2	认真宣传、贯彻国家有关安全生产法律、法规	查资料			
3.3	及时传达贯彻上级有关安全生产的指示、要求	查资料 现场了解			
3.4	根据不同季节、不同安全工作重点、不同人员，有针对性地进行安全宣传教育	查资料			
3.5	有计划地对职工进行日常安全技术培训	查资料			

续表

序号	检查内容和标准	检查方法	检查结果		评价及意见
			是	否	
3.6	单位领导、安全管理人员定期参加安全生产教育培训，具有相关安全生产专业资质，上岗持证率达100%	查资料看现场			
3.7	特种作业人员定期参加安全生产教育培训，上岗持证率达100%	查资料看现场			
3.8	新职工上岗经过岗前三级安全教育培训，上岗持证率达到100%	查资料看现场			
3.9	坚持生产班组班前安全教育	查资料看现场			
3.10	坚持机驾人员出车（航）前安全教育	查资料现场询问			
3.11	坚持开展重点不安全因素人员安全教育（帮教活动）	查资料现场询问			
3.12	坚持开展春运、安全月等重大安全活动	查资料			
3.13	坚持有效开展安全生产业务技能测试竞赛和消防、救生、抢险等实际演练	查资料看现场			
4. 安全监督与保障					
4.1	企业道路运输市场准入和经营资质经过严格审批，执行严格的升降级制度	查资料			
4.2	年度工作计划有具体安全生产内容	查资料			
4.3	公路长途运输应严格执行“两部一局”安全会签、交代和检查，人员、车辆、监控及配班、装载、运行等规定	查记录			
4.4	设置安全监督、举报信箱、电话，聘请行风安全监督员等	查公示或资料			

续表

序号	检查内容和标准	检查方法	检查结果		评价及意见
			是	否	
4.5	安全生产的预控、监控、群控、互控和自控监督机制运转正常	看资料现场询问			
4.6	坚持安全值日巡查制度	查值日记录			
4.7	建立健全工会劳动保护监督检查责任制度，依法实行群众监督	查资料			
4.8	单位行政领导向职工代表大会或职工大会报告安全生产工作，工会参与安全工作的重大安全活动	查资料			
4.9	集体合同有明确的安全生产内容	查资料			
4.10	工会协助行政创建安全生产合格班组	查资料			
4.11	制订并实施各类事故及危险化学品运输应急救援预案	查资料			
4.12	按规定提取必需的安技措经费和安全专项基金	查财务账看实物			
4.13	实行车辆、第三责任、职工工伤等社会保险制度	查资料			
4.14	按规定发放劳动保护用品	查台账			
4.15	防寒保暖、防暑降温费用、设施到位	看现场			
4.16	采用GPS、“黑匣子”等先进的科技产品装备车辆	查实物			
4.17	采用危险品检测仪等先进的安全监测设备，严格检查，杜绝夹带危险品上车	查设备			
5. 事故统计、分析与处理					
5.1	建立事故档案、机驾人员安全档案	查档案			

续表

序号	检查内容和标准	检查方法	检查结果		评价及意见
			是	否	
5.2	按月（季、年）度认真进行事故综合分析，及时为领导、上级部门提供安全生产工作决策依据	查资料			
5.3	及时召开重大事故现场分析会	查记录			
5.4	严格执行事故特别是重、特大事故报告的相关规定，并及时组织调查处理、统计、上报	查资料现场了解			
存在主要问题		整改具体要求			

2 道路交通运输企业现场安全检查表

表 132　　车辆驾驶员安全检查表

单位：　　　　　　　　　　　　　　年　　月　　日

序号	检查内容和标准	检查方法	检查结果		评价及意见
			是	否	
1. 驾驶前检查					
1.1	机动车驾驶员，需经过车辆管理机关培训考试合格，领取驾驶证	查证件			
1.2	驾驶车辆时，必须携带驾驶证和行车证	查现场			
1.3	不准转借、涂改或伪造驾驶证	查档案			
1.4	不准将车辆交给无证人员驾驶	座谈了解			
1.5	不准驾驶无牌无证车辆	查现场			

续表

序号	检查内容和标准	检查方法	检查结果		评价及意见
			是	否	
1.6	车辆必须按规定审验或审验合格，否则不准继续驾驶	查证件			
1.7	严禁酒后驾驶车辆、严禁超载	看现场			
1.8	车辆转向器、制动器、灯光装置、后视镜、刮水器等机件必须符合安全要求	查现场			
1.9	行车前车门、车窗必须关好，否则不准驾驶车辆	查现场			
1.10	正确穿戴劳动保护用品，严禁穿拖鞋驾驶车辆	查现场			
2. 行车中的检查					
2.1	驾驶车辆时不准吸烟、饮食、闲谈或有其他妨碍安全行车的行为	查现场			
2.2	必须遵守停车、会车、倒车和掉头的有关规定	查现场			
2,3	不准违章逆向行驶	查记录			
2.4	驾车下坡时不准熄火、空挡滑行	查现场			
2.5	行经铁路道口应做到“一慢二看三通过”，按规定行车、停车	查现场			
2.6	不准违反交通信号、交通标识、交通标识线指示，违规超车让车	查现场			
2.7	进入导向车道后，应按规定方向行驶	查现场			
2.8	不准在禁行的时间和道路上行驶	查现场			
2.9	驾驶车辆时，严禁超速行驶	查现场			
2.10	按规定使用转向灯、防炫目近光灯、远光灯、示宽灯、尾灯、雾灯等信号装置	查现场			
2.11	行经人行横道，应按规定停车、减速、避让行人	查现场			

续表

序号	检查内容和标准	检查方法	检查结果		评价及意见
			是	否	
2.12	驶入或驶出非机动车道，应避让非机动车	查现场			
2.13	在没有划分中心线和机动车道与非机动车道的道路上，应按规定行驶	查现场			
2.14	小型客车行驶中，驾驶员应按规定系好安全带	查现场			
存在主要问题		整改具体要求			

表133 汽车修理厂（停车场）安全检查表

单位：　　　　　　　　　　　　　　　　　　　　　　　年　　月　　日

序号	检查内容和标准	检查方法	检查结果		评价及意见
			是	否	
1	严格车辆的考核评定；建立车辆技术档案	查资料			
2	严格按照《汽车维修、检测、诊断技术规范》维修、修理的车辆应确保技术状况良好	查现场			
3	车辆定期进行安全检查，严格执行车辆报废制度	查资料			
4	车辆检验、保养、故障维修有验收签字，车辆技术“合格证”齐全	查资料			
5	根据季节变化按规定更换车辆润滑及增设安全设备	看现场 查记录			
6	车辆按规定配备消防器材	看现场			
7	修理场、停车场地面，平整清洁，留有安全通道	看现场			

续表

序号	检查内容和标准	检查方法	检查结果		评价及意见
			是	否	
8	安全操作规程、警示标识明显	看现场			
9	电线排列整齐、无老化，电器开关、插座护罩符合安全要求	看现场			
10	机械防护装置齐全，有可靠的接地保护	看现场			
11	压力容器安全防护保险装置齐全完好	看现场			
12	职工正确穿戴、使用劳动防护用品	看现场			
13	房屋（棚架）无隐患，照明灯具（工作灯）使用符合安全要求	看现场			
14	废油储存、放置符合安全要求	看现场			
15	消防器材的配置、种类和设置部位符合规范要求，检查、更换记录齐全	看现场 查资料			
16	值班人员（夜间）定时对单位内部重点部位进行巡查，有交接班记录	查记录			
存在主要问题		整改具体要求			

表 134　加油站（油库）现场安全检查表

单位：　　　　　　　　　　　　年　月　日

序号	检查内容和标准	检查方法	检查结果		评价及意见
			是	否	
1	加油站（油库）建设符合有关规定，有完备审批手续，资料齐全	查资料 查现场			
2	加油站（油库）安全管理制度上墙，站内外有明显安全标识，站（库）内整洁无杂物、易燃物	查资料 查现场			

续表

序号	检查内容和标准	检查方法	检查结果		评价及意见
			是	否	
3	严禁闲杂人员随意进入，进入站、库人员严禁穿化纤衣服、带铁钉鞋，禁止使用铁质工具	查看现场			
4	加油站（油库）工作人员经培训合格，持证上岗，明确安全责任，会使用消防器材，有应对突发事件能力	查资料查现场			
5	每座加油岛设 8 kg 手提干粉灭火器 2 只，每台加油机设 1 只 8 kg 干粉或 6 L 泡沫灭火器，但总数不超过 6 只，并应放置在方便取用的站房前。罐区设：70 kg 干粉车、100 L 泡沫车各 1 台	看现场			
6	所有电气（电灯、开关、风扇、加油机等）设备符合整体防爆要求，基坑用砂填实	查现场			
7	油库上方无电线，避雷装置符合要求，接地电阻$<4\ \Omega$，两年检测一次，有完整记录	查资料查现场			
8	油罐埋放符合要求，静电接地装置完好，进油、出油、量油、通气孔的结合管设在人孔盖上	查现场			
9	通气管直径不小于 50 mm，管口高于地面 4 m，管口与围墙距离不小于 3 m，管口设阻火器［与建筑物相邻，管口应高出屋顶（脊）1 m］	查现场			

续表

序号	检查内容和标准	检查方法	检查结果		评价及意见
			是	否	
10	卸油口应采用密闭式快速接头，设专用静电接地桩	查现场			
11	油库安全距离内无民房、烟火	查现场			
12	工作人员每天进行安全防火检查，检查记录齐全	查资料 查现场			
13	有消防应急预案和训练有素、召之即来的志愿消防队员	查资料 现场询问			
存在主要问题		整改具体要求			

表 135　　汽车站现场安全检查表

单位：　　　　　　　　　　　　　　　　　　年　月　日

序号	检查内容和标准	检查方法	检查结果		评价及意见
			是	否	
1	二级以上汽车客运站（含二级）应配置危险品检查设备	查现场			
2	严格查堵夹带危险品，做到坚守岗位，会识别，不漏检	查现场			
3	严格执行出站班车复核制度，加强对营运驾驶员、车辆安全和经营资质的检查，不发超员（载）车、人货混装车	查现场 查资料			
4	旅客流向合理有序，停车场车辆停放整齐，留有安全通道	查现场			
5	站区安全疏散通道畅通，安全标识明显，候车室有禁烟标识，并严格管理	查现场			

续表

序号	检查内容和标准	检查方法	检查结果		评价及意见
			是	否	
6	现场装卸工、铲车工按照规程安全操作，无旅客私自上车顶装卸行李现象	查现场			
7	进站班车符合安全要求，停放定点，旅客上下车、进出站秩序井然	查现场			
8	发车时检票员旗笛指挥，检票员或乘务员对旅客进行安全喊话	查现场			
9	车站大门处有限速标牌，用灯光信号或人员旗笛指挥，转弯交叉路口有标识牌，场内有禁烟（火）区标牌	查现场			
10	车站运用各种宣传工具进行交通安全宣传	查现场			
11	有专人对车站、车场的安全工作进行巡查，夜间值班人员定时对单位内部各重点部位进行巡查，并做好记录	查现场 查资料			
12	消防器材配置数量、种类和设置部位符合规范要求，器材完好有效，检查、更换记录有案可查，工作人员会使用	查现场 查记录			
13	按期组织消防、救生、疏散车辆等应急演练并有记录	查台账			
14	变、配电房的电气设备有保护装置和标识，各种仪表、指示灯齐全、完好。人员经培训合格持证上岗，坚守岗位	查现场			
15	电气安全可靠，线路无老化、私拉乱接现象	查现场			
16	各种设备的安全、防护装置齐全、完好	查现场			
存在主要问题		整改具体要求			

3 水上运输企业现场安全检查表

表 136　　水上运输企业现场检查表

单位：　　　　　　　　　　　　　　　　　　　年　　月　　日

序号	检查内容和标准	检查方法	检查结果		评价及意见
			是	否	
1	船舶、机械、助航设备等处于良好的技术状态	查资料 看现场			
2	消防设施、救生设备按照国家有关规定配备齐全并处于良好状态	看现场			
3	船舶系缆设备牢固、可靠，缆绳无断裂、损伤	看现场			
4	船员配备不得低于“船舶最低安全配员”标准	查资料			
5	从业人员能熟练使用消防、救生设备	看现场			
6	建立应急救援组织，预警预报系统健全，联络通信通畅	查资料 询问			
7	严格执行“安全航行十项禁令”	现场 了解			
8	认真召开航次会议，做好会议记录	查资料			
9	认真填写航行日志、轮机日志和车钟记录	查资料			
10	制定重大危险源、危险物品装卸、运输和水上交通事故、消防救生、人员疏散等应急、救援预案，并定期进行演练	查资料 走访			
11	客船、站埠按规定配备危险品专（兼）职检查人员，人员严于职守，严格查堵携带易燃易爆和化学危险品上船	看现场			

续表

序号	检查内容和标准	检查方法	检查结果		评价及意见
			是	否	
12	从事危险化学品运输的船舶及其设施应符合有关安全规定要求	查资料 看现场			
13	客船、站埠、码头电线线路无老化和私接乱拉现象，符合安全用电要求	查台账 看现场			
14	保持客船、站埠安全通道畅通，安全标识明显	查台账 看现场			
15	按船舶核载售票，无超载和人货混装现象	查台账 看现场			
16	按进出口港船舶安全检查规则要求坚持对船舶进行检查	查资料 走访			
17	对安全检查中或群众举报的事故隐患要采取有效控制措施，做到及时排除和限期整改	查资料 走访			
存在主要问题		整改具体要求			

4 港口现场安全检查表

表 137　　港口现场安全检查表

单位：　　　　　　　　　　　　　　年　月　日

序号	检查内容和标准	检查方法	检查结果		评价及意见
			是	否	
1	确保特种设备按规定进行年检，检验合格并取得安全使用证后方可投入使用	查资料 查现场			

续表

序号	检查内容和标准	检查方法	检查结果		评价及意见
			是	否	
2	禁止使用国家明令淘汰、危及安全的工艺设备	查资料 查现场			
3	在作业危险区域和有关设施设备上应设置明显的安全警示标识	查现场			
4	严格按照规定进行发包或者出租生产经营项目、场所、设备，并签订专门的安全生产管理协议	查资料			
5	依法参加工伤社会保险，为从业人员缴纳保险费	查资料			
6	杜绝“超载”和为“三无船舶”配载	查现场			
7	制定冬、夏特殊季节安全防范措施并认真落实	查现场			
8	适时配备防寒及防暑降温设备、物品	查资料 查现场			
9	按规定配备现场安全检查人员	查台账 看现场			
10	严格执行港口码头安全监督检查制度	查资料 走访			
11	确保各种机械、防护设备及报警装置始终处于完好状态，认真执行维护保养制度，做到专人负责，责任明确	查资料 看现场			
12	按规定配备齐全安全消防设施并处于良好状态	看现场			
13	从业人员应熟练操作消防、救生设备	看现场			
14	保持港口码头安全通道平整畅通，安全标识明显	看现场			

续表

序号	检查内容和标准	检查方法	检查结果		评价及意见
			是	否	
15	装卸现场、堆场应安全、整洁、卫生	看现场			
16	采取有效措施对事故隐患做到及时排除和限期整改，并采取有效控制措施	查资料 走访			
存在主要问题		整改具体要求			

5 汽渡现场安全检查表

表 138　　汽渡现场安全检查表

单位：　　　　　　　　　　　　　　　　年　月　日

序号	检查内容和标准	检查方法	检查结果		评价及意见
			是	否	
1	码头各岗位人员认真履行安全岗位职责，持证上岗，坚守岗位	查资料 看现场			
2	坚持做到船到码头人到位，码头有船人在岗，放完车辆再落客，斜坡有车人在岗，斜坡有车船不离	看现场			
3	待渡区车辆秩序维护良好	看现场			
4	码头区域无闲杂人员，客车旅客在专用待渡走廊待渡	看现场			
5	待渡区路灯及照明系统始终处于完好状态	看现场			
6	待渡区安全宣传、安全隔离栏杆、警示标牌等完好有效	看现场			

续表

序号	检查内容和标准	检查方法	检查结果		评价及意见
			是	否	
7	按有关规定配备码头消防器材、防滑三角木、卷扬机等安全设施且布置合理	看现场			
8	落实码头卷扬机、防滑三角木、液压防滑挡板等安全设施使用、管理责任人	看现场			
9	码头斜坡应防滑，道路要平整	看现场			
10	码头、港池内的靠泊设施设备完好	看现场			
11	码头、航道满足渡运航行要求	看现场			
12	船舶各类证书和法定文书齐全、有效	查资料			
13	船员职务适任证书齐全、有效且与实际相符	查资料			
14	按时收记天气预报	查资料			
15	制定船舶遇险各类应急预案并定期演习	查资料			
16	船舶航行应遵守港航规章	看现场			
17	船员在岗在位，遵守操作规程	看现场			
18	航行中主动通报船舶动态，主动联系、主动避让	看现场			
19	航行中无强行追越、横越行为	看现场			
20	对驾乘人员经常进行安全宣传、教育	看现场			
21	夜间航行正确显示航行信号灯	看现场			
22	保持正常的通信联络	看现场			
23	预先做好准备后方可靠离码头	看现场			
24	车辆上下时水手提前到位，指挥车辆动作规范	看现场			
25	认真执行交接班制度	看现场			

续表

序号	检查内容和标准	检查方法	检查结果		评价及意见
			是	否	
26	船舶台账资料记录齐全规范	查资料			
27	油污水处理符合规定并认真做好记录	查资料			
28	船舶航行设备始终处于完好状态	看现场			
29	船舶操纵系统始终处于完好状态	看现场			
30	助导航系统始终处于完好状态	看现场			
31	信号灯系统始终处于完好状态	看现场			
32	无线电通信系统始终处于完好状态	看现场			
33	配备符合有关规定，且齐全、有效并符合有关规定	看现场			
34	防污染设备齐全、有效并符合有关规定	看现场			
35	船体主要构件及船壳板无明显变形	看现场			
36	水密装置始终处于良好状态并保持关闭状态	看现场			
37	系泊、靠泊设备始终处于良好状态	看现场			
38	船舶报警系统始终处于良好状态	看现场			
39	锚固设备始终处于良好状态	看现场			
40	大小跳板、吊臂及钢丝绳完好	看现场			
41	危险品车必须在专用车道上待渡，必须持有相应的《准运证》，品种、载重、到离时间和押运员情况必须经场管员登记，并不得与客车同渡	看现场			
存在主要问题		整改具体要求			

6 船闸现场安全检查表

表 139　　船闸现场安全检查表

单位：　　　　　　　　　　　　　　　　　　　　年　月　日

序号	检查内容和标准	检查方法	检查结果		评价及意见
			是	否	
1	严格执行值班所长 24 小时值班制度，随时处理船闸运行现场中出现的问题	查资料 看现场			
2	上岗前和交班后召开工前工后会议，提出工作要求，讲评班次工作	查资料			
3	值班人员严格遵守劳动纪律，坚守岗位	看现场			
4	船闸运行现场指挥得力、管理到位，保持良好的现场运行秩序	看现场			
5	值班人员正确使用红绿旗、口哨等指挥工具，认真履行岗位职责	看现场			
6	现场广播安全宣传清晰，语言文明，用词准确	看现场			
7	引航道待闸船舶和闸室内船舶停靠符合有关安全规定，秩序良好	看现场			
8	严格执行调度计划，非待闸船舶未经允许不得进入引航道或在引航道停靠	看现场			
9	严格执行危险品船舶安全过闸有关规定	查资料 看现场			
10	各工作场所按规定配备消防器材，种类和数量满足需要，摆放位置合理，工作人员会操作使用	看现场			

续表

序号	检查内容和标准	检查方法	检查结果		评价及意见
			是	否	
11	临水面工作场所按规定配有救生器材；水上作业人员按规定使用救生设备和器材	看现场			
12	现场人员熟知事故隐患和职业危害监控点的有关防范要求，并熟练掌握预控措施	现场了解			
13	定期观测各类水工建筑物，检测避雷接地系统、电缆绝缘程度，保证安全可靠	查资料 看现场			
14	定期、定级保养检修闸阀门启闭机械、液压泵站、电气控制设备、供配电系统等设备，确保运转正常	查资料 看现场			
15	信号灯、警戒线等警示标识齐全，工作正常	看现场			
16	机械设备无缺油、漏油、漏气、漏水等现象	看现场			
17	船闸助航设施齐全，满足安全使用需求	看现场			
18	各种仪表显示准确，暂停、急停安全可靠	看现场			
19	闸阀门定期保养，运行平稳无异常	查资料 看现场			
20	机电设备安装符合技术规范，无私拉乱接、不规范的现象	看现场			
21	公务车、排挡艇定期保养，技术状况良好	查资料 看现场			
22	船闸养护工程施工现场应制定施工安全防范措施，设置安全警示标识	查资料 看现场			
23	生产区以外其他部位、设施、设备满足安全要求	看现场			
存在主要问题		整改具体要求			

7 乡镇渡口安全检查表

表 140　　乡镇渡口安全检查表

单位：　　　　　　　　　　　　　　年　　月　　日

序号	检查内容和标准	检查方法	检查结果		评价及意见
			是	否	
1. 渡　口					
1.1	有渡口设置的批复文件	查资料			
1.2	有供旅客上下的坡道、石阶、码头	看现场			
1.3	渡口两岸应设置“安全告示牌”，标明“12395”搜救电话、渡口安全责任人	看现场			
1.4	渡口应设置“渡口守则”牌	看现场			
1.5	通航水域的渡船不得使用缆渡	看现场			
2. 渡　船					
2.1	有规范的钢质渡船，5 m以上要办理所有权登记	查资料			
2.2	渡船应有合格的船舶检验证书，保持技术状态良好，严禁带病运行	查资料 看现场			
2.3	机动渡船有船舶签证簿；非机动渡船有渡船证书	查资料			
2.4	渡船两舷应按规定高度、密度和材质设置固定安全栏杆，汽车渡船在甲板两端应设置防止车辆滑冲装置	查现场 听反映			
2.5	渡船栏杆处应悬挂“安全责任”牌，标明渡船名称、船员姓名、载客定额、救生衣及救生圈数量	查现场 听反映			

续表

序号	检查内容和标准	检查方法	检查结果		评价及意见
			是	否	
2.6	渡船应勘划载重线标识，首尾应设水密舱	查现场			
2.7	纳入管理的乡镇渡口经营性船舶应办理“三证一线一牌”： “三证”：国籍证书、船舶检验证书、船员证书 “一线”：载重线 “一牌”：船名牌	查资料 查现场			
3. 船　员					
3.1	渡船船员年龄不得超过 55 周岁（身体健康可放宽至 60 周岁）	查证件 查现场			
3.2	机动船应按规定人数配备船员，船员应有有效的船员证书，非机动渡船船员应持有有效的渡工证书	查资料 查现场			
3.3	渡船船员应能熟练使用渡船配备的消防、救生设备	查资料			
3.4	建立渡口工作人员培训考核制度	查资料			
4. 渡　运					
4.1	按规定办理船舶签证	查资料			
4.2	按规定申请船舶检验	查资料			
4.3	渡船按规定的航区和航线航行	查资料			
4.4	横渡时严禁抢行、抢越他船船头	查资料			
4.5	严禁不具备夜航条件的渡船夜间行驶	查资料			
4.6	严禁旅客携带危险品过渡	看现场			
4.7	严禁渡船超载渡运	查资料			
4.8	严禁无证、酒后驾驶	查资料			
4.9	严禁在风、浓雾或者其他恶劣天气有碍航行安全时开航	查资料 查现场			

续表

序号	检查内容和标准	检查方法	检查结果		评价及意见
			是	否	
4.10	严禁随船的救生、消防设备不全或其他不适航状态从事渡运	查资料 查现场			
5. 安全责任					
5.1	设区的市、县（市）人民政府职责： 1. 建立渡口安全管理责任制，与乡镇人民政府签订《安全责任状》 2. 组织安全检查，消除事故隐患 3. 制订撤渡建桥计划，并依法足额投入专项补助资金 4. 发生事故必须依法及时上报	查资料 查现场			
5.2	乡镇渡口所在地的乡镇人民政府职责： 1. 制定乡镇渡口建设规划，并有审批意见 2. 签订乡镇船舶管理人员、船舶单位和渡口《安全责任状》，并定期检查、考核 3. 按规定投入乡镇渡船更新改造资金，落实安全管理经费（列入当地财政预算）。实施撤渡建桥计划 4. 协助查处船舶的违章行为和水上交通事故，发生事故依法及时上报，并做好善后处理工作	查资料 查现场			
5.3	地方海事机关职责： 1. 依法办理渡船检验、登记，核发船舶、船员证书、证件 2. 加强安全宣传和监督检查，依法查处违章、违纪行为 3. 发生渡口事故必须依法及时上报，并组织调查处理统计	查资料 查现场			

续表

序号	检查内容和标准	检查方法	检查结果		评价及意见
			是	否	
5.4	地方各级交通主管部门职责： 1. 加强渡口安全行业管理，贯彻落实国家和省有关安全管理法律、法规和规章制度 2. 在同级人民政府的领导下，加强渡口安全管理，监督检查，落实各级安全生产责任制	查资料 查现场			
5.5	渡口所在地的公安机关职责： 加强渡口和渡船的治安管理，依法处理违反治安管理行为	查资料 查现场			
5.6	渡口设置和经营者职责： 1. 按规定申办渡口设置、迁移和撤销渡口的手续 2. 配备适航的渡船并始终保持良好的技术状态 3. 设置并维护上下船人员安全的码头及相关设施 4. 按规定配备合格的船员 5. 遵守有关法律法规，加强渡运管理，确保安全 6. 建立健全渡口管理规章制度，加强对船员和相关人员的安全技术培训、教育、管理 7. 依法接受地方各级人民政府和有关部门的监督检查，及时消除事故隐患 8. 发生事故必须及时上报	查资料 查现场			
存在主要问题		整改具体要求			

（二）港口、码头装卸作业安全责任标准检查表

8 港口、码头集装箱装卸现场检查表

（节选自上海市安监局安全生产检查表）

表 141　　港口、码头集装箱装卸双向检查表

<table>
<tr><th rowspan="2">检查项目</th><th rowspan="2">序号</th><th rowspan="2">检查内容</th><th rowspan="2">检查依据</th><th rowspan="2">检查方法</th><th rowspan="2">检查情况</th><th colspan="3">处理情况</th></tr>
<tr><th>责令改正</th><th>行政处罚</th><th>抄告单位</th></tr>
<tr><td rowspan="4">运输及通道要求</td><td>1</td><td>应划定集卡等运输车辆在港区内的运行通道，运输车辆一律在画出的车道内按规定行车方向行驶，按规定的位置停车</td><td rowspan="4">Q/RGAA 58—1998 4.5</td><td rowspan="4">查现场</td><td></td><td></td><td></td><td></td></tr>
<tr><td>2</td><td>机械、车辆行驶时应限速（道路：35 km/h，码头 20 km/h，箱区内转弯：5 km/h）</td><td></td><td></td><td></td><td></td></tr>
<tr><td>3</td><td>应对桥吊下集卡接装、待卸行驶车道进行划分</td><td></td><td></td><td></td><td></td></tr>
<tr><td>4</td><td>堆场内应划出箱区并按作业需要画出车道线</td><td></td><td></td><td></td><td></td></tr>
<tr><td>吊运安全要求</td><td>1</td><td>箱顶作业或高处作业时，应使用安全带及“集装箱箱顶安全带系挂装置（简称安全杆）”</td><td>Q/RGAA 58—1998 4.8</td><td>查现场</td><td></td><td></td><td></td><td></td></tr>
</table>

续表

检查项目	序号	检查内容	检查依据	检查方法	检查情况	处理情况		
						责令改正	行政处罚	抄告单位
吊运安全要求	2	吊运时，集装箱所经区域的下方不准站人						
	3	吊运机械作业，司机应在指挥人员的指挥下进行操作	Q/RGAA 58—1998 4.3.3					
	4	在风速超过机械抗风能力时，应停止作业	Q/RGAA 58—1998 4.8.4					

说明：Q/RGAA 58—1998 指《国际集装箱装卸工艺规程》。

9 港口、码头散杂货装卸现场检查表

表 142　　港口、码头散杂货装卸现场检查表

检查项目	序号	检查内容	检查依据	检查方法	检查情况	处理情况		
						责令改正	行政处罚	抄告单位
装卸作业安全要求	1	货物装卸作业，有相应装卸工艺措施	Q/RGAA 48—2000 3.1.3	查现场				
	2	卸载货物时，按积载图要求由甲板至舱底、由舱口向舱四周的顺序均衡卸载	Q/RGAA 48—2000 5.3.1					
	3	小型驳船装卸载应保持船体平衡	Q/RGAA 48—2000 5.3.4					

续表

检查项目	序号	检查内容	检查依据	检查方法	检查情况	处理情况		
						责令改正	行政处罚	抄告单位
机械设置要求	1	吊运线路不得在驳船驾驶舱及车辆驾驶室上方经过。操作人员和机械不应在吊运线路下、死角处作业	Q/RGAA 48—2000 6.2.1	查现场				
	2	起重机旋转轨迹附近无障碍物，支腿不应搁置在护轮坎上	Q/RGAA 48—2000 6.2.2					
吊运安全要求	1	吊运作业有指挥人员指挥	Q/RGAA 48—2000 6.2.4	查现场				
	2	货物吊运平稳，货物底部与障碍物的垂直距离不小于0.5 m	Q/RGAA 48—2000 6.2.7					
	3	当货物底面与承载面之间的垂直距离小于0.5 m时，操作人员方可上前稳扶，且站在非吊运线路的安全处	Q/RGAA 48—2000 6.3.2					
	4	应按工艺规定使用工具，且正确操作	Q/RGAA 48—2000 6.3.3					
	5	在确认货物松放准确、稳固、衬垫有效时方可摘钩	Q/RGAA 48—2000 6.3.5					

续表

检查项目	序号	检查内容	检查依据	检查方法	检查情况	处理情况		
						责令改正	行政处罚	抄告单位
装载运输安全要求	1	平车装载时，按需设置阻栏设施。货物装载保持稳固	Q/RGAA 48—2000 7.1.1至7.1.4	查现场				
	2	牵引车顶推平车时，鸣号招呼，低速慢行	Q/RGAA 48—2000 8.2					
	3	叉运起步、转弯或进出仓库时，鸣号、减速	Q/RGAA 48—2000 9.3					
	4	胶带输送机移动时，有专人指挥，操作人员站在胶带输送机移动线路以外的安全处	Q/RGAA 48—2000 10.5					

说明：Q/RGAA 48—2000 指《港口装卸作业基本要求》。

10 危险货物码头装卸现场检查表

表 143　　危险货物码头装卸现场检查表

检查项目	序号	检查内容	检查依据	检查方法	检查情况	处理情况		
						责令改正	行政处罚	抄告单位
安全管理制度	1	应建立专门的安全管理制度、并采取可靠安全措施	安法85.1	查现场查资料				
	2	应建立岗位安全生产操作规程	安法17 条例10					
	3	有应急预案，人员、装备物资，组织演练	安法69 355号令34					

续表

检查项目	序号	检查内容	检查依据	检查方法	检查情况	处理情况		
						责令改正	行政处罚	抄告单位
人员安全管理要求	1	主要负责人、分管安全生产负责人任前参加安全培训并考核合格	安法20.2、82.2	查现场查资料				
	2	安全管理人员配备符合有关规定并持证上岗	条例17、43	查现场查资料				
	3	从业人员了解作业场所、岗位存在的危险因素	安法36、82.3	现场抽取一定比例人员				
	4	从业人员熟悉本岗位的安全操作规程，并严格执行	安法49	现场抽取一定比例人员				
	5	对新进、离岗、换岗、采用“四新”的从业人员经过专门安全教育、培训合格后上岗	条例19、44	现场抽取一定比例人员				
	6	从业人员使用的劳防用品合格和符合配备标准，并能正确使用	安法37、83.7	现场抽取一定比例人员				
设备设施安全管理	1	现场设置禁火区	消防法9条	现场抽取一定比例				
	2	有维护、保养，检测记录，有有关人员签字	安法29、83.6	现场抽取一定比例				
	3	现场有相应的消防应急器材	消防法9条	现场抽取一定比例				
	4	特种设备必须由专业单位生产，并取得专业资质单位检测合格的证明，方可投入使用	安法30、83.8	现场抽取一定比例				

续表

检查项目	序号	检查内容	检查依据	检查方法	检查情况	处理情况		
						责令改正	行政处罚	抄告单位
	5	码头、钢引桥、趸船、油船、输油管道、装载臂等装卸设备及金属构件跨接电缆应进行电气连接并设置防静电、防雷接地装置	344号令 16、58					
作业环境	1	危险化学品储存应设专用场地、有专人管理	344号令 22.2、61.4	现场抽取一定比例				
	2	生产作业现场安全通道畅通，各类孔、洞、梯、台等安全防护设施齐全可靠	安法34					
	3	安全警示标识设置符合危险场所现场设置要求	安法28、83.4					
	4	吊装等危险作业应有专门人员进行管理	安法35、85.3					

说明：安法是指《中华人民共和国安全生产法》；

条例是指《上海市安全生产条例》；

344号令指国务院《危险化学品安全管理条例》。

11 港口、码头装卸现场检查通用表

表144　　港口、码头装卸现场检查通用表

检查项目	序号	检查内容	检查依据	检查方法	检查情况	处理情况		
						责令改正	行政处罚	抄告单位
船舶安全要求	1	船岸、船舶（驳）之间应根据船型、货物特性及吊运线路按要求系挂相应类型和规格的安全网	Q/RGAA 48—2000 3.4	查现场				
	2	各类梯子、跳板、安全网应完好无损，安全可靠						

续表

检查项目	序号	检查内容	检查依据	检查方法	检查情况	处理情况		
						责令改正	行政处罚	抄告单位
码头安全要求	1	装卸区域照明符合国家标准	JT 20 12—88	查现场				
	2	通道畅通，无堆放杂物。各类栏杆等安全防护装置齐全并保持完好	安法 29					
	3	码头护轮坎等危险部位有明显的安全警示标识或警示色标	安法 28					
	4	码头区域按规定设有限速标记	Q/RGAA 58—1998 4.5					
设备安全要求	1	码头各类电箱完好无损，标有相应警告标识	安法 28	查现场				
	2	各类吊运起重机械应有证牌，状态完好	安法 30					
	3	各类装卸机械声光报警装置齐全	Q/RGAA 189—2001 3.4	现场抽查一定比例				
	4	各类装卸车辆（铲车、卡车等）应有证牌，状态完好	安法 30					
	5	各类起重吊索具完好，符合安全要求	Q/RGAA 48—2000 3.2.1					
	6	钢直梯、钢斜梯、防护栏杆、钢平台应符合国家标准	GB 4053.1 GB 4053.2 GB 4053.3 GB 4053.4					

续表

检查项目	序号	检查内容	检查依据	检查方法	检查情况	处理情况		
						责令改正	行政处罚	抄告单位
人员安全要求	1	从事装卸作业人员持证上岗（适用外来务工人员）	Q/RGAA 48—2000 3.1.1	现场抽查一定比例人员				
	2	从业人员熟悉作业现场的有关危险因素	条例 18					
	3	起重吊运等特种作业人员持证上岗	安法 23					
	4	现场作业人员熟悉所装卸货物的装卸特性和工艺标准	Q/RGAA 48—2000 3.1.2					
	5	进入装卸现场的人员必须戴好安全帽	Q/RGAA 48—2000 3.3.2					
	6	水上作业及船边不悬挂安全网的码头装卸人员穿好救生衣	Q/RGAA 48—2000 3.3.3					
	7	从业人员根据货物特性配备相应防护措施	Q/RGAA 48—2000 3.3.1					
	8	登高作业人员应正确使用登高设施，并系扣安全带	Q/RGAA 4—2000 3.3.4	查现场				

说明：安法指《安全生产法》；

条例指《上海市安全生产条例》；

Q/RGAA 48—2000 指《港口装卸作业基本要求》；

JT 2012—88 指《港口装卸区域照明照度及其测量办法》；

Q/RGAA 58—1998 指《国际集装箱装卸工艺规程》；

Q/RGAA 189—2001 指《装卸机械司机安全操作规程》；

GB 4053.1 指《固定式钢直梯安全技术条件》；

GB 4053.2 指《固定式钢斜梯安全技术条件》；

GB 4053.3 指《固定式工业防护栏杆安全技术条件》；

GB 4053.4 指《固定式工业钢平台》。

七、冶金、电力与船舶修造企业安全责任标准检查表

（一）冶金企业安全检查及责任标准检查表

（节选自上海市安监局安全生产检查表）

1　轧钢产品（钢板、钢卷）包装检查表

表 145　轧钢产品（钢板、钢卷）包装检查表

检查项目	序号	检查内容	检查依据	检查方法	检查情况	处理情况		
						责令改正	行政处罚	抄告单位
安全管理制度	1	应建立专门的安全管理制度并采取可靠安全措施	安法 85.1	查现场 查资料				
	2	应建立岗位安全生产操作规程	安法 17 条例 10					
人员安全管理	1	主要负责人、分管安全生产负责人按规定参加安全培训并考核合格	条例 17、43	查现场 查资料				
	2	安全管理人员配备符合有关规定并持证上岗	条例 17、43					

续表

检查项目	序号	检查内容	检查依据	检查方法	检查情况	处理情况		
						责令改正	行政处罚	抄告单位
人员安全管理	3	从业人员了解作业场所、岗位存在的危险因素	安法36、82.3	现场抽取一定比例人员				
	4	从业人员掌握应急措施和熟练使用应急器材	安法33					
	5	对新进、离岗、换岗、采用“四新”的从业人员经过专门安全教育、培训合格后上岗	条例19、44					
	6	特种作业人员持证上岗	安法23、82.4 条例10.7					
	7	从业人员使用的劳防用品合格和符合配备标准，并能正确使用	安法37、83.7					
设备设施安全管理	1	不使用国家明令淘汰的落后工艺，禁止使用危及安全生产的设备	安法31.2、83	现场抽取一定比例				
	2	有特种设备的安全使用证或安全标识，有检测报告	安法30、83.8					
	3	有维护、保养、检测记录，有有关人员签字	安法29、83.6					
	4	消防设施、设备符合消防有关规定	消防法21					
	5	钢斜梯、防护栏杆应符合国家标准	GB 4053.2 GB 4053.3					

续表

检查项目	序号	检查内容	检查依据	检查方法	检查情况	处理情况		
						责令改正	行政处罚	抄告单位
	6	各运动设备或部件之间，应有安全连锁控制	AQ 2003—2004 9.1.12	现场抽取一定比例				
作业环境安全管理	1	有毒有害工艺、场所设置符合国家有关规定	AQ 2003—2004 10.1.5	现场抽取一定比例				
	2	较大危险作业场所和设备设有醒目安全警示标识	安法 28、83.4					
	3	生产经营场所、员工宿舍设有符合紧急疏散要求、标识明显、保持畅通的出口	安法 34、88					
应急救援	1	应建立火灾、爆炸和触电等重大事故的应急救援预案	AQ 2003—2004 4.16	抽查现场和资料				
	2	应配有与预案规定符合的应急人员、装备和物资，并定期组织演练	AQ 2003—2004 4.16	现场抽取一定比例				

说明：安法指《安全生产法》；

条例指《上海市安全生产条例》；

GB 4053.2 指《固定式钢斜梯安全技术条件》；

GB 4053.3 指《固定式工业防护栏杆安全技术条件》；

AQ 2003—2004 指《轧钢安全规程》。

2 高炉煤气现场检查表

表 146　　高炉煤气现场检查表

检查项目	序号	检查内容	检查依据	检查方法	检查情况	处理情况		
						责令改正	行政处罚	抄告单位
安全管理制度	1	生产、储存应建立专门的安全管理制度、并采取可靠安全措施	安法 85.1	查现场 查资料				
	2	对查出的隐患应提出整改措施，并限期整改	AQ 2002—2004 4.8	查记录				
设备设施安全管理	1	禁止将排水管、满流管直接插入下水道	GB 6222—1986 4.2.2.3	查现场				
	2	煤气设施的放散管不能共用	GB 6222—1986 4.3.1.5					
	3	煤气放散管口必须高出煤气管道、设备和走台 4 m，离地面不小于 10 m	GB 6222—1986 4.3.1.2					
	4	一次仪表不得引入管理室内	GB 6222—1986 5.2.2					
作业环境安全管理	1	到煤气区域作业的人员应配备便携式 CO 报警仪。CO 报警仪应定期校核	AQ 2002—2004 6.8	查现场				
	2	在已整改的煤气管道下面，不得修建与煤气管道无关的建筑物和存放易燃易爆物品	GB 6222—1986 3.2.1.1.f					
应急救援	1	应有应急救援组织，并落实到人	条例 31	查值班 查资料				

续表

检查项目	序号	检查内容	检查依据	检查方法	检查情况	处理情况		
						责令改正	行政处罚	抄告单位
应急救援	2	配有符合与预案所规定的应急人员、装备和物资，定期组织演练，能保证正常运转.	条例 31	查现场				

说明：安法指《安全生产法》；
条例指《上海市安全生产条例》；
AQ 2002—2004 指《炼铁安全规程》。

3 冷轧生产现场检查表

表 147　　冷轧生产现场检查表

检查项目	序号	检查内容	检查依据	检查方法	检查情况	处理情况		
						责令改正	行政处罚	抄告单位
安全管理制度	1	应建立专门的安全管理制度并采取可靠安全措施	安法 85.1	查现场 查资料				
	2	应建立岗位安全生产操作规程	安法 17 条例 10					
人员安全管理	1	主要负责人、分管安全生产负责人按规定参加安全培训并考核合格	条例 17、43	查现场 查资料				
	2	安全管理人员配备符合有关规定并持证上岗	条例 17、43					
	3	从业人员了解作业场所、岗位存在的危险因素	安法 36、82.3					

续表

检查项目	序号	检查内容	检查依据	检查方法	检查情况	处理情况		
						责令改正	行政处罚	抄告单位
人员安全管理	4	从业人员掌握应急措施和熟练使用应急器材	安法 33	现场抽取一定比例人员				
	5	对新进、离岗、换岗、采用“四新”的从业人员经过专门安全教育、培训合格后上岗	条例 19、44					
	6	特种作业人员持证上岗	安法 23、82.4 条例 10.7					
	7	从业人员使用的劳防用品合格和符合配备标准，并能正确使用	安法 37、83.7					
设施安全管理	1	不使用国家明令淘汰的落后工艺，禁止使用危及安全生产的设备	安法 31.2、83	现场抽取一定比例				
	2	各类起重吊索具完好，符合安全要求	GB/T 6067—1985					
	3	有维护、保养、检测记录，有有关人员签字	安法 29、83.6					
	4	有特种设备的安全使用证、安全标识登记，有检测报告	安法 30、83.8					
	5	堆放轧辊的地点、形式、高度等应符合要求	AQ 2003—2004 9.1.6					

续表

检查项目	序号	检查内容	检查依据	检查方法	检查情况	处理情况		
						责令改正	行政处罚	抄告单位
	6	冷轧机应有保护设施	AQ 2003—2004 9.4.7	现场抽取一定比例				
作业环境	1	有毒有害工艺、场所设置符合国家有关规定	AQ 2003—2004 10.1.5	现场抽取一定比例				
	2	较大危险作业场所和设备设有醒目安全警示标识	安法28、83.4					
	3	生产经营场所、员工宿舍设有符合紧急疏散要求、标识明显、保持畅通的出口	安法34、88					
应急管理	1	应建立火灾、爆炸、触电和毒物溢散等重大事故的应急救援预案	AQ 2003—2004 4.16	抽查现场和资料				
	2	应配有与预案规定符合的应急人员、装备和物资，并组织演练	AQ 2003—2004 4.16					

说明：安法指《安全生产法》；
条例指《上海市安全生产条例》；
AQ 2003—2004 指《轧钢安全规程》；
办法指《安全生产违法行为行政处罚办法》。

4 炼钢生产现场检查表

表 148　炼钢生产现场检查表

检查项目	序号	检查内容	检查依据	检查方法	检查情况	处理情况		
						责令改正	行政处罚	抄告单位
安全管理制度	1	建立安全生产责任制	安法 17	现场抽取一定比例				
	2	建有各工种安全操作规程	安法 17					
现场作业	1	明火作业、消防设施、设备符合消防有关规定	消防法 18、21	现场抽取一定比例				
	2	生产经营场所设有符合紧急疏散要求、标识明显、保持畅通的出口	安法 34、88					
	3	钢锭（坯）堆放高度应符合规定	AQ 2001—2004 12.4.1					
	4	钢锭（坯）库内人行道宽度应不小于 1 m	AQ 2001—2004 12.4.4					
人员安全管理	1	从业人员应经安全生产教育和培训	条例 19	现场抽取一定比例				
	2	从业人员了解作业场所、岗位存在的危险因素	安法 36、82.3					
	3	从业人员掌握应急措施和熟练使用应急器材	安法 33					
	4	特种作业人员持证上岗	安法 23、82.4 条例 10.6					
	5	从业人员使用的劳防用品合格和符合配备标准，并能正确使用	安法 37、83.7					

续表

检查项目	序号	检查内容	检查依据	检查方法	检查情况	处理情况		
						责令改正	行政处罚	抄告单位
设备设施	1	各类设备、设施符合生产安全要求	条例 10	现场抽取一定比例				
	2	各类起重吊索具完好，符合安全要求	GB/T 6067—1985					
	3	不使用国家明令淘汰的落后工艺，禁止使用危及安全生产的设备	安法 31.2、83					
	4	有维护、保养、检测记录，有有关人员签字	安法 29、83.6					
	5	有特种设备的安全使用证或安全标识，有检测报告	安法 30、83.8					
	6	转炉、电炉、精炼炉的炉下，钢水罐车、渣罐车运行区域，应采取防止积水措施，保持地面干燥	AQ 2001—2004 6.2.6					
作业环境	1	有毒有害作业场所设置应符合国家有关规定	国务院《工厂安全卫生规程》	现场抽取一定比例				
	2	生产岗位设有醒目安全警示标识	安法 28、88					
	3	生产场所应有紧急疏散通道，标识明显	安法 34、88					

续表

检查项目	序号	检查内容	检查依据	检查方法	检查情况	处理情况		
						责令改正	行政处罚	抄告单位
应急预案	1	应建立火灾、爆炸、触电和毒物溢散等重大事故的应急救援预案	AQ 2001—2004 4.16	抽查现场和资料				
	2	应配有与预案规定符合的应急人员、装备和物资，并组织演练	AQ 2001—2004 4.16	现场抽取一定比例				

说明：安法指《安全生产法》；

条例指《上海市安全生产条例》；

AQ 2001—2004 指《炼钢安全规程》。

5 炼铁生产现场检查表

表 149　　炼钢生产现场检查表

检查项目	序号	检查内容	检查依据	检查方法	检查情况	处理情况		
						责令改正	行政处罚	抄告单位
安全管理制度	1	建立安全生产责任制	安法 17	现场抽取一定比例				
	2	建有各工种安全操作规程	安法 17					
现场作业	1	明火作业、消防设施设备符合消防有关规定	消防法 18、21	现场抽取一定比例				
	2	生产经营场所设有符合紧急疏散要求、标识明显、保持畅通的出口	安法 34、88					

续表

检查项目	序号	检查内容	检查依据	检查方法	检查情况	处理情况		
						责令改正	行政处罚	抄告单位
	3	原、燃料装备及运输的扬尘点，应设有良好的通风除尘设施	AQ 2002—2004 7.1	现场抽取一定比例				
人员安全管理	1	从业人员应经安全生产教育和培训	条例 19	现场抽取一定比例				
	2	从业人员了解作业场所、岗位存在的危险因素	安法 36、82.3					
	3	从业人员掌握应急措施和熟练使用应急器材	安法 33					
	4	特种作业人员持证上岗	安法 23、82.4 条例 10.7					
	5	从业人员使用的劳防用品合格和符合配备标准，并能正确使用	安法 37、83.7					
设备设施	1	各类设备、设施符合生产安全要求	条例 10	现场抽取一定比例				
	2	各类起重吊索具完好，符合安全要求	GB/T 6067—1985					
	3	不使用国家明令淘汰的落后工艺，禁止使用危及安全生产的设备	安法 31.2、83					
	4	有维护、保养、检测记录，有有关人员签字	安法 29、83.6					

续表

检查项目	序号	检查内容	检查依据	检查方法	检查情况	处理情况		
						责令改正	行政处罚	抄告单位
设备设施	5	有特种设备的安全使用证或安全标识，有检测报告	安法 30、83.8	现场抽取一定比例				
	6	所有人孔及距地面 2m 以上常用运转设备和需要操作的阀门，应设置固定式平台	AQ 2002—2004 6.2					
作业环境	1	有毒有害作业场所设置应符合国家有关规定	国务院《工厂安全卫生规程》	现场抽取一定比例				
	2	生产岗位设有醒目的安全警示标识	安法 28、88					
	3	生产场所应有紧急疏散通道，标识明显	安法 34、88					
应急预案	1	应建立火灾、爆炸、触电和毒物溢散等重大事故的应急救援预案	AQ 2002—2004 4.16	抽查现场和资料				
	2	应配有与预案规定符合的应急人员、装备和物资，并组织演练	AQ 2002—2004 4.16	现场抽取一定比例				

说明：安法指《安全生产法》；
条例指《上海市安全生产条例》；
办法指《安全生产违法行为行政处罚办法》；
AQ 2002—2004 指《炼铁安全规程》。

6 炼铁检查通用表

表 150 炼铁检查通用表

检查项目	序号	检查内容	检查依据	检查方法	检查情况	处理情况		
						责令改正	行政处罚	抄告单位
安全管理制度	1	应建立专门的安全管理制度并采取可靠安全措施	安法 85.1	现场抽取一定比例				
	2	应建立岗位安全生产操作规程	安法 17 条例 10					
人员安全管理	1	主要负责人、分管安全生产负责人按规定参加安全培训并考核合格	条例 17、43	查现场查资料				
	2	安全管理人员配备符合有关规定并持证上岗	条例 17、43					
	3	从业人员了解作业场所、岗位存在的危险因素	安法 36、82.3	现场抽取一定比例				
	4	从业人员掌握应急措施和熟练使用应急器材	安法 33					
	5	对新进、离岗、换岗、采用“四新”的从业人员经过专门安全教育、培训合格后上岗	条例 19、44					
	6	特种作业人员持证上岗	安法 23、82.4 条例 10.7					
	7	从业人员使用的劳防用品合格和符合配备标准，并能正确使用	安法 37、83.7					

续表

检查项目	序号	检查内容	检查依据	检查方法	检查情况	处理情况		
						责令改正	行政处罚	抄告单位
设备设施安全管理	1	不使用国家明令淘汰的落后工艺，禁止使用危及安全生产的设备	安法31.2、83	现场抽取一定比例				
	2	有特种设备的安全使用证、安全标识登记，有检测报告	安法30、83.8					
	3	有维护、保养、检测记录，有有关人员签字	安法29、83.6					
	4	消防设施、设备符合消防有关规定	消防法21					
	5	天桥、通道和斜梯踏板及平台等，应符合国家有关规定	AQ 2002—2004 6.3/6.10	查现场				
	6	钢直梯、钢斜梯、防护栏杆、钢平台应符合国家标准	GB 4053.1 GB 4053.2 GB 4053.3 GB 4053.4	现场抽查一定比例				
作业环境安全管理	1	有毒有害工艺、场所设置符合国家有关规定	国务院《工厂安全卫生规程》	现场抽取一定比例				
	2	较大危险作业场所和设备设有醒目安全警示标识	安法28、83.4					
	3	生产经营场所、员工宿舍设有符合紧急疏散要求、标识明显、保持畅通的出口	安法34、88					
	4	应有定期清扫制度	AQ 2002—2004 7.10					

续表

检查项目	序号	检查内容	检查依据	检查方法	检查情况	处理情况		
						责令改正	行政处罚	抄告单位
应急救援	1	应建立火灾、爆炸、触电和毒物溢散等重大事故的应急救援预案	AQ 2002—2004 4.16	抽查现场和资料				
	2	应配有与预案规定符合的应急人员、装备和物资，并组织演练	AQ 2002—2004 4.16	现场抽取一定比例				

说明：安法指《安全生产法》；
条例指《上海市安全生产条例》；
AQ 2002—2004 指《炼铁安全规程》；
GB 4053.1 指《固定式钢直梯安全技术条件》；
GB 4053.2 指《固定式钢斜梯安全技术条件》；
GB 4053.3 指《固定式工业防护栏杆安全技术条件》；
GB 4053.4 指《固定式工业钢平台》。

7 热轧生产现场检查表

表 151　　热轧生产现场检查表

检查项目	序号	检查内容	检查依据	检查方法	检查情况	处理情况		
						责令改正	行政处罚	抄告单位
安全管理制度	1	应建立专门的安全管理制度并采取可靠安全措施	安法 85.1	查现场查资料				
	2	应建立岗位安全生产操作规程	安法 17 条例 10					

续表

检查项目	序号	检查内容	检查依据	检查方法	检查情况	处理情况		
						责令改正	行政处罚	抄告单位
人员安全管理	1	主要负责人、分管安全生产负责人按规定参加安全培训并考核合格	条例 17、43	查现场查资料				
	2	安全管理人员配备符合有关规定并持证上岗	条例 17、43					
	3	从业人员了解作业场所、岗位存在的危险因素	安法 36、82.3	现场抽取一定比例				
	4	从业人员掌握应急措施和熟练使用应急器材	安法 33					
	5	对新进、离岗、换岗、采用“四新”的从业人员经过专门安全教育、培训合格后上岗	条例 19、44					
	6	特种作业人员持证上岗	安法 23、82.4 条例 10.7					
	7	从业人员使用的劳防用品合格和符合配备标准，并能正确使用	安法 37、83.7					
设备设施安全管理	1	不使用国家明令淘汰的落后工艺，禁止使用危及安全生产的设备	安法 31.2、83	现场抽取一定比例				
	2	各类起重吊索具完好，符合安全要求	GB/T 6067—1985					

续表

检查项目	序号	检查内容	检查依据	检查方法	检查情况	处理情况		
						责令改正	行政处罚	抄告单位
设备设施安全管理	3	有维护、保养、检测记录，有有关人员签字	安法29、83.6	现场抽取一定比例				
	4	有特种设备的安全使用证或安全标识，有检测报告	安法30、83.8					
	5	工业炉窑使用煤气应遵守国家规定	AQ 2003—2004 8.16					
	6	轧辊堆放的地点、形式、高度等应符合要求	AQ 2003—2004 9.1.6					
作业环境	1	有毒有害工艺、场所设置符合国家有关规定	AQ 2003—2004 10.1.5	现场抽取一定比例				
	2	较大危险作业场所和设备设有醒目安全警示标识	安法28、83.4					
	3	生产经营场所、员工宿舍设有符合紧急疏散要求、标识明显、保持畅通的出口	安法34、88					
应急救援	1	应建立火灾、爆炸、触电和毒物溢散等重大事故的应急救援预案	AQ 2003—2004 4.16	抽查现场和资料				
	2	应配有与预案规定符合的应急人员、装备和物资，并组织演练	AQ 2003—2004 4.16	现场抽取一定比例				

说明：安法指《安全生产法》；
条例指《上海市安全生产条例》；
AQ 2003—2004 指《轧钢安全规程》。

8 铜加工生产现场检查表

表 152　　　　铜加工生产现场检查表

检查项目	序号	检查内容	检查依据	检查方法	检查情况	处理情况		
						责令改正	行政处罚	抄告单位
安全管理制度	1	建立安全生产责任制	安法 17	现场抽取一定比例				
	2	建有各工种安全操作规程	安法 17					
	3	大型设备（构件）吊装必须有施工方案和防范措施	安法 35 条例 27、45					
现场作业	1	各类设备、设施符合生产安全要求	条例 10	现场抽取一定比例				
	2	明火作业、消防设施、设备符合消防有关规定	消防法 18、21					
	3	生产经营场所设有符合紧急疏散要求、标识明显、保持畅通的出口	安法 34、88					
	4	大型设备（构件）吊装有专人负责	安法 35、85.3					
人员安全管理	1	从业人员应经安全生产教育和培训	条例 19	现场抽取一定比例				
	2	从业人员了解作业场所、岗位存在的危险因素	安法 36、82.3					
	3	从业人员掌握应急措施和熟练使用应急器材	安法 33					

续表

<table>
<tr><th rowspan="2">检查项目</th><th rowspan="2">序号</th><th rowspan="2">检查内容</th><th rowspan="2">检查依据</th><th rowspan="2">检查方法</th><th rowspan="2">检查情况</th><th colspan="3">处理情况</th></tr>
<tr><th>责令改正</th><th>行政处罚</th><th>抄告单位</th></tr>
<tr><td rowspan="2">人员安全管理</td><td>4</td><td>特种作业人员持证上岗</td><td>安法 23、82.4
条例 10.7</td><td rowspan="2">现场抽取一定比例</td><td></td><td></td><td></td><td></td></tr>
<tr><td>5</td><td>从业人员使用的劳防用品合格和符合配备标准，并能正确使用</td><td>安法 37、83.7</td><td></td><td></td><td></td><td></td></tr>
<tr><td rowspan="4">设备设施安全管理</td><td>1</td><td>不使用国家明令淘汰的落后工艺，禁止使用危及安全生产的设备</td><td>安法 31.2、83</td><td rowspan="4">现场抽取一定比例</td><td></td><td></td><td></td><td></td></tr>
<tr><td>2</td><td>各类起重吊索具完好，符合安全要求</td><td>GB/T 6067—1985</td><td></td><td></td><td></td><td></td></tr>
<tr><td>3</td><td>有维护、保养、检测记录，有有关人员签字</td><td>安法 29、83.6</td><td></td><td></td><td></td><td></td></tr>
<tr><td>4</td><td>有特种设备的安全使用证或安全标识，有检测报告</td><td>安法 30、83.8</td><td></td><td></td><td></td><td></td></tr>
<tr><td rowspan="3">作业环境</td><td>1</td><td>有毒有害作业场所设置应符合国家有关规定</td><td>国务院《工厂安全卫生规程》</td><td rowspan="3">现场抽取一定比例</td><td></td><td></td><td></td><td></td></tr>
<tr><td>2</td><td>生产岗位设有醒目安全警示标识</td><td>安法 28、88</td><td></td><td></td><td></td><td></td></tr>
<tr><td>3</td><td>生产场所应有紧急疏散通道，标识明显</td><td>安法 34、88</td><td></td><td></td><td></td><td></td></tr>
</table>

续表

检查项目	序号	检查内容	检查依据	检查方法	检查情况	处理情况		
						责令改正	行政处罚	抄告单位
应急预案	1	应建立应急救援预案	条例 31	抽查现场和资料				
	2	应配有与预案规定符合的应急人员、装备和物资，并组织演练	条例 31	现场抽取一定比例				

说明：安法指《安全生产法》；
消法指《消防法》；
条例指《上海市安全生产条例》。

9 铜冶炼生产现场检查表

表 153　　铜冶炼生产现场检查表

检查项目	序号	检查内容	检查依据	检查方法	检查情况	处理情况		
						责令改正	行政处罚	抄告单位
安全管理制度	1	建立安全生产责任制	安法 17	现场抽取一定比例				
	2	建有各工种安全操作规程	安法 17					
现场作业	1	各类设备、设施符合生产安全要求	条例 10	现场抽取一定比例				
	2	明火作业、消防设施、设备符合消防有关规定	消防法 18、21					
	3	生产经营场所设有符合紧急疏散要求、标识明显、保持畅通的出口	安法 34、88					

续表

检查项目	序号	检查内容	检查依据	检查方法	检查情况	处理情况		
						责令改正	行政处罚	抄告单位
人员安全管理	1	从业人员了解作业场所、岗位存在的危险因素	安法36、82.3	现场抽取一定比例				
	2	从业人员掌握应急措施和熟练使用应急器材	安法33					
	3	特种作业人员持证上岗	安法23、82.4 条例10.7					
	4	从业人员使用的劳防用品合格和符合配备标准，并能正确使用	安法37、83.7					
设备设施	1	不使用国家明令淘汰的落后工艺，禁止使用危及安全生产的设备	安法31.2、83	现场抽取一定比例				
	2	各类起重吊索具完好，符合安全要求	GB/T 6067—1985					
	3	有维护、保养、检测记录，有有关人员签字	安法29、83.6					
	4	有特种设备的安全使用证或安全标识，有检测报告	安法30、83.8					
作业环境	1	有毒有害作业场所设置应符合国家有关规定	国务院《工厂安全卫生规程》	现场抽取一定比例				
	2	生产岗位设有醒目安全警示标识	安法28、88					
	3	生产场所应有紧急疏散通道，标识明显	安法34、88					

续表

检查项目	序号	检查内容	检查依据	检查方法	检查情况	处理情况		
						责令改正	行政处罚	抄告单位
应急预案	1	应建立应急救援预案	条例 31	抽查现场和资料				
	2	应配有与预案规定符合的应急人员、装备和物资，并组织演练	条例 31	现场抽取一定比例				

说明：安法指《安全生产法》；
消法指《消防法》；
条例指《上海市安全生产条例》。

10 铜冶炼及铜加工检查通用表

表 154　　铜冶炼及铜加工检查通用表

检查项目	序号	检查内容	检查依据	检查方法	检查情况	处理情况		
						责令改正	行政处罚	抄告单位
安全管理制度	1	应建立专门的安全管理制度并采取可靠安全措施	安法 85.1	现场抽取一定比例				
	2	应建立岗位安全生产操作规程	安法 17 条例 10					

续表

检查项目	序号	检查内容	检查依据	检查方法	检查情况	处理情况		
						责令改正	行政处罚	抄告单位
人员安全管理	1	主要负责人、分管安全生产负责人按规定参加安全培训并考核合格	条例17、43	查现场查资料				
	2	安全管理人员配备符合有关规定并持证上岗	条例17、43					
	3	从业人员了解作业场所、岗位存在的危险因素	安法36、82.3	现场抽取一定比例				
	4	从业人员掌握应急措施和熟练使用应急器材	安法33					
	5	对新进、离岗、换岗、采用“四新”的从业人员经过专门安全教育、培训合格后上岗	条例19、44					
	6	特种作业人员持证上岗	安法23、82.4 条例10.7					
	7	从业人员使用的劳防用品合格和符合配备标准，并能正确使用	安法37、83.7					
设备设施安全管理	1	不使用国家明令淘汰的落后工艺，禁止使用危及安全生产的设备	安法31.2、83	现场抽取一定比例				
	2	有特种设备的安全使用证或安全标识，有检测报告	安法30、83.8					

续表

检查项目	序号	检查内容	检查依据	检查方法	检查情况	处理情况		
						责令改正	行政处罚	抄告单位
设备设施安全管理	3	有维护、保养、检测记录，有有关人员签字	安法29、83.6	现场抽取一定比例				
	4	通信、报警装置保持完好，并有醒目标识	344号令18、61.2					
	5	消防设施、设备符合消防有关规定	消防法21					
作业环境安全管理	1	有毒有害作业场所设置应符合国家有关规定	国务院《工厂安全卫生规程》	现场抽取一定比例				
	2	较大危险作业场所和设备设有醒目安全警示标识	安法28、83.4					
	3	生产经营场所设有符合紧急疏散要求、标识明显、保持畅通的出口	安法34、88					
应急救援	1	应建立应急救援预案	条例31	抽查现场和资料				
	2	应配有与预案规定符合的应急人员、装备和物资，并组织演练	条例31	现场抽取一定比例				

说明：安法指《安全生产法》；

条例指《上海市安全生产条例》；

344号令指国务院《危险化学品安全管理条例》。

11 氧气充装现场检查表

表 155　　　　　　　　氧气充装现场检查表

检查项目	序号	检查内容	检查依据	检查方法	检查情况	处理情况		
						责令改正	行政处罚	抄告单位
安全管理制度	1	应建立充装安全的管理制度并采取可靠安全措施	安法 85.1	查现场 查资料				
	2	应建立岗位安全生产操作规程	安法 17 条例 10					
人员安全管理	1	主要负责人、分管安全生产负责人任职前参加安全培训并考核合格	条例 17、43	现场 抽取一定比例				
	2	安全管理人员配备符合有关规定并持证上岗	条例 17、43					
	3	从业人员了解作业场所、岗位存在的危险因素	安法 36、82.3					
	4	从业人员掌握应急措施和熟练使用应急器材	安法 33					
	5	特种作业人员持证上岗	安法 23、82.4 条例 10.7					
	6	从业人员使用的劳防用品合格和符合配备标准，并能正确使用	安法 37、83.7					

续表

检查项目	序号	检查内容	检查依据	检查方法	检查情况	处理情况		
						责令改正	行政处罚	抄告单位
设备设施安全管理	1	不使用国家明令淘汰的落后工艺，禁止使用危及安全生产的设备	安法 31.2、83	现场抽取一定比例				
	2	有特种设备的安全使用证或安全标识，有检测报告	安法 30、83.8					
	3	有维护、保养、检测记录，有有关人员签字	安法 29、83.6					
	4	通信、报警装置保持完好、并有醒目标识	344 号令 18、61.2	查现场				
	5	应建立防雷防静电接地装置定期检测制度，并每年至少检测一次	344 号令 16、58					
	6	消防设施、设备符合消防有关规定	消防法 21	现场抽取一定比例				
作业环境安全管理	1	有毒有害工艺、场所设置符合国家有关规定	国务院《工厂安全卫生规程》	查现场				
	2	生产岗位设有醒目安全警示标识	安法 28					
	3	生产场所设有紧急疏散通道、标识明显	安法 34					
	4	紧急疏散、标识，必须符合国家有关规定，禁止封闭堵塞出口	安法 34					

续表

检查项目	序号	检查内容	检查依据	检查方法	检查情况	处理情况		
						责令改正	行政处罚	抄告单位
应急救援	1	应有应急救援组织，并落实到人	条例 31	查值班 查资料				
	2	配有符合与预案所规定的应急人员、装备和物资，并组织演练，能保证正常运转	条例 31	查现场				

说明：安法指《安全生产法》；

条例指《上海市安全生产条例》；

344 号令指国务院《危险化学品安全管理条例》。

12 煤气检查通用表

表 156　　煤气检查通用表

检查项目	序号	检查内容	检查依据	检查方法	检查情况	处理情况		
						责令改正	行政处罚	抄告单位
安全管理制度	1	生产、储存应建立专门的安全管理制度并采取可靠安全措施	安法 85.1	查现场 查资料				
	2	有必备的 5 项的条件	344 号令 8					
	3	煤气设施应进行日、季、年检查制度	GB 6222—1986 1.9.4	抽查记录				

续表

检查项目	序号	检查内容	检查依据	检查方法	检查情况	处理情况		
						责令改正	行政处罚	抄告单位
人员安全管理	1	主要负责人、生产负责人任前参加安全培训并考核合格	条例17、43	查现场查资料				
	2	安全管理人员配备符合有关规定并持证上岗	条例17、43					
	3	从业人员了解作业场所、岗位存在的危险因素	安法36、82.3	现场抽取一定比例人员				
	4	从业人员掌握应急措施和熟练使用应急器材	安法33					
	5	对新进、离岗、换岗、采用“四新”的从业人员经过专门安全教育、培训合格后上岗	条例19、44					
	6	设专职或兼职的技术人员负责本单位的煤气安全管理工作	GB 6222—1986 1.12	查煤气安全管理网络				
	7	从业人员使用的劳防用品合格和符合配备标准，并能正确使用	安法37、83.7	现场抽取一定比例人员				
设备设施安全管理	1	不使用国家明令淘汰的落后工艺，禁止使用危及安全生产的设备	安法31.2、83	现场抽取一定比例				
	2	有特种设备的安全使用证或安全标识，有检测报告	安法30、83.8					
	3	记录煤气设施大修、中修及重大故障的设备卡片	GB 6222—1986 1.9.3					

续表

检查项目	序号	检查内容	检查依据	检查方法	检查情况	处理情况		
						责令改正	行政处罚	抄告单位
设备设施安全管理	4	通讯、报警装置保持完好，并有醒目标识	344号令18、61.2	查现场				
	5	消防设施、设备符合消防有关规定	消防法21	现场抽取一定比例				
作业环境安全管理	1	有毒有害工艺，场所设置符合国家有关规定	国务院《工厂安全卫生规程》	查现场				
	2	所有可能泄漏的地方均应挂有提醒人们注意的警告标识	GB 6222—1986 4.9.2					
	3	煤气危险区的一氧化碳浓度必须定期测定	GB 6222—1986 1.10	查现场记录				
	4	紧急疏散、标识，必须符合国家有关规定，禁止封闭堵塞出口	安法34	查现场				
	5	厂区主要煤气管道应标有明显的煤气流向和种类的标识	GB 6222—1986 4.9.1					
应急救援	1	应有应急救援组织，并落实到人	条例31	查值班、资料				
	2	配有符合与预案所规定的应急人员、装备和物资，定期组织演练，能保证正常运转	条例31	查现场				

说明：安法指《安全生产法》；
条例指《上海市安全生产条例》；
344号令指国务院《危险化学品安全管理条例》。

13 乙炔充装现场检查表

表 157　　乙炔充装现场检查表

检查项目	序号	检查内容	检查依据	检查方法	检查情况	处理情况		
						责令改正	行政处罚	抄告单位
安全管理制度	1	应建立充装安全的管理制度并采取可靠安全措施	安法 85.1	查现场查资料				
	2	应建立岗位安全生产操作规程	安法 17 条例 10					
人员安全管理	1	主要负责人、分管安全生产负责人任前参加安全培训并考核合格	条例 17、43	查现场查资料				
	2	安全管理人员配备符合有关规定并持证上岗	条例 17、43					
	3	从业人员了解作业场所、岗位存在的危险因素	安法 36、82.3	现场抽取一定比例人员				
	4	从业人员掌握应急措施和熟练使用应急器材	安法 33					
	5	特种作业人员持证上岗	安法 23、82.4 条例 10.7					
	6	从业人员使用的劳防用品合格和符合配备标准，并能正确使用	安法 37、83.7					
设备设施安全管理	1	不使用国家明令淘汰的落后工艺，禁止使用危及安全生产的设备	安法 31.2、83	现场抽取一定比例				
	2	有特种设备的安全使用证或安全标识，有检测报告	安法 30、83.8					

续表

检查项目	序号	检查内容	检查依据	检查方法	检查情况	处理情况		
						责令改正	行政处罚	抄告单位
设备设施安全管理	3	有维护、保养、检测记录，有有关人员签字	安法 29、83.6					
	4	通讯、报警装置保持完好，并有醒目标识	344 号令 18、61.2					
	5	应建立防雷防静电接地装置定期检测制度，并每年至少检测一次	344 号令 16、58	查现场				
	6	消防设施、设备符合消防有关规定	消防法 21	现场抽取一定比例				
作业环境安全管理	1	有毒有害工艺、场所设置符合国家有关规定	国务院《工厂安全卫生规程》					
	2	生产岗位设有醒目安全警示标识	安法 28					
	3	生产场所设有紧急疏散通道，标识明显	安法 34	查现场				
	4	紧急疏散、标识，必须符合国家有关规定，禁止封闭、堵塞出口	安法 34					
应急救援	1	应有应急救援组织，并落实到人	条例 31	查值班查资料				
	2	配有符合与预案所规定的应急人员、装备和物资，并组织演练，能保证正常运转	条例 31	查现场				

说明：安法指《安全生产法》；
条例指《上海市安全生产条例》；
344 号令指国务院《危险化学品安全管理条例》。

14 轧钢检查通用表

表 158　　轧钢检查通用表

检查项目	序号	检查内容	检查依据	检查方法	检查情况	处理情况		
						责令改正	行政处罚	抄告单位
安全管理制度	1	应建立专门的安全管理制度，并采取可靠安全措施	安法 85.1	查现场、资料				
	2	应建立岗位安全生产操作规程	安法 17 条例 10					
人员安全管理	1	主要负责人、分管安全生产负责人按规定参加安全培训并考核合格	条例 17、43	查现场、资料				
	2	安全管理人员配备符合有关规定并持证上岗	条例 17、43					
	3	从业人员了解作业场所、岗位存在的危险因素	安法 36、82.3	现场抽取一定比例				
	4	从业人员掌握应急措施和熟练使用应急器材	安法 33					
	5	对新进、离岗、换岗、采用“四新”的从业人员经过专门安全教育、培训合格后上岗	条例 19、44					
	6	特种作业人员持证上岗	安法 23、82.4					
	7	从业人员使用的劳防用品合格和符合配备标准，并能正确使用	安法 37、83.7					

续表

检查项目	序号	检查内容	检查依据	检查方法	检查情况	处理情况		
						责令改正	行政处罚	抄告单位
设备设施安全管理	1	不使用国家明令淘汰的落后工艺，禁止使用危及安全生产的设备	安法 31.2、83	现场抽取一定比例				
	2	有特种设备的安全使用证、安全标识登记，有检测报告	安法 30、83.8					
	3	有维护、保养、检测记录，有有关人员签字	安法 29、83.6					
	4	消防设施、设备符合消防有关规定	消防法 21					
	5	天桥、通道和斜梯踏板及平台等，应符合国家有关规定	AQ 2003—2004 7.1					
	6	钢直梯、钢斜梯、防护栏杆及钢平台符合国家规定	GB 4053.1 GB 4053.2 GB 4053.3 GB 4053.4					
作业环境	1	有毒有害工艺、场所设置符合国家有关规定	AQ 2003—2004 10.1.5	现场抽取一定比例				
	2	较大危险作业场所和设备设有醒目安全警示标识	安法 28、83.4					
	3	生产经营场所、员工宿舍设有符合紧急疏散要求、标识明显、保持畅通的出口	安法 34、88					

续表

检查项目	序号	检查内容	检查依据	检查方法	检查情况	处理情况		
						责令改正	行政处罚	抄告单位
应急救援	1	应建立火灾、爆炸、触电和毒物溢散等重大事故的应急救援预案	AQ 2003—2004 4.16	抽查现场和资料				
	2	应配有与预案规定符合的应急人员、装备和物资，并组织演练	AQ 2003—2004 4.16	现场抽取一定比例				

说明：安法指《安全生产法》；

条例指《上海市安全生产条例》；

AQ 2003—2004 指《轧钢安全规程》；

GB 4053.1 指《固定式钢直梯安全技术条件》；

GB 4053.2 指《固定式钢斜梯安全技术条件》；

GB 4053.3 指《固定式防护维栏安全技术条件》；

GB 4053.4 指《固定式钢平台安全技术条件》。

15 转炉煤气现场检查表

表 159　　转炉煤气现场检查表

检查项目	序号	检查内容	检查依据	检查方法	检查情况	处理情况		
						责令改正	行政处罚	抄告单位
安全管理制度	1	生产、储存应建立专门的安全管理制度并采取可靠安全措施	安法 85.1	查现场和资料				
	2	对查出的隐患应提出整改措施，并限期整改	AQ 2001—2004 4.8	查记录				

续表

检查项目	序号	检查内容	检查依据	检查方法	检查情况	处理情况		
						责令改正	行政处罚	抄告单位
设备设施安全管理	1	禁止将排水管、满流管直接插入下水道	GB 6222—1986 4.2.2.3	查现场				
	2	煤气设施的放、散管不能共用	GB 6222—1986 4.3.1.5					
	3	煤气放散管口必须高出煤气管道、设备和走台 4 m，离地面不小于 10 m	GB 6222—1986 4.3.1.2					
	4	一次仪表不得引入管理室内	GB 6222—1986 5.2.2					
	5	转炉的煤气管道与煤气总管之间应设可靠的隔断装置	GB 6222—1986 2.6.2.3					
	6	转炉煤气回收净化区域应设消防通道	GB 6222—1986 2.6.2.9					
作业环境安全管理	1	煤气区域内不应布置其他厂房	GB 6222—1986 2.3.1.7	查现场				
	2	在已整改的煤气管道下面，不得修建与煤气管道无关的建筑物和存放易燃易爆物品	GB 6222—1986 3.2.1.1.f					
	3	煤气柜周围应设有围墙、消防车道和消防设施	GB 6222—1986 6.1.1.1					
应急救援	1	应有应急救援组织，并落实到人	条例 31	查值班 查资料				
	2	配有符合与预案所规定的应急人员、装备和物资，定期组织演练，能保证正常运转	条例 31	查现场				

说明：安法指《安全生产法》；

条例指《上海市安全生产条例》；

AQ 2002—2004 指《炼铁安全规程》。

（二）电力企业安全检查及责任标准检查表

（节选自上海市安监局安全生产检查表）

16 变电站现场检查表

表160 **变电站现场检查表**

检查项目	序号	检查内容	检查依据	检查方法	检查情况	处理情况		
						责令改正	行政处罚	抄告单位
变电管理制度	1	应建立专门的安全管理制度并采取可靠安全措施	安法85.1	查现场查资料				
	2	应建立岗位安全生产操作规程	安法17 条例10					
人员安全管理	1	从业人员应接受相应的安全生产教育和岗位技能培训，经考试合格后上岗	安法21、36	现场抽取一定比例				
	2	从业人员应了解作业场所、岗位存在的危险因素，应通过触电急救培训，考试合格	条例18					
	3	特种作业人员持证上岗（包括高低压电工）	安法23、 条例10.7 GB 5306—85					
	4	现场作业人员应使用工作票或操作票，执行许可制度、站班会制度、监护制度	条例10	抽查资料和现场				
	5	从业人员使用的劳防用品合格和符合配备标准，并能正确使用	安法37、83.7	现场抽查一定比例				

续表

检查项目	序号	检查内容	检查依据	检查方法	检查情况	处理情况		
						责令改正	行政处罚	抄告单位
设备设施	1	不使用国家明令淘汰的落后工艺、禁止使用危及安全生产的设备	安法 31.2、83	现场抽查一定比例				
	2	电气装置采用的隔离、绝缘、屏蔽、接地、标示等应符合国家有关规定的措施	国务院《工厂安全卫生规程》					
	3	高压电气设备应安装完善的防误操作装置	电力法 34					
	4	设备巡视、修试记录齐全，有有关人员签字	安法 29 电力法 19	抽查资料、现场				
	5	各类安全绝缘工器具应与所从事的电器设备电压等级相符，且在试验合格周期内	条例 10	现场抽查一定比例				
	6	电气工具和用具使用时，应按规定接入漏电保护装置、接地线	《漏电保护器安全监察规定》 12、13、14					
	7	特种设备有安全使用证、安全标识登记，有检测报告	安法 30、83.8					
作业环境	1	作业现场安全标识、安全设施应符合规程要求	安法 28	现场抽查一定比例				
	2	有毒有害作业场所设置应符合国家有关规定	国务院《工厂安全卫生规程》					
	3	井、坑、洞、栏杆等的安全设施应符合国家有关规定	建设条例 28					

续表

检查项目	序号	检查内容	检查依据	检查方法	检查情况	处理情况		
						责令改正	行政处罚	抄告单位
作业环境	4	在地下的电缆层内从业人员应落实通风措施	建法 41	现场抽查一定比例				
	5	生产场所应有紧急疏散通道，标识明显，保证出口畅通	安法 34、88					

说明：安法指《安全生产法》；

条例指《上海市安全生产条例》；

电力法指《中华人民共和国电力法》；

建法指《中华人民共和国建筑法》；

建设条例指《建设工程安全管理条例》。

17 燃煤、燃气轮机发电检查通用表

表 161　　燃煤、燃气轮机发电检查通用表

检查项目	序号	检查内容	检查依据	检查方法	检查情况	处理情况		
						责令改正	行政处罚	抄告单位
安全管理制度	1	应建立专门的安全管理制度并采取可靠安全措施	安法 85.1	查现场查资料				
	2	应建立岗位安全生产操作规程	安法 17 条例 10					

续表

检查项目	序号	检查内容	检查依据	检查方法	检查情况	处理情况		
						责令改正	行政处罚	抄告单位
人员安全管理	1	主要负责人、分管安全生产负责人按规定参加安全培训并考核合格	条例17、43	查现场查资料				
	2	安全管理人员配备符合有关规定并持证上岗	条例17、43					
	3	从业人员了解作业场所、岗位存在的危险因素	安法36、82.3	现场抽取一定比例				
	4	从业人员掌握应急措施和熟练使用应急器材	安法33					
	5	对新进、离岗、换岗、采用“四新”的从业人员经过专门安全教育、培训合格后上岗	条例19、44					
	6	特种作业人员持证上岗(包括高低压电工)	安法23、82.4 GB 5306—85					
	7	从业人员使用的劳防用品合格和符合配备标准，并能正确使用	安法37、83.7					
设备设施安全管理	1	不使用国家明令淘汰的落后工艺，禁止使用危及安全生产的设备	安法31.2、83	现场抽取一定比例				
	2	有特种设备的安全使用证或安全标识，有检测报告	安法30、83.8					
	3	消防设施、设备符合消防有关规定	消防法21					
	4	钢直梯、钢斜梯、防护栏杆、钢平台应符合国家标准	GB 4053.1 GB 4053.2 GB 4053.3 GB 4053.4					

续表

检查项目	序号	检查内容	检查依据	检查方法	检查情况	处理情况		
						责令改正	行政处罚	抄告单位
作业环境安全管理	1	有毒有害作业场所设置应符合国家有关规定	国务院《工厂安全卫生规程》	现场抽查一定比例				
	2	发电用工质管线的色标、防护装置应符合国家规定	安法 28、83.4					
	3	较大危险作业场所和设备设有醒目安全警示标识	安法 28、83.4					
	4	生产经营场所设有符合紧急疏散要求、标识明显、保持畅通的出口	安法 34、88					

说明：安法指《安全生产法》；

条例指《上海市安全生产条例》；

GB 4053.1 指《固定式钢直梯安全技术条件》；

GB 4053.2 指《固定式钢斜梯安全技术条件》；

GB 4053.3 指《固定式工业防护栏杆安全技术条件》；

GB 4053.4 指《固定式工业钢平台》。

18 高压室用电现场检查表

表 162 高压室用电现场检查表

检查项目	序号	检查内容	检查依据	检查方法	检查情况	处理情况		
						责令改正	行政处罚	抄告单位
安全管理制度	1	应建立各级专门的安全管理制度	安法 17.2	查现场查资料				
	2	应建立岗位安全生产操作规程	安法 17 条例 10					

续表

检查项目	序号	检查内容	检查依据	检查方法	检查情况	处理情况		
						责令改正	行政处罚	抄告单位
人员安全管理	1	从业人员了解作业场所、岗位存在的危险因素	安法36、82.3	现场抽取一定比例人员				
	2	从业人员掌握应急措施和熟练使用应急器材	安法33					
	3	高压电气作业人员持证上岗	安法23、82.4					
	4	从业人员使用的劳防用品合格和符合配备标准，并能正确使用	安法37、83.7					
设备设施	1	有维护、保养、检测记录，有有关人员签字	安法29、83.6	现场抽取一定比例				
	2	现场作业人员应使用工作票或操作票，执行许可制度、站班会制度、监护制度	DL408—91 32 条例10	查现场查资料				
	3	倒闸操作应遵守有关规定	电气规程116	现场抽取一定比例				
	4	各类安全绝缘工器具应与所从事的电器设备电压等级相符，且在试验合格周期内	电气规程47、49					
	5	变压器、开关设备和其他电气设备的底座或外壳均应接地或接零	电气规程31					
	6	电气室应做到“四防”“一通”	电气规程70、71					
	7	电气装置采用的隔离、绝缘、屏护、接地、标示等应符合国家有关规定的措施	工厂规程					

续表

检查项目	序号	检查内容	检查依据	检查方法	检查情况	处理情况		
						责令改正	行政处罚	抄告单位
作业环境	1	较大危险作业场所和设备设有醒目安全警示标识	安法28、83.4	现场抽取一定比例				
	2	生产经营场所、员工宿舍设有符合紧急疏散要求、标识明显、保持畅通的出口	安法34、88					
	3	电气作业、消防设施、设备符合消防有关规定	消防法18、21					
	4	生产经营场所设有符合紧急疏散要求、标识明显、保持畅通的出口	安法34、88					

说明：安法指《安全生产法》；
消法指《消防法》；
条例指《上海市安全生产条例》；
DL408—91指《电业安全工作规程》；
电气规程指《电气安全管理规程》。

19 较大危险行业用电现场检查表

表163　　较大危险行业用电现场检查表

检查项目	序号	检查内容	检查依据	检查方法	检查情况	处理情况		
						责令改正	行政处罚	抄告单位
安全管理制度	1	应建立各级专门的安全管理制度	安法17.2	查现场查资料				
	2	应建立岗位安全生产操作规程	安法17 条例10					

续表

检查项目	序号	检查内容	检查依据	检查方法	检查情况	处理情况		
						责令改正	行政处罚	抄告单位
人员安全管理	1	主要负责人、分管安全生产负责人按规定参加安全培训并考核合格	条例 17、43	查现场查资料				
	2	安全管理人员任职前参加安全培训并考核合格	条例 17、43					
	3	安全管理人员配备符合有关规定并持证上岗	条例 16、43					
	4	从业人员了解作业场所、岗位存在的危险因素	安法 36、82.3	现场抽取一定比例				
	5	从业人员掌握应急措施和熟练使用应急器材	安法 33					
	6	高、低压电气作业人员持证上岗	安法 23、82.4					
	7	从业人员使用的劳防用品合格和符合配备标准，并能正确使用	安法 37、83.7					
设备设施	1	不使用国家明令淘汰的落后工艺，禁止使用危及安全生产的设备	安法 31.2、83	现场抽取一定比例				
	2	有维护、保养、检测记录，有有关人员签字	安法 29、83.6	查现场查资料				
	3	高压停送电必须执行保证安全工作的组织措施	DL408—9132	现场抽取一定比例				
	4	各种绝缘安全用具应有检查合格证，并定期检验	电气规程 47					
	5	建筑施工场所，临时线路的用电设备，潮湿、高温、金属占有系数大的场所及其他导电良好的场所，以及较大危险行业生产现场，必须安装漏电保护器	漏电规定 12、13、14					
	6	配电室的电缆沟应采取防火和密封措施	低规 3.3.8					
	7	低压配电室设置应符合有关规定	低规 3.3.4					

续表

检查项目	序号	检查内容	检查依据	检查方法	检查情况	处理情况		
						责令改正	行政处罚	抄告单位
作业环境	1	较大危险作业场所和设备设有醒目安全警示标识	安法 28、83.4	现场抽取一定比例				
	2	生产经营场所、员工宿舍设有符合紧急疏散要求、标识明显、保持畅通的出口	安法 34、88					
	3	电气作业、消防设施、设备符合消防有关规定	消防法 18、21					
	4	生产经营场所设有符合紧急疏散要求、标识明显、保持畅通的出口	安法 34、88					

说明：安法指《安全生产法》；
消法指《消防法》；
条例指《上海市安全生产条例》；
DL408—91 指《电业安全工作规程》；
低规指《低压用户电气装置规程》；
漏电规定指《漏电保护器安全监察规定》；
电气规程指《电气安全管理规程》。

20　燃煤发电现场检查表

表 164　　燃煤发电现场检查表

检查项目	序号	检查内容	检查依据	检查方法	检查情况	处理情况		
						责令改正	行政处罚	抄告单位
安全管理制度	1	建立安全生产责任制	安法 17	查现场查资料				
	2	建有各岗位安全生产操作规程	安法 17					

续表

检查项目	序号	检查内容	检查依据	检查方法	检查情况	处理情况		
						责令改正	行政处罚	抄告单位
人员安全管理	1	从业人员应经安全生产教育和培训	条例19	现场抽查一定比例人员				
	2	安全管理人员配备符合有关规定并持证上岗	条例17、43					
	3	从业人员了解作业场所、岗位存在的危险因素	安法36、82.3					
	4	从业人员掌握应急措施和熟练使用应急器材	安法33					
	5	对新进、离岗、换岗、采用“四新”的从业人员经过专门安全教育、培训合格后上岗	条例19、44					
	6	特种作业人员持证上岗	安法23、82.4 条例10.7					
	7	从业人员使用的劳防用品合格和符合配备标准，并能正确使用	安法37、83.7					
设备设施安全管理	1	不使用国家明令淘汰的落后工艺，禁止使用危及安全生产的设备	安法31.2、83	现场抽查一定比例				
	2	有维护、保养、检测记录，有有关人员签字	安法29、83.6					
	3	有特种设备的安全使用证或安全标识，有检测报告	安法30、83.8					
作业环境安全管理	1	有毒有害作业场所设置应符合国家有关规定	国务院《工厂安全卫生规程》	现场抽查一定比例				
	2	较大危险场所设有醒目安全警示标识	安法28、88					
	3	生产经营场所出口应有紧急疏散通道，标识明显	安法34、88					

续表

检查项目	序号	检查内容	检查依据	检查方法	检查情况	处理情况		
						责令改正	行政处罚	抄告单位
应急救援	1	应有应急救援组织，并落实到人	安法 69	抽查现场和资料				
	2	配有符合与预案所规定的应急人员、装备和物资，能保证正常运转	安法 69					

说明：安法指《安全生产法》；

条例指《上海市安全生产条例》。

21 燃气轮机发电现场检查表

表 165　　燃气轮机发电现场检查表

检查项目	序号	检查内容	检查依据	检查方法	检查情况	处理情况		
						责令改正	行政处罚	抄告单位
安全管理制度	1	应建立安全生产责任制	安法 17	查现场查资料				
	2	应建有各岗位安全生产操作规程	安法 17					
人员安全管理	1	从业人员应经安全生产教育和培训	条例 19	现场抽查一定比例				
	2	安全管理人员配备符合有关规定并持证上岗	条例 17、43	查现场查资料				
	3	从业人员了解燃油设备和其他作业场所、岗位存在的危险因素	安法 36、82.3	现场抽查一定比例				
	4	从业人员掌握应急措施和熟练使用应急器材	安全法 33					

续表

检查项目	序号	检查内容	检查依据	检查方法	检查情况	处理情况		
						责令改正	行政处罚	抄告单位
人员安全管理	5	对新进、离岗、换岗、采用“四新”的从业人员经过专门安全教育、培训合格后上岗	条例19、44	现场抽取一定比例人员				
	6	特种作业人员持证上岗(包括高低压电工)	安法23、82.4 GB 5306—85					
	7	从业人员使用的劳防用品合格和符合配备标准，并能正确使用	安法37、83.7					
设备设施安全管理	1	不使用国家明令淘汰的落后工艺，禁止使用危及安全生产的设备	安法31.2、83	现场抽查一定比例				
	2	有维护、保养、检测记录，有有关人员签字	安法29、83.6					
	3	有特种设备的安全使用证或安全标识，有检测报告	安法30、83.8					
作业环境安全管理	1	有毒有害作业场所设置应符合国家有关规定	国务院《工厂安全卫生规程》	现场抽查一定比例				
	2	较大危险场所设有醒目安全警示标识	安法28、88					
	3	生产经营场所出口应有紧急疏散通道，标识明显。消防通道畅通	安法34、88					

说明：安法指《安全生产法》；

条例指《上海市安全生产条例》。

22 输配供电检查通用表

表 166　　　　输配供电检查通用表

检查项目	序号	检查内容	检查依据	检查方法	检查情况	处理情况		
						责令改正	行政处罚	抄告单位
安全管理制度	1	应建立各级安全管理制度	安法 17.2	查现场查资料				
	2	应建立岗位安全生产操作规程	安法 17.2					
人员安全管理	1	主要负责人、分管安全生产负责人按规定参加安全培训并考核合格	条例 10 条例 43	查现场查资料				
	2	安全管理人员配备符合有关规定并持证上岗	条例 16、43					
	3	从业人员了解作业场所、岗位存在的危险因素	安法 36、82.3	现场抽取一定比例人员				
	4	应掌握熟练防触电和紧急救护方法	安法 21					
	5	对新进、离岗、换岗、采用“四新”的从业人员经过专门安全教育、培训合格后上岗	条例 19、44					
	6	特种作业人员持证上岗	安法 23、82.4 GB 5306—85					
	7	从业人员使用的劳防用品合格和符合配备标准，并能正确使用	安法 37、83.7					

续表

检查项目	序号	检查内容	检查依据	检查方法	检查情况	处理情况		
						责令改正	行政处罚	抄告单位
设备设施安全管理	1	不使用国家明令淘汰的落后工艺，禁止使用危及安全生产的设备	安法 31.2、83	现场抽取一定比例				
	2	有特种设备的安全使用证或安全标识，有检测报告	安法 30、83.8					
	3	有维护、保养、检测记录，有有关人员签字	安法 29、83.6					
	4	消防设施、设备符合消防有关规定	消防法 21					
	5	钢直梯、钢斜梯、防护栏杆、钢平台应符合国家标准	GB 4053.1 GB 4053.2 GB 4053.3 GB 4053.4					
作业环境安全管理	1	有毒有害作业场所设置应符合国家有关规定	国务院《工厂安全卫生规程》	现场抽查一定比例				
	2	较大危险作业场所和设备设有醒目安全警示标识	安法 28、83.4					
	3	生产经营场所、员工宿舍设有符合紧急疏散要求、标识明显、保持畅通的出口	安法 34、88					

说明：安法指《安全生产法》；
消法指《消防法》；
条例指《上海市安全生产条例》；
GB 4053.1 指《固定式钢直梯安全技术条件》；
GB 4053.2 指《固定式钢斜梯安全技术条件》；
GB 4053.3 指《固定式工业防护栏杆安全技术条件》；
GB 4053.4 指《固定式工业钢平台》。

23 危险化学品生产、储存、使用用电现场检查表

表 167　危险化学品生产、储存、使用用电现场检查表

检查项目	序号	检查内容	检查依据	检查方法	检查情况	处理情况		
						责令改正	行政处罚	抄告单位
安全管理制度	1	应建立各级专门的安全管理制度	安法 17.2	查现场查资料				
	2	应建立岗位安全生产操作规程	安法 17、条例 10					
人员安全管理	1	主要负责人、分管安全生产负责人任职前参加安全培训并考核合格	安法 20.2、82.2	查现场查资料				
	2	安全管理人员任职前参加安全培训并考核合格	条例 17、43					
	3	安全管理人员配备符合有关规定并持证上岗	条例 16、43					
	4	从业人员了解作业场所、岗位存在的危险因素	安法 36、82.3	现场抽取一定比例人员				
	5	从业人员掌握应急措施和熟练使用应急器材	安法 33					
	6	高、低压、防爆电气作业人员持证上岗	安法 23、82.4 爆炸规定 14					
	7	从业人员使用的劳防用品合格和符合配备标准，并能正确使用	安法 37、83.7					

续表

检查项目	序号	检查内容	检查依据	检查方法	检查情况	处理情况		
						责令改正	行政处罚	抄告单位
设备设施	1	不使用国家明令淘汰的落后工艺，禁止使用危及安全生产的设备	安法 31.2、83	现场抽取一定比例				
	2	有特种设备的安全使用证、安全标识登记，有检测报告	安法 30、83.8					
	3	有维护、保养、检测记录，有有关人员签字	安法 29、83.6					
	4	特别危险场所应设置双电源供电或备用电源，重要的控制仪表应设置不间断电源(UPS)	爆炸规定 14	现场抽取一定比例				
	5	防爆电气设备的配置应符合整体防爆要求	爆炸规定 17					
	6	防爆电气设备应有防爆检验合格证、铭牌、检验标识	爆炸规程 4.1.3					
	7	防爆电气设备的选用应符合有关规定	爆炸规程 4.4.2.1					
	8	爆炸危险场所的管线敷设和连接应符合有关规定	爆炸规程 4.4.2.1 5.1.9.1					
	9	生产、储存爆炸危险物质的建筑物、构筑物、露天装置、储罐和金属管道等应有防雷接地	爆炸规程 6.3.1					
	10	在爆炸危险场所中，凡生产、储存、输送物料过程中有可能产生静电的管道、送引风道设备均应有防静电接地	爆炸规程 6.4					

续表

检查项目	序号	检查内容	检查依据	检查方法	检查情况	处理情况		
						责令改正	行政处罚	抄告单位
作业环境	1	较大危险作业场所和设备设有醒目安全警示标识	安法28、83.4	现场抽取一定比例				
	2	生产经营场所、员工宿舍设有符合紧急疏散要求、标识明显、保持畅通的出口	安法34、88					
	3	电气作业、消防设施、设备符合消防有关规定	消防法18、21					
	4	生产经营场所设有符合紧急疏散要求、标识明显、保持畅通的出口	安法34、88					

说明：安法指《安全生产法》；
消法指《消防法》；
条例指《上海市安全生产条例》；
爆炸规定指《爆炸危险场所安全规定》；
爆炸规程指《爆炸危险场所电气安全规程》(试行)。

24 线路现场检查表

表 168　　线路现场检查表

检查项目	序号	检查内容	检查依据	检查方法	检查情况	处理情况		
						责令改正	行政处罚	抄告单位
线路管理制度	1	应建立专门的安全管理制度，并采取可靠安全措施	安法85.1	查现场查资料				
	2	应建立岗位安全生产操作规程	安法17 条例10					

续表

检查项目	序号	检查内容	检查依据	检查方法	检查情况	处理情况		
						责令改正	行政处罚	抄告单位
人员安全管理	1	从业人员应接受相应的安全生产教育和岗位技能培训，考试合格上岗	安法 21、36、	现场抽查一定比例				
	2	从业人员应了解作业场所、岗位存在的危险因素，应通过杆上触电急救培训，考试合格	条例 18	现场抽查一定比例				
	3	现场作业人员应使用工作票或操作票，执行许可制度、站班会制度、监护制度	条例 10	抽查资料和现场				
	4	从事高处作业的人员所采取的安全防护措施应符合国家有关规定	条例 10	现场抽查一定比例				
	5	特种作业人员持证上岗（包括高低压电工）	安法 23、条例 10.7 GB 5306—85					
	6	从业人员使用的劳防用品合格和符合配备标准，并能正确使用	安法 37、83.7					
设备设施	1	不使用国家明令淘汰的落后工艺，禁止使用危及安全生产的设备	安法 31.2、83	现场抽查一定比例				
	2	电气装置应采用隔离、绝缘、屏蔽、接地、标示等安全措施，确保安全供电	国务院《工厂安全卫生规程》					
	3	电气工具和用具使用时，应按规定接入漏电保护装置、接地线	《漏电保护器安全监察规定》12、13、14					

续表

检查项目	序号	检查内容	检查依据	检查方法	检查情况	处理情况		
						责令改正	行政处罚	抄告单位
设备设施	4	各类安全绝缘工器具应与所从事的电器设备电压等级相符，且在试验合格周期内	条例 10	现场抽查一定比例				
	5	户外电杆登高脚钉装置应符合国家有关规定	安法 28					
	6	作业现场安全标识、安全设施应符合规程要求	安法 28					
	7	有特种设备的安全使用证或安全标识，有检测报告	安法 28					
作业环境	1	作业现场安全标识、安全设施应符合规程要求	安法 28	现场抽查一定比例				
	2	井、坑、洞、栏杆等的安全设施应符合国家有关规定	建设条例 28					
	3	新立杆（塔）应先安装临时扳线，方可登杆（塔）作业	建设条例 28					

说明：安法指《安全生产法》；
条例指《上海市安全生产条例》；
电力法指《中华人民共和国电力法》；
建设条例指《建设工程安全管理条例》。

（三）船舶修造企业安全检查及责任标准检查表

（节选自上海市安监局安全生产检查表）

25 船舶修造现场检查通用表

表 169 船舶修造现场检查通用表

检查项目	序号	检查内容	检查依据	检查方法	检查情况	处理情况		
						责令改正	行政处罚	抄告单位
安全管理制度	1	应建立专门的安全管理制度，并采取可靠安全措施	安法 85.1	查现场和资料				
	2	应建立岗位安全生产操作规程	安法 17 条例 10					
人员安全管理	1	主要负责人、分管安全生产负责人按规定参加安全培训并考核合格	条例 17、43	查现场和资料				
	2	安全管理人员配备符合有关规定并持证上岗	条例 17、43					
	3	从业人员了解作业场所、岗位存在的危险因素	安法 36、82.3					
	4	从业人员掌握应急措施和熟练使用应急器材	安法 33					

续表

检查项目	序号	检查内容	检查依据	检查方法	检查情况	处理情况		
						责令改正	行政处罚	抄告单位
人员安全管理	5	对新进、离岗、换岗、采用“四新”的从业人员经过专门安全教育、培训合格后上岗	条例19、44	现场抽查一定比例人员				
	6	特种作业人员持证上岗	安法23、82.4 条例10.7					
	7	从业人员使用的劳防用品合格和符合配备标准，并能正确使用	安法37、83.7					
设备设施安全管理	1	不使用国家明令淘汰的落后工艺，禁止使用危及安全生产的设备	安法31.2、83	现场抽查一定比例				
	2	有特种设备的安全使用证或安全标识，有检测报告	安法30、83.8					
	3	有维护、保养、检测记录，有有关人员签字	安法29、83.6					
	4	通讯、报警装置保持完好，并有醒目标识	344号令18、61.2					
	5	消防设施、设备符合消防有关规定	消防法21					
	6	钢直梯、钢斜梯、防护栏杆、钢平台应符合国家标准	GB 4053.1 GB 4053.2 GB 4053.3 GB 4053.4					

续表

<table>
<tr><th rowspan="2">检查项目</th><th rowspan="2">序号</th><th rowspan="2">检查内容</th><th rowspan="2">检查依据</th><th rowspan="2">检查方法</th><th rowspan="2">检查情况</th><th colspan="3">处理情况</th></tr>
<tr><th>责令改正</th><th>行政处罚</th><th>抄告单位</th></tr>
<tr><td rowspan="5">作业环境安全管理</td><td>1</td><td>有毒有害作业场所设置应符合国家有关规定</td><td>国务院《工厂安全卫生规程》</td><td rowspan="5">现场抽查一定比例</td><td></td><td></td><td></td><td></td></tr>
<tr><td>2</td><td>可燃性动能管线的色标、防护装置应符合国家规定</td><td>CB/T 3515—935.1.2
安法 28、83.4</td><td></td><td></td><td></td><td></td></tr>
<tr><td>3</td><td>高处作业的安全防护措施应符合国家有关规定</td><td>CB/T 3785—1997</td><td></td><td></td><td></td><td></td></tr>
<tr><td>4</td><td>较大危险作业场所和设备设有醒目安全警示标识</td><td>安法 28、83.4</td><td></td><td></td><td></td><td></td></tr>
<tr><td>5</td><td>生产经营场所、员工宿舍设有符合紧急疏散要求、标识明显、保持畅通的出口</td><td>安法 34、88</td><td></td><td></td><td></td><td></td></tr>
<tr><td rowspan="2">应急救援</td><td>1</td><td>应有应急救援组织，并落实到人</td><td>条例 31</td><td rowspan="2">抽查现场和资料</td><td></td><td></td><td></td><td></td></tr>
<tr><td>2</td><td>配有符合与预案所规定的应急人员、装备和物资，组织演练，能保证正常运转</td><td>条例 31</td><td></td><td></td><td></td><td></td></tr>
</table>

说明：安法指《安全生产法》；
条例指《上海市安全生产条例》；
344 号令指国务院《危险化学品安全管理条例》；
CB/T 3515—93 指《船舶建造安全管理》；
CB/T 3785—1997 指《船厂高处作业安全规程》；
GB 4053.1 指《固定式钢直梯安全技术条件》；
GB 4053.2 指《固定式钢斜梯安全技术条件》；
GB 4053.3 指《固定式工业防护栏杆安全技术条件》；
GB 4053.4 指《固定式工业钢平台》。

26 船舶修造内场现场检查表

表 170　　船舶修造内场现场检查表

检查项目	序号	检查内容	检查依据	检查方法	检查情况	处理情况		
						责令改正	行政处罚	抄告单位
内场管理制度	1	建立安全生产责任制	安法 17	现场抽查一定比例				
	2	建有各工种安全操作规程	安法 17					
	3	重大危险源区域有应急预案、人员、装备物资，并组织演练	条例 26					
现场作业	1	各类设备、设施符合生产安全要求	条例 10	现场抽查一定比例				
	2	明火作业、消防设施、设备符合消防有关规定	消防法 18、21					
	3	生产经营场所设有符合紧急疏散要求、标识明显、保持畅通的出口	安法 34、88					
人员安全管理	1	从业人员了解作业场所、岗位存在的危险因素	安法 36、82.3	现场抽查一定比例				
	2	从业人员掌握应急措施和熟练使用应急器材	安法 33					
	3	特种作业人员持证上岗	安法 23、82.4 条例 10.7					
	4	从业人员使用的劳防用品合格和符合配备标准，并能正确使用	安法 37、83.7					

续表

<table>
<tr><th rowspan="2">检查项目</th><th rowspan="2">序号</th><th rowspan="2">检查内容</th><th rowspan="2">检查依据</th><th rowspan="2">检查方法</th><th rowspan="2">检查情况</th><th colspan="3">处理情况</th></tr>
<tr><th>责令改正</th><th>行政处罚</th><th>抄告单位</th></tr>
<tr><td rowspan="4">设备设施</td><td>1</td><td>不使用国家明令淘汰的落后工艺，禁止使用危及安全生产的设备</td><td>安法 31.2、83</td><td rowspan="4">现场抽取一定比例</td><td></td><td></td><td></td><td></td></tr>
<tr><td>2</td><td>各类起重吊索具完好，符合安全要求</td><td>CB/T3660—1997 5.1.4</td><td></td><td></td><td></td><td></td></tr>
<tr><td>3</td><td>有维护、保养、检测记录，有有关人员签字</td><td>安法 29、83.6</td><td></td><td></td><td></td><td></td></tr>
<tr><td>4</td><td>有特种设备的安全使用证或安全标识，有检测报告</td><td>安法 30、83.8</td><td></td><td></td><td></td><td></td></tr>
<tr><td rowspan="3">作业环境</td><td>1</td><td>有毒有害作业场所设置应符合国家有关规定</td><td>《工厂安全卫生规程》</td><td rowspan="3">现场抽查一定比例</td><td></td><td></td><td></td><td></td></tr>
<tr><td>2</td><td>生产岗位设有醒目安全警示标识</td><td>安法 28、88</td><td></td><td></td><td></td><td></td></tr>
<tr><td>3</td><td>生产场所应有紧急疏散通道，标识明显</td><td>安法 34、88</td><td></td><td></td><td></td><td></td></tr>
<tr><td rowspan="2">应急预案</td><td>1</td><td>应有应急救援组织，并落实到人</td><td>条例 31</td><td rowspan="2">现场抽查一定比例</td><td></td><td></td><td></td><td></td></tr>
<tr><td>2</td><td>配有符合与预案所规定的应急人员、装备和物资，组织演练，能保证正常运转</td><td>条例 31</td><td></td><td></td><td></td><td></td></tr>
</table>

说明：安法指《安全生产法》；
消法指《消防法》；
条例指《上海市安全生产条例》；
CB/T 3660—1997 是指《船厂起重作业安全规程》；
CB/T 3515—93 指《船舶建造安全管理》。

27 船舶修造外场现场检查表

表 171　　船舶修造外现场检查表

检查项目	序号	检查内容	检查依据	检查方法	检查情况	处理情况		
						责令改正	行政处罚	抄告单位
外场管理制度	1	建立安全生产责任制	安法 17	现场抽查一定比例				
	2	建有各工种安全操作规程	安法 17					
	3	重大危险源区域有应急预案、人员、装备物资，并组织演练	条例 26					
	4	大型设备（构件）吊装必须有施工方案和防范措施	安法 35 条例 27、45					
现场作业	1	各类设备、设施符合生产安全要求	条例 10	现场抽查一定比例				
	2	明火作业、消防设施、设备符合消防有关规定	消防法 18、21					
	3	生产经营场所设有符合紧急疏散要求、标识明显、保持畅通的出口	安法 34、88					
	4	大型设备（构件）吊装有专人负责	安法 35、85.3					
	5	易燃危险品的使用管理应符合国家有关规定	安法 32.2、85.1					
	6	涂装作业应按有关规定执行	安法 32.2、85.1 CB 3381—91					

续表

检查项目	序号	检查内容	检查依据	检查方法	检查情况	处理情况		
						责令改正	行政处罚	抄告单位
人员安全管理	1	从业人员应经安全生产教育和培训	条例 19	现场抽查一定比例				
	2	从业人员了解作业场所、岗位存在的危险因素	安法 36、82.3					
	3	从业人员掌握应急措施和熟练使用应急器材	安法 33					
	4	特种作业人员持证上岗	安法 23、82.4 条例 10.7					
	5	从业人员使用的劳防用品合格和符合配备标准，并能正确使用	安法 37、83.7					
设备设施	1	不使用国家明令淘汰的落后工艺，禁止使用危及安全生产的设备	安法 31.2、83	现场抽查一定比例				
	2	各类起重吊索具完好，符合安全要求	CB/T3660—1997 5.1.4					
	3	有维护、保养、检测记录，有有关人员签字	安法 29、83.6					
	4	有特种设备的安全使用证或安全标识，有检测报告	安法 30、83.8					

续表

检查项目	序号	检查内容	检查依据	检查方法	检查情况	处理情况		
						责令改正	行政处罚	抄告单位
作业环境	1	有毒有害作业场所设置应符合国家有关规定	《工厂安全卫生规程》	现场抽查一定比例				
	2	生产岗位设有醒目安全警示标识	安法28、88					
	3	生产场所应有紧急疏散通道，标识明显	安法34、88					
应急预案	1	应有应急救援组织，并落实到人	条例31	现场抽查一定比例				
	2	配有符合预案所规定的应急人员、装备和物资，组织演练，能保证正常运转	条例31					

说明：安法指《安全生产法》；
消法指《消防法》；
条例指《上海市安全生产条例》；
CB/T 3660—1997是指《船厂起重作业安全规程》；
CB 3381—91指《船舶涂装作业安全规程》。

八、消防安全责任标准检查表

（一）消防重点行业安全责任标准检查表

1 公安部 文化部 国家工商行政管理总局 国家安全生产监督管理总局颁布《开展公众聚集场所易燃可燃装修材料消防安全专项整治工作方案》（节选）

（公通字［2009］7号，2009年1月15日）

2009年1月31日23时54分，福建省长乐市拉丁酒吧发生重大火灾，造成15人死亡、24人受伤的严重后果。起火直接原因为消费者为庆祝生日燃放自带烟花，引燃酒吧顶棚易燃可燃材料。但造成火灾迅速蔓延和人员大量伤亡的主要原因是该酒吧顶棚采用聚氨酯泡沫等大量易燃可燃材料装修，由于聚氨酯泡沫燃点低，燃烧速度快，燃烧后产生大量浓烟和毒气，致使酒吧内人员来不及逃生，吸入有毒烟气中毒死亡。这起火灾事故是继2005年广东省中山市坦洲镇老虎酒吧“12·25”火灾、2007年江西省抚州市本色精英会所（酒吧）“9·25”火灾、2008年广东省深圳市舞王俱乐部“9·20”火灾之后，又一起公众聚集场所群死群伤火灾，致灾原因相似，教训十分深刻。为深刻汲取火灾事故教训，根据2009年1月15日全国安全生产电视电话会议关于深入开展安全生产治理行动的工作部署要求，公安部、文化部、国家工商行政管理总局、国家安全生产监督管理总局决定，在全国范围深入开展公众聚集场所易燃可燃装修材料消防安全专项整治（以下简称“专项整治”）。工作方案如下：

（1）专项整治的时间（略）。

（2）专项整治的范围和重点内容。

1）专项整治的范围。

专项整治的范围重点是向公众开放的下列室内场所：

①影剧院、录像厅、礼堂等演出、放映场所。

②舞厅、卡拉 OK 厅、夜总会等歌舞娱乐场所。

③酒吧、咖啡厅和具有娱乐功能的餐馆、茶馆等餐饮场所。

④网吧、游艺场所。

⑤洗浴馆、保龄球馆、旱冰场、健身房等营业性健身、休闲场所。

2）专项整治的重点内容。

①是否通过建筑工程消防设计审核、消防验收和开业前消防安全检查。

②室内装修装饰材料是否符合消防安全要求，重点检查顶棚、墙面、地面装修材料以及窗帘、幕布，其燃烧性能等级是否符合《建筑内部装修设计防火规范》《公共场所阻燃制品及组件燃烧性能要求和标识》等国家标准要求。

③建筑消防设施是否正常运行，疏散通道、安全出口是否畅通，应急照明和疏散指示标识是否完好有效。

④是否制定消防安全制度，是否开展员工消防安全教育培训，是否制定灭火和应急疏散预案并实施演练。

（3）专项整治的工作措施。

1）对未经消防设计审核、消防验收和开业前消防安全检查合格，擅自投入使用的公众聚集场所，公安消防部门要责令限期改正，逾期不改正的，依法责令停产停业，文化、工商部门要依法予以取缔。

2）对公众聚集场所采用聚氨酯类泡沫塑料等易燃可燃材料装修装饰的，责令限期改正，逾期不改正的，公安消防部门要依法责令停产停业，文化、工商部门要吊销娱乐经营许可证和营业执照；采用其他不符合消防安全要求的材料装修装饰的，责令限期改正。

3）对公众聚集场所疏散通道、安全出口封堵，自动消防设施损坏，不能立即整改的，责令限期改正，逾期不改正的，依法责令停产停业。

4）对公众聚集场所消防安全制度不建立、消防安全责任不落实、员工不具备基本消防安全素质的，要依法责令限期改正。

5）对公众聚集场所营业期间违法使用、燃放烟花爆竹的，依法责令立即改正。

对发生火灾事故危险，拒不改正的，公安机关要依据《治安管理处罚法》第三十九条的规定，对公众聚集场所的经营管理人员依法拘留。

（4）专项整治的组织实施。

1）全面部署。各地公安、文化、工商、安全监管部门要立即成立公众聚集场所消防安全专项整治工作机构，按照本方案的要求，结合本地区实际，制定具体实施方案，明确工作职责，迅速部署开展工作。

2）集中排查整治。各地公安、文化、工商部门要按照工作职责对本地区所辖公众聚集场所消防行政许可文件、娱乐经营许可证、营业执照办理情况进行集中清理核查，建立信息通报制度，全面清理盘点本地区公众聚集场所底数，并全部登记造册建档。在此基础上，公安、文化、安全监管等部门要组成联合检查组，对照专项整治的重点内容对本地区公众聚集场所逐一排查。对排查出的火灾隐患和消防安全违法行为，要责令单位立即整改；不能立即整改的，要督促单位落实整改方案、整改责任、整改措施、整改时间和整改资金，制定应急预案；对单位难以自行完成整改的，要提请政府挂牌督办，确保按期消除隐患。排查整治工作要严格落实工作责任，对排查的每处公众聚集场所均要如实记载检查人员的姓名、检查时间、检查发现的问题和提出的整改意见，并存档备查。

3）检查验收。（略）

（5）专项整治的工作要求。

1）提高思想认识，精心组织部署。各地要站在贯彻落实科学发展观，“保民生、保增长、保稳定”，构建社会主义和谐社会的高度，本着对人民群众生命安全高度负责的态度，充分认识这次专项整治的重要意义，结合本地实际情况，制定工作方案，细化工作要求，明确工作措施，立即组织开展排查整治工作。

2）强化部门联动，形成整治合力。各地公安、文化、工商、安全监管部门要严格履行各自工作职责，加强沟通协调，通力协作配合，由公安部门牵头建立部门定期信息沟通和联合执法机制，及时通报专项整治工作进展情况，有针对性地采取加强和改进的工作措施，形成执法合力。

3）严格依法整治，强化服务意识。专项整治必须严格执行有关法律法规，对发现的重大问题要坚决依法整治，绝不手软。同时，要按照理性、平和、文明、规范执法的要求，在严格执法的基础上强化服务意识，积极为存在问题的业主、单位制定切实可行、经济合理的整改方案和措施，最大限度地实现监督执法的法律效果与社会效果的有机统一。

4）加强督促检查，落实工作责任。各地要建立专项整治工作领导责任制，采取省级部门领导包地市、地市部门领导包县区分片包干的方式，层层分解落实工作责任，切实将工作任务落实到各级领导、落实到各个岗位、落实到每个环节。要加大专项整治工作督促检查的力度，上级部门督查发现未按要求开展整治、工作不到位、措施不落实的，要严格追究有关领导的责任；对未在规定时间完成专项整治任务的，有关部门的主要领导要停职检查；对因工作失职特别是又因易燃可燃装修材料造成公众聚集场所群死群伤火灾事故的，要严格实行责任倒查，严肃追究有关领导和人员责任。

5）巩固整治成果，建立长效机制。各地要树立“综合治理、标本兼治”的指导思想，将专项整治工作与新修订《消防法》宣传贯彻工作结合起来，全力加强消防宣传教育培训工作，大力宣传消防法律法规，普及消防安全常识和逃生自救技能，增强全民消防安全素质；要认真总结专项整治中发现的普遍性、倾向性问题，及时制定、修订有关法规，完善有关制度，不断健全公众聚集场所消防安全管理的长效机制；要坚决巩固专项整治工作成果，为全国“两会”、建国60周年大庆等重要活动创造良好的消防安全环境。

表172　常见装修装饰材料燃烧性能及烟气毒性

材料	燃烧性能	燃烧后产生的烟气毒性
PVC扣板	可燃	产生大量浓烟，烟气中一氧化碳、氯化氢等有毒或刺激性烟气浓度较高
非阻燃木质吊顶	可燃	烟气中含一氧化碳、氮氧化物等有毒气体
非阻燃木材、木工板、胶合板	可燃	烟气中含一氧化碳、氮氧化物等有毒气体
酚醛泡沫	难燃	烟气中氰化物、一氧化碳等有毒烟气浓度很高
阻燃橡塑泡沫、阻燃聚氨酯泡沫、阻燃挤塑聚苯泡沫	难燃	产生大量浓烟，烟气中含一氧化碳、氯化氢、氰化物、氮氧化物等有毒或刺激性气体

续表

材料	燃烧性能	燃烧后产生的烟气毒性
PVC 拼接板	可燃	产生大量浓烟，烟气中一氧化碳、氯化氢等有毒或刺激性烟气浓度较高
软质聚氨酯泡沫	易燃	产生大量浓烟，烟气中氰化物、一氧化碳等有毒烟气浓度很高
非阻燃硬质聚氨酯泡沫	易燃	产生大量浓烟，烟气中氰化物、一氧化碳等有毒烟气浓度很高
非阻燃聚苯泡沫	易燃	产生大量浓烟，烟气中含一氧化碳、氮氧化物等有毒气体
羊毛地毯	难燃	烟气中氰化物、一氧化碳等有毒烟气浓度很高
腈纶织物	可燃	烟气中氰化物、一氧化碳等有毒烟气浓度很高
阻燃尼龙地毯、阻燃丙纶方块地毯	难燃	烟气中含一氧化碳、氮氧化物等有毒气体
阻燃窗帘或幕布	难燃	烟气中含一氧化碳、氮氧化物等有毒气体
非阻燃窗帘或幕布	易燃	烟气中含一氧化碳、氮氧化物等有毒气体

2 建设工程施工防火安全检查表

（节选自厦门市建设工程施工防火安全大检查表）

表 173　　建设工程施工防火安全检查表

工程名称		工程类别	
建设单位		施工单位	
监理单位		检查日期	
劳务公司	模板：　　外架：	形象进度	

检查项目		检查内容	现场检查情况	检查结论
安全管理	建设单位	1. 合同是否明确安全文明施工费金额、支付和使用		□符合　□不符合要求
		2. 建设方是否按合同支付安全文明施工费		□符合　□不符合要求
		3. 建设单位是否定期开展生产防火安全管理，并定期组织防火安全检查、验收及应急预案演练，相关检查记录		□符合　□不符合要求
		4. 是否有定期检查施工单位安全文明施工费投入使用情况及应急预案演练情况		□符合　□不符合要求
	施工单位	1. 防火安全生产责任人及制建立及落实情况		□符合　□不符合要求
		2. 安全生产事故应急预案制定及演练情况		□符合　□不符合要求

续表

工程名称		工程类别	
建设单位		施工单位	
监理单位		检查日期	
劳务公司	模板：　　外架：	形象进度	

检查项目		检查内容	现场检查情况	检查结论
	施工单位	3. 项目经理、项目技术负责人、专职安全员履责情况		□符合　□不符合要求
	施工单位	4. 企业对项目的防火安全生产管理情况及定期检查、验收记录		□符合　□不符合要求
	施工单位	5. 现场作业人员安全教育效果抽查		□符合　□不符合要求
	施工单位	6. 劳务公司的安全教育及管理		□符合　□不符合要求
	监理单位	1. 实施工程监理过程发现和督促消除安全隐患情况		□符合　□不符合要求
	监理单位	2. 监理安全人员到位及防火安全生产情况定期检查、验收记录情况		□符合　□不符合要求
	监理单位	3. 是否定期组织火灾隐患排查，组织整改和消除并记录		□符合　□不符合要求
施工用电		1. 工程项目应根据建筑工程特点编制临时用电施工组织设计并经单位技术负责人和总监理工程师审核审批，并按规定组织实施		□符合　□不符合要求
施工用电		2. 施工用电应为 TN－S系统，三级配电两级保护供电，并定期和不定期检查，确保施工用电安全		□符合　□不符合要求

续表

<table>
<tr><td>工程名称</td><td colspan="2"></td><td>工程类别</td><td></td></tr>
<tr><td>建设单位</td><td colspan="2"></td><td>施工单位</td><td></td></tr>
<tr><td>监理单位</td><td colspan="2"></td><td>检查日期</td><td></td></tr>
<tr><td>劳务公司</td><td colspan="2">模板：　外架：</td><td>形象进度</td><td></td></tr>
<tr><td>检查项目</td><td>检查内容</td><td>现场检查情况</td><td colspan="2">检查结论</td></tr>
<tr><td rowspan="4">外脚手架</td><td>1. 脚手架工程应编制施工方案，由专业人员负责搭设</td><td>外脚手架：□钢管
□毛竹
挑架形式：□钢管
□型钢</td><td colspan="2">□符合　□不符合要求</td></tr>
<tr><td>2. 作业层脚手板应铺设严密；脚手架外侧应采用阻燃式密目式安全网全封闭，并可靠固定在架体上，不得使用竹笆片为挡脚板、脚手板</td><td></td><td colspan="2">□符合　□不符合要求</td></tr>
<tr><td>3. 作业层实施电焊、气割作业时，有否动火审批及实施防护遮挡、焊渣有容器接装</td><td></td><td colspan="2">□符合　□不符合要求</td></tr>
<tr><td>4. 购买、租用钢管、扣件、安全网等必须查验生产许可证、产品质量合格证明、生产日期、检测证明和产品标识</td><td></td><td colspan="2">□符合　□不符合要求</td></tr>
</table>

续表

工程名称			工程类别	
建设单位			施工单位	
监理单位			检查日期	
劳务公司	模板：	外架：	形象进度	

检查项目	检查内容	现场检查情况	检查结论
施工作业防火措施	1. 按规定配备志愿消防组织和防火责任人		□符合 □不符合要求
	2. 建立实施电焊、气割作业等动火审批、消防检查制度及执行情况		□符合 □不符合要求
	3. 现场重点部位（住宿、施工作业场所、木工场、配电室、食堂、仓库）消防设施和防火器材配备情况		□符合 □不符合要求
	4. 锯末等易燃、易爆品的储存、使用、清运情况		□符合 □不符合要求
	5. 高处实施电焊、气割作业时，有否实施防护遮挡、焊渣有容器接装		□符合 □不符合要求
	6. 施工作业层是否有消防水源及水管，水压是否符合规定		□符合 □不符合要求
	7. 30 m高层建筑施工消防管道有否使用2 in（英寸）以上立管并配置加压泵、消防水池，每层有否设消防水源接口		□符合 □不符合要求
	8. 工地是否设有吸烟室，施工作业现场不得吸烟		□符合 □不符合要求

续表

工程名称		工程类别	
建设单位		施工单位	
监理单位		检查日期	
劳务公司	模板： 外架：	形象进度	

检查项目	检查内容	现场检查情况	检查结论
施工作业防火措施	9. 施工现场是否明确划分禁为作业区、仓库区和现场生活区		□符合 □不符合要求
	10. 施工现场应积极开展义务消防培训和演练，制定消防应急预案		□符合 □不符合要求
检查总体评价	检查负责人： 参检人员： 日期：		

3 化工生产区域防火安全检查表

表 174 化工生产区域防火安全检查表

序号	项目	内容	合格	不合格	整改情况
1	消防组织及防火责任	1. 建立健全单位防火及志愿消防组织，如有变更应及时调整；各级防火责任人责任制明确，志愿消防组织每半年应开展消防演练活动一次			
		2. 建立消防安全考评、奖惩标准和实施办法			

续表

序号	项目	内容	合格	不合格	整改情况
1	消防组织及防火责任	3. 单位的消防安全责任人、管理人、专（兼）职消防人员、消防工程的设计、安装人员、消防控制室值班、操作人员以及从事易燃易爆生产、储存、经营和运输的人员应接受消防专业培训且应持证上岗。组织全员每年至少开展一次消防宣传活动和进行消防安全培训			
		4. 职工应对本岗位的防火要求达到“三懂三会”（即懂得岗位的火灾特点、懂得火灾的预防措施、懂得火灾扑救方法，会报火警、会使用灭火器材、会自救逃生）			
		5. 新转岗职工上岗前必须接受消防教育和培训			
2	消防制度及操作规程	1. 易燃易爆危险物品的场所防火防爆制度上墙			
		2. 消防设施、器材维护管理制度上墙			
		3. 仓储消防安全管理制度上墙			
		4. 消防控制室值班制度			
		5. 消防安全教育和培训制度			
		6. 每日防火巡查制度			
		7. 消防安全工作考评和奖惩制度			
		8. 自动消防设施操作规程及流程图上墙悬挂			

续表

序号	项目	内容	合格	不合格	整改情况
3	规范要求及现场防火	1. 在设有车间或者仓库的建筑物内不得设置员工集体宿舍			
		2. 甲乙类厂房与民用建筑之间不应小于 25 m，距重要的公共建筑不应小于 50 m			
		3. 建筑内部超过 20 m 的“袋型走道”的尽头必须设置安全疏散楼梯和安全出口			
		4. 消防通道、安全疏散走道和出口应保持畅通，无堵塞现象，其中甲、乙类厂区道路宽不应小于 6 m，拐弯半径不小于 12 m，道路上方架空高度不小于 5 m			
		5. 防雷和防静电设施的安装设置应符合国家有关规范要求，避雷针每年应检测一次，且接地电阻应不大于 10 Ω			
		6. 电气设备安装应符合国家有关规范要求，闷顶内及明敷的电气线路应穿金属保护管，在防爆生产区域内的电气设备，应选用国家电气防爆规范要求防爆电气设备，在防爆电气设备上应有明显的“Ex”标识			
		7. 事故照明和疏散指示的标识的连续供电时间不应小于 20 min，且最低照度不应低于 0.5 lx			
		8. 建筑内部装修应符合《建筑内部装修设计防火规范》的要求，选材应尽量采用难燃和阻燃材料或对可燃材料进行必要的防火处理，内部屋顶承重的钢梁应刷防火涂料，延长其耐火极限			

续表

序号	项目	内容	合格	不合格	整改情况
4	消防设施及消防泵房	1. 消防设施（器材）安装和配备应符合有关消防规范要求，自动、半自动设施应完好无缺、灵敏好用，移动式消防器材应放置在避免风吹雨淋日晒和明显易拿部位并保持清洁，不允许有他物遮挡或覆盖			
		2. 消防灭火器材建立“三定”管理（即定点存放，定期检查、定人保管），且应有使用记录，现场检查应看灭火器内压是否正常、无泄漏（气压表指针应该在绿色范围内），外筒无锈蚀，铅封应完好无缺，开关压把应灵敏好用，胶管无老化现象，喷嘴应不堵塞			
		3. 常闭式的防火设施始终处于关闭状态，防火卷帘应开启灵敏，且下方不应堆放杂物			
		4. 消防水泵房内应设两路供电或以内燃机动力的消防水泵，一组水泵的吸水管不应少于两条，且水泵房应有不少于2条的出水管直接与环状管网连接，消防泵房应设有备用泵，且每周至少进行一次盘车，消防泵应设有与本单位消防队联络的通信设备且应有专人24 h值班并建有日常记录			
		5. 甲乙类厂区应建有稳高压和临时高压消防系统，地下消防管网宜为独立、环状的客网且出水压不小于0.7 MPa			
		6. 甲乙类生产装置中，15 m以上的工艺平台处宜设消防竖管及消防接口			
		7. 室内消火栓口出水压力超过50 m水柱时，应设减压设施，室外消火栓的安装点与消防车道路边应小于2 m，与建筑物应不小于5 m			

续表

序号	项目	内容	合格	不合格	整改情况
5	防火检查及隐患整改	1. 消防重点单位（部位）的进出口处的明显部位应有醒目的各类防火警示标牌（如严禁烟火、禁止吸烟、禁带火种、禁穿易产生静电的服装鞋帽，机动车进入应安装阻火器、禁止机动车辆驶入、禁止摩托车驶入以及“消防安全重点单位”“重点防火部位”等标牌）			
		2. 易燃易爆物品应定库、定位、定量专门存放，且不应混存、超存。生产易燃易爆物品的单位，对产品应当附有“燃点、闪点、爆炸极限等数据说明书”，并且应当注明或贴附防爆的注意事项及危险品标签，且在存放处应有醒目的防火警示标牌和针对性的消防保护措施			
		3. 对新、改、扩建和装修工程，建设单位应当与施工单位在订立的合同中明确各方对施工现场的消防安全责任，施工期间的现场防火工作应有专人负责管理			
		4. 消防安全重点单位应当进行每日防火巡查，并确定巡查的人员、内容、部位和频次并做好防火巡查记录，其他单位应当至少每月进行一次防火安全检查并做好记录			
		5. 单位对存在的火灾隐患应及时予以消除，对不能当场改正的火灾隐患，应及时向单位消防安全责任人报告并提出整改方案，在火灾隐患未消除之前，单位应当落实防范措施，保障消防安全，对不能确保安全的，应当将危险部位停产停业整改			
		6. 对公安消防机构责令限期改正的火灾隐患，单位应当在规定期限内改正并写出火灾隐患整改复函，报送公安消防机构			

续表

序号	项目	内容	合格	不合格	整改情况
6	消防档案及防火台账	1. 单位应当建立健全消防档案，消防档案应当包括消防安全基本情况和消防安全管理情况			
		2. 单位应当建立的防火台账有：①消防组织及消防会议记录；②各类消防安全制度汇编；③消防宣传教育和培训；④防火档案及消防法律文书；⑤防火安全检查（防火巡查、器材管理、隐患整改等）；⑥消防预案及演练记录；⑦火灾事故记录；⑧消防工作奖惩记录			
检查人员			监督检查（分）站（章）		

检查的意见和建议：

单位：
负责人签字：

年 月 日

4 液化石油气灌瓶站安全检查表

（节选自广州市液化石油气灌瓶站安全检查表）

表 175　　液化石油气罐瓶站安全检查表

被检查单位				检查日期	
序号		检查要点	检查准则	检查方法	检查结果
一、站区总平面布置	1	储罐与站外建、构筑物和明火、散发火花地点的防火间距是否符合《建筑设计防火规范》的规定	《城镇燃气设计规范》GB 50028—6.3.7、6.3.8	现场检查	
	2	储罐与站内建、构筑物的防火间距是否符合《建筑设计防火规范》的规定	GB 50028—6.3.8		
	3	灌瓶间和瓶库与明火、散发火花地点和站内建、构筑物的防火间距是否符合《建筑设计防火规范》的规定	GB 50028—6.3.23		
	4	生产区和辅助区是否各设置1个大于4 m的对外出入口	GB 50028—6.3.12		
	5	生产区是否没有地下和半地下建、构筑物	GB 50028—6.3.13		
	6	储罐和罐区的布置是否符合《建筑设计防火规范》第6.3.17条的规定	GB 50028—6.3.17		
	7	灌装台的地面是否采用不产生火花的材料	GB 50028—6.8.1—5		
	8	具有爆炸危险的建、构筑物的耐火等级是否不低于二级	GB 50028—6.8.1—1		

续表

被检查单位				检查日期	
序号		检查要点	检查准则	检查方法	检查结果
一、站区总平面布置	9	具有爆炸危险的建、构筑物的门窗是否向外开	GB 50028—6.8.1—2	现场检查	
	10	生产区的排水系统是否采取防止液化气排入地下管道或低洼部位的措施	GB 50028—6.9.7		
	11	站区四周是否设置不低于2 m的非燃烧体实体围墙	GB 50028—6.3.10		
	12	生产区与辅助区之间是否设置不低于 2 m 的非燃烧体实体围墙			
	13	生产区是否没有种植易积存液化气的植物	GB 50028—6.11.3—1		
二、工艺设备	1	气液分离器是否设置安全阀、直观式液位计、压力表	GB 50028—6.7.15	现场检查	
	2	地上液相 LPG 管线两阀门间是否设置管道安全阀	GB 50028—6.2.11		
	3	是否设置抽残液装置	GB 50028—6.3.26		
	4	烃泵进、出口是否采取防震措施	GB 50028—6.3.21		
	5	烃泵进、出口是否设置放气阀、压力表	GB 50028—6.3.22—1、6.7.16		
	6	烃泵进口是否设置过滤器	GB 50028—6.3.22—2		
	7	烃泵出口是否设置止回阀、液相安全回流阀	GB 50028—6.3.22—3		

续表

被检查单位			检查日期	
序号		检查要点	检查准则	检查方法	检查结果
二、工艺设备	8	压缩机进口是否设置气液分离器、过滤器	GB 50028—6.3.28、6.3.29—2	现场检查	
	9	压缩机出口是否设置止回阀、安全阀	GB 50028—6.3.29—3		
	10	压缩机进、出口是否设置旁通阀、压力表	GB 50028—6.3.29—4、6.7.16		
	11	压力容器安全阀放散管口是否高出地面 5 m 以上	GB 50028—6.7.11—3		
	12	槽车卸气管快装接头与胶管之间是否设置阀门	GB 50028—6.3.32		
	13	灌装枪胶管是否完好			
	14	阀门、法兰是否正常、无泄漏			
三、安全设施	1	燃气泄漏报警器是否正常有效	GB 50028—6.7.17	现场检查	
	2	灭火器材的配置是否符合规范表 6.9.8 的规定	GB 50028—6.9.8		
	3	水喷淋系统是否符合规范第 6.9.6 条的规定，消防水泵是否处于完好状态	GB 50028—6.9.6		
	4	地上储罐区四周是否设置高度为 1 m 的非燃烧体实体防护墙	GB 50028—6.3.17—3		
	5	地上储罐区水封井是否能防止液化气排入地下渠道或低洼部位	GB 50028—6.9.7		

续表

被检查单位				检查日期	
序号		检查要点	检查准则	检查方法	检查结果
三、安全设施	6	电气防爆是否符合要求	《爆炸和火灾危险环境电力装置设计规范》GB 50058—2.5.11	查记录、现场	
	7	紧急切断阀是否按要求设置且有效，辅助区是否设置卸压阀			
	8	安全阀、压力表下部阀门是否常开			
	9	储罐及其安全附件是否在检测有效期内	《特种设备安全监察条例》第28条		
	10	压力表、安全阀是否在检测有效期内			
	11	防雷设施是否在检测有效期内	《广东省防御雷电灾害管理规定》第10条		
	12	槽车卸气管是否定期检测	《液化气体汽车罐车安全监察规程》第74条(5)		
四、管理工作及其他	1	岗位责任、安全检查、维护检修、防火、防爆、防雷电、防静电、运输、储存、安全教育培训、档案管理、班组管理、事故报告制度是否健全，并已上墙	《安全生产法》第17条（2）	查制度、现场	

续表

被检查单位			检查日期	
序号		检查要点	检查准则	检查方法	检查结果

序号		检查要点	检查准则	检查方法	检查结果
四、管理工作及其他	2	是否有安全检查、隐患整改记录	《安全生产法》第 17 条（4）	查记录	
	3	是否有事故应急措施和救援预案及演练记录	《特种设备安全监察条例》第 31 条		
	4	是否有消防作战方案及演练记录			
	5	特种作业人员是否持证上岗	《安全生产法》第 23 条	查上岗	
	6	是否有专职安全员	《安全生产法》第 19 条		
	7	是否具备抢险抢修条件或委托有条件的单位抢险抢修	《广东省燃气管理条例》第 14 条（7）	查配备或协议	
	8	是否配备助工以上技术人员	《液化石油气充装站安全技术条件》GB 17267—5.1	查资格证	
	9	工人是否穿防静电工作服	《安全生产法》第 37 条	现场检查	
	10	安全操作规程是否齐全，并已上墙	《安全生产法》第 17 条（2）	查制度、现场	

续表

被检查单位				检查日期	
序号		检查要点	检查准则	检查方法	检查结果
四、管理工作及其他	11	岗位责任制是否落实	《安全生产法》第17条（1）	现场检查	
	12	入站的车辆是否加装防火罩			
	13	是否执行灌装前后钢瓶检查和抽残液制度			
	14	燃气泄漏报警器是否安装在有人值守处	GB 50028—6.3.17		
检查评语和建议					

5　中小学校、幼儿园消防安全检查表

（节选自广州市番禺区中小学校、幼儿园消防安全专项检查表）

表176　　中小学校、幼儿园消防安全检查表

类别	内容	是（否）	类别	内容	是（否）
消防安全责任和管理	1. 学校（园）与教育指导中心（区属学校与区教育局）是否签订了安全责任书（含消防工作内容）		消防安全责任和管理	2. 校（园）长是否与各岗位安全负责人签订了安全责任书（含消防工作内容）	

续表

类别	内容	是（否）
消防安全责任和管理	3. 是否依法办理建筑工程消防设计审核手续，并经消防验收合格	
	4. 是否有兼职（志愿）的消防人员	
	5. 是否建立了如下各项安全制度	
	①消防安全教育、培训	
	②防火巡查、检查	
	③安全疏散设施管理	
	④消防设施、器材维护管理	
	⑤火灾隐患整改	
	⑥用火、用电安全管理	
	⑦易燃易爆危险物品和场所防火防爆	
	⑧灭火和应急疏散预案演练	
	⑨燃气和电气设备的检查和管理（包括防雷、防静电）	
	6. 是否有火灾事故应急照明设备并且状态正常	
消防设备设施	7. 是否有消防应急疏散示意图，数量是否充足、位置是否适当，消防通道是否畅通	
	8. 学生宿舍是否有设应急广播系统，该系统是否能保证场所内各个位置都能听到应急疏散广播	
	9. 疏散门开启方向是否正确；常闭式防火门是否能保持常闭状态	
	10. 建筑物周围是否有违法搭建影响人员逃生和灭火救援	
	11. 建筑物周围是否有障碍物影响消防车通行或施救	
	12. 是否存在电源线路老化现象	
	13. 教学楼用房是否每层都有消防栓	
	14. 是否设置了室外消火栓	
	15. 消火栓的水枪、水带是否状态正常、水压是否足够	
	16. 灭火器是否是ABC型，数量是否充足，压力是否正常，是否定期检查维护	
	17. 是否有高压电线穿过校园，校园内（尤其是宿舍）是否有私拉乱接电线现象	
	18. 校园发电机是否做好了隔离并设置警示标识	
	19. 食堂煤气、油桶是否作好隔离并设置警示标识	

续表

类别	内容	是（否）	类别	内容	是（否）
消防设备设施	20. 学生、教师宿舍设置是否规范，疏散通道是否通畅，是否存在违规用火、用电现象		灭火应急疏散预案和演练	24. 师生能否正确使用消防器材和掌握逃生自救的方法	
消防安全教育	21. 每学期初是否对师生进行了消防安全教育			25. 是否建立了灭火和应急疏散预案	
	22. 是否对新上岗和上新岗位的员工进行上岗前的消防安全培训			26. 是否按照灭火和应急疏散预案对师生进行了定期演练	
	23. 是否对消防安全责任人进行过专门的消防安全培训				

整改意见：

（二）民用爆破器材安全责任标准检查表

（节选自2006年7月国防科工委民爆局颁布施行的《民爆器材企业安全检查表》）

6 民用爆破器材销售企业综合管理安全检查表

表177　民用爆破器材销售企业综合合管理安全检查表

序号	检查内容	类别	要求及评分办法	检查记录	得分
1	安全生产机构设置及专兼职人员配备情况	A—0～7	按《安全生产许可证管理条例》设置机构和人员得7分，否则为0分		

续表

序号	检查内容	类别	要求及评分办法	检查记录	得分
2	各部门安全生产责任制及执行情况	A—0～7	有责任制并严格执行得7分，无责任制得0分；有责任制或责任制不明确或执行不严由现场专家确定扣分		
3	各级各类人员安全生产责任制	B—0～5	有责任制并严格执行得5分，无责任制得0分；责任制不完善或不严格或有责任制但未执行视情况由现场专家确定扣分		
4	有安全生产方针、目标和计划	A—0～7	有方针目标和计划并严格执行得7分，无方针目标和计划的0分；有方针目标和计划但未认真执行或未分解视情况由现场专家确定扣分		
5	安全例会会议制度及执行情况	B—0～5	有制度并严格执行得5分，无制度得0分；有制度但无会议记录视为无制度；有制度但记录不正规或未严格执行由现场专家确定扣分		
6	安全生产教育制度及执行情况	B—0～5	有制度并严格执行得5分，无制度得0分；有制度执行无记录视为无制度；执行记录不正规或未严格执行由现场专家确定扣分		
7	安全监督检查制度及执行情况	B—0～5	有制度并严格执行得5分，无制度得0分；有制度执行无记录视为无制度；执行记录不正规或未严格执行由现场专家确定扣分		

续表

序号	检查内容	类别	要求及评分办法	检查记录	得分
8	消防管理制度及执行情况	B－0～5	有制度并严格执行得5分，无制度得0分；有制度执行无记录视为无制度；执行记录不正规或未严格执行由现场专家确定扣分		
9	安全保卫制度及执行情况	B－0～5	有制度并严格执行得5分，无制度得0分；有制度执行无记录视为无制度；执行记录不正规或未严格执行由现场专家确定扣分		
10	危险场所定员定量制度	A－0～7	有制度并严格执行得7分，无制度得0分；有制度但审批手续不完善、发放不到位等每一处缺陷扣2分		
11	动火动焊管理制度	A－0～7	有制度并严格执行得7分，无制度得0分；有制度但审批手续不完善、发放不到位等每一处缺陷扣2分		
12	危险品装卸管理制度	A－0～7	有制度，并在规定的部门得到有效版本，审批、发放手续齐全得7分；无规程得0分；每一项缺陷扣2分		
13	危险品运输管理制度	A－0～7	有制度，并在规定的部门得到有效版本，审批、发放手续齐全得7分；无规程得0分；每一项缺陷扣2分		

续表

序号	检查内容	类别	要求及评分办法	检查记录	得分
14	危险品库房管理制度	A—0～7	有制度且合法有效并下发正确执行严格得7分，无制度得0分；有制度但审批不正规或下发不全面或内容不正确、不完整或记录不规范由现场专家确定扣分		
15	危险品销毁管理制度	A—0～7	有制度且合法有效并下发正确、严格执行得7分，无制度得0；有制度但审批不正规或内容不正确、不完整或无记录或下发不全面的，由现场专家确定扣分		
16	安全技措资金使用管理制度及执行情况	A—0～7	有制度且严格执行得7分，无制度的0分；资金投入未到位或使用不当等情况由现场专家确定扣分		
17	劳动防护用品管理制度及执行情况	B—0～5	有制度且合法有效并严格执行得5分，无制度得0；制度审批不正规、防护品发放不严格、无记录等由现场专家确定扣分		
18	生产安全事故管理制度及执行情况	B—0～5	有制度且合法有效并严格执行得5分，无制度得0；有制度但实施无记录等情况，由现场专家确定扣分		

续表

序号	检查内容	类别	要求及评分办法	检查记录	得分
19	生产安全事故应急预案及演练情况	A—0～7	有应急预案且合法有效并开展演练得 7 分，无应急预案得 0 分；有预案但审批不规范、内容不完善、未执行预案管理制度或无演练记录的，由现场专家确定扣分		
20	安全生产责任奖惩制度及执行情况	B—0～5	有制度且有明确奖惩标准并严格执行得 5 分，无制度得 0 分；有制度但内容不完善或标准含糊或执行无记录的，由现场专家确定扣分		
21	单位主要负责人培训情况	A—0～7	企业负责人、安全部门负责人按照《安全生产法》的要求通过省级（包括省工办、行业协会组织培训）及以上部门培训合格得 7 分，负责人未培训扣 4 分，安全部门负责人未培训扣 3 分		
22	现状安全评价提出整改的项目完成情况	A—0～40	完成率达 90% 以上，且无特别严重的应急项目，得分为 40×完成率；前述情况有 1 项以上严重项目未完成整改的，每有一项扣 10 分，扣完为止，本条款合格分为 30 分。未经过安全评价的企业词条不做检查		

续表

序号	检查内容	类别	要求及评分办法	检查记录	得分
23	历次安全检查要求整改的项目完成情况	A－0～10	完成率达 90%以上，且无特别严重的应急项目，得分为 10×完成率；前述情况有一项以上严重项目未完成整改的，每有一项扣 3 分，扣完为止，本条款合格分为 5 分		
24	其他	A	由检查组专家发现的其他重要安全隐患，需要予以否决的，此项得分为 0 分。无重要隐患项时不做统计		

表内检查项目共计 24 项，检查项目　项，不涉及的项目　项，应得分　分，实得分　分，A 类不合格有　项。

未检查项目原因：

$$F_1 = 实得分/应得分 \times 100\% =$$

注：A 类为否决项，条款属于"很严格，非这样做不可"。表中只要有 1 个 A 类项目得分低于 4 分，就判该检查单元为不合格。

B 类为非否决项，条款内容属于"严格，正常情况下应这样做"。

C 类为非否决项，条款内容属于"允许稍有选择，在条件许可的情况下首先应该这样做"。

7 民爆器材总仓库区总体安全条件安全检查表

表 178　　民爆器材总仓库区总体安全条件检查表

序号	检查项目	类别	要求及评分办法	检查记录	得分
1	选址	B—0～50	①应独立设置，远离重要设施；②无地质、洪水、泥石流等危害因素；③无关的人流和物流不应通过总库区；④危险品的运输不宜通过生活区。前三项中每出现一处不符合的，为 0 分；第三项不符合的，扣 20 分		
2	总平面布置	B—0～50	总库区应设置围墙，围墙高度不应低于 2 m，围墙与危险性建筑物的距离不宜小于 15 m；在危险性建筑物周围 25 m 范围内，不应种植针叶树或竹林；总平面布置应避免危险品的往返和交叉运输。 全部合格得 50 分，有不合格项目但采取技术措施仍能保证安全的，由现场专家确定判分。有 1 处以上（包括 1 处）不合格为 0 分		
3	外部距离	A—0～70	根据库区最大存药量核定外部安全距离，填入表中，并按表抽查区域位置图中的距离，全部合格得 70 分，有不合格项但采取技术措施能保证安全，由现场专家确定判分。有 1 处以上（包括 1 处）不合格且采取措施仍不能保证安全的，得 0 分		

续表

序号	检查项目	类别	要求及评分办法	检查记录	得分
4	内部距离	A—0～70	根据各库房的最大存药量和防护状况核定各危险品库房间的四邻距离，填入表中，并按表抽查平面布置图中的距离，全部合格得70分；每出1处不合格扣15分		
5	防护屏障	A—0～70	①防护屏障采用防护土堤或钢筋混凝土挡墙等形式，防护屏障应能对本建筑物及周围建筑物起到防护作用；②防护屏障的高度应不低于屋檐高度或不应小于单坡屋面的低屋檐高度；③防护土堤的顶宽不应小于1 m，底宽可以根据土质条件确定，但不应小于高度的1.5倍；④防护屏障的边坡应稳定；⑤防护屏障的内坡脚与建筑物外墙之间的水平距离不宜大于3 m，在有运输和特殊要求的地段，其距离应按最小使用要求确定，但不宜大于15 m；⑥防护土堤应设置运输通道或运输隧道，运输通道的端部需设挡土墙时，其结构宜为钢筋混凝土结构；⑦运输通道的净宽度不宜大于5 m，汽车运输隧道净宽度宜为3.5 m，净高度不宜小于3 m；⑧安全疏散隧道应设置在危险品生产厂房安全出口附近，安全疏散隧道不得兼做运输用，安全疏散隧道的净高不宜小于2.2 m，净宽宜为1.5 m等 全部合格得70分，有不合格项但采取技术措施能保证安全，由现场专家确定判分。有1处以上（包括1处）不合格且采取措施仍不能保证安全的，得0分		

续表

序号	检查项目	类别	要求及评分办法	检查记录	得分
6	危险品储存	B—0～50	①单个危险品库的存药量必须小于《民爆规范》中表 7.1.3 的允许最大存药量；②同库存放必须满足表 7.1.5 的危险品同库存放表的要求；③当不同品种的危险品同库存放时，总存药量不应超过其中危险级别最高品种的单库允许存药量；④危险品应成垛堆放，堆垛间应留有检查、清点和装运的通道；5.堆放炸药类、索类危险品堆垛总高度不应大于 1.8 m，堆放雷管类危险品的总高度不应大于 1.6 m 现场检查，全部合格得 50 分；每出 1 处不合格扣 20 分		
7	库区道路及运输	C—0～30	①总仓库区内的运输主干道，纵坡不宜大于 6%，用手推车运输危险品的道路纵坡不宜大于 2%；②机动车不应直接进入库房内，宜在建筑物门前不小于 3.5 m 处进行装卸作业；③当采用铁路运输危险品并在危险品总仓库区设置了转运站台，站台上允许最大存药量（包括车箱内的存药量）以及站台与其周围建筑物的最小允许距离及站台的外部距离，均应符合要求；④总仓库以外的地方设置危险品转运站台的，站台上的危险品可在 24 h 内全部运走时，其外部距离可按危险品总仓库区同一危险等级的仓库要求相应减少 20%～30%，当站台上的危险品可在 48 h 内全部运走时，其外部距离按危险品总仓库区同一危险等级的仓库等级的仓库要求相应减少 10%～20%。每出现 1 处不符的扣除 10 分		

续表

序号	检查项目	类别	要求及评分办法	检查记录	得分
8	运输车辆	B—0～50	按照《民用爆破器材运输车安全技术条件》（科工爆［2001］156号）检查，每出现1处不符合规定扣除20分		
9	销毁场	A—0～70	按照本表第1、第2和第5条款检查检查选址、平面布置和防护屏障，全部合格得50分，有一处不合格但采取管理和技术措施能接受风险的得5～45分，有1处以上（包括1处）不合格且采取措施仍不能保证安全的，得0分		
10			①采用炸毁法时，引爆一次最大药量不应超过2 kg；②采用烧毁时，一次最大销毁量不应超过200 kg；③炸毁法采用的炸毁地点周围应有屏障；④销毁场边缘距周围建筑物的距离不应小于200 m，距公路、铁路等不应小于150 m；⑤人身掩体设置合理，与作业地点边缘距离不应小于50 m，掩体之间距离不应小于30 m。每出现1处不符扣除10分		
合计	510				

表内检查项目共计10项，检查项目　项，不涉及的

未检查项目原因：项目　项，应得分　分，实得分　分，A类不合格有　项。

F2＝实得分/应得分×100%＝

注：A类为否决项，条款属于“很严格，非这样做不可”。表中只要有1个A类项目得分低于40分，就判该检查单元为不合格。

B类为非否决项，条款内容属于“严格，正常情况下应这样做”。

C类为非否决项，条款内容属于“允许稍有选择，在条件许可的情况下首先应该这样做”。

表 179　　危险品总仓库 A 级仓库外部安全距离表

单位：m

序号	外部项目名称	库房名称或代号											
	村庄边缘												
	铁路车站边缘												
	35 kV 区域变电站的围墙												
	110 kV 区域变电站的围墙												
	小型工厂企业的围墙												
	零散住户												
	三级、四级公路及有汽轮的河流航道												
	铁路专用线												
	220 kV 及以上输电线路以及区域变电站的围墙												
	110 kV 输电线路												
	35 kV 输电线路												
	国家铁路												
	二级及二级以上公路												
	人口≤10 万人的城镇规划边缘												
	大中型工厂企业围墙												
	人口>10 万人的城市规划边缘												

表 180　　　　危险品库房四邻间距数据表

距离(m)	库房 2	库房 3	库房 4	库房 5	库房 6	库房 7	库房 8	库房 9	库房 10
库房 1	/	/	/	/	/	/	/	/	/
	库房 2	/	/	/	/	/	/	/	/
		库房 3	/	/	/	/	/	/	/
			库房 4	/	/	/	/	/	/
				库房 5	/	/	/	/	/
					库房 6	/	/	/	/
						库房 7	/	/	/
							库房 8	/	/
								库房 9	/
									库房 10

注：1. 库房名称可填代号。

2. 分子/分母：分子为实际距离即企业申报或专家现场察看估算的距离（m），分母为《民爆规范》要求的距离（m）。

8　民爆器材仓库设施及现场管理安全检查表

表 181　　民爆器材仓库设施及现场管理安全检查表

序号	检查项目	类别	要求及判分方法	检查结果	结论
1	防雷设施	A—0～7	符合国家安全标准规定的得 7 分，有轻微不符合得 1～5 分，有不符合“应”的得 0 分		
2	消防供水	A—0～7	供水管网、储水量、室内外消火栓符合国家安全标准规定的得 7 分，一般不符合 1～5 分，严重不符合得 0 分		

续表

序号	检查项目	类别	要求及判分方法	检查结果	结论
3	消防器材	B—0～5	消防器材有专人管理。消防器材应设置在明显和便于取用的地方，周围不准存放其他物品。符合要求得5分，有一条不符合扣2分		
4	库房门窗	B—0～5	库房门窗应坚固，采用外开式、防盗、防鼠，并有通风口。符合要求得5分，有一条不符合扣2分		
5	防盗报警设施	A—0～7	根据委爆函〔2002〕44号文的要求现场检查技防、犬防，符合要求得7分，有一处不符合要求扣2分		
6	库房地面	B—0～5	危险品仓库应采用不产生火花的地面。当危险品以包装方式存放且不在仓库内开箱时，可采用一般地面。符合要求得5分，有一条不符合扣2分		
7	照明、电线及开关	B—0～5	危险品库房内不得有电气设备和线路，符合要求得5分，有一条不符合为0分		
8	通讯设施	B—0～5	值班室应有电话，且通讯畅通。符合要求得5分，有一条不符合为0分		
9	安全警示牌	B—0～5	警示牌设置位置合适，库区警示牌内容应有：防火、禁止吸烟和动用明火标识；库房警示牌的内容应有：危险等级、最大存量、允许存放危险品种名称等。符合要求得5分，有一条不符合为0分，有轻微不符合得1～3分		
10	卸车站台	B—0～5	设计合理，有防止与车厢碰撞的安全技术措施。符合要求得5分，有一条不符合为0分，有轻微不符合得1～3分		

续表

序号	检查项目	类别	要求及判分方法	检查结果	结论
11	定置管理	B—0～5	符合国家安全标准规定和本企业库房管理要求。符合要求得 5 分，有一条不符合为 0 分，有轻微不符合得 1～3分		
12	定量管理	A—0～7	查各库房：①定量制定应合理、依据充分；②定量表应设在显著位置；无制度和超量为 0 分，有轻微问题1～5 分，符合为 5 分		
13	危险品运输管理制度	B—0～5	内容应合理、合法、有效，能指导安全运输。符合得 5 分，一般不符合得 1～3 分，严重不符合得 0 分		
14	文明生产	B—0～5	库房内外整洁，地面、台面无药尘积累；搬运过程轻拿轻放、无大声喧哗。符合得 5 分，一般不符合得 1～3 分，严重不符合为 0 分		
15	劳动保护	B—0～5	操作人员应穿戴与规定相符的劳动用品。符合得 5 分，一般不符合得1～3 分，严重不符合为 0 分		
16	危险物品管理记录	B—0～5	检查出入库管理记录；应真实、准确、清晰、完整；符合得 5 分，不全面、完整的得 1～3 分，无记录或不真实得 0 分		
17	危险工种应持证上岗	B—0～5	抽查保管员和驾驶员。有上岗证得 5 分，有一个无上岗证为 0 分		

续表

序号	检查项目	类别	要求及判分方法	检查结果	结论
18	岗位职工应知应会	B—0～5	抽查1名库管员和1名押运员，口述本工种岗位责任制和应急预案方面的应知应会问题。2人都合格得5分，有1人不合格扣2分，2人都不合格为0分		

表内检查项目共计18项，检查项目数　项，不涉及的项目　项，应得分　分，实得分　分，A项不合格　项。

未检查项目原因：

F3＝实得分/应得分×100%＝

注：A类为否决项，条款属于“很严格，非这样做不可”。表中只要有2个以上A类项目得分低于4分，就判该检查单元为不合格。

B类为非否决项，条款内容属于“严格，正常情况下应这样做”。

C类为非否决项，条款内容属于“允许稍有选择，在条件许可的情况下首先应该这样做”。